公共图书馆服务管理创新研究

程倩 于艳艳 著

团结出版社
UNITY PRESS

图书在版编目（ＣＩＰ）数据

公共图书馆服务管理创新研究 ／ 程倩，于艳艳著
. -- 北京 ：团结出版社, 2023.9
ISBN 978-7-5234-0397-6

Ⅰ. ①公… Ⅱ. ①程… ②于… Ⅲ. ①公共图书馆－
图书馆服务－研究－中国②公共图书馆－图书馆管理－研
究－中国 Ⅳ. ①G259.252

中国国家版本馆 CIP 数据核字(2023)第 167055 号

公共图书馆服务管理创新研究

出版发行：团结出版社
　　　　　（北京市东城区东皇城根南街 84 号）
电　　话：(010)65228880 65244790
网　　址：http://www.tjpress.com
E―mail：65244790@163.com
经　　销：全国新华书店
印　　刷：武汉鑫佳捷印务有限公司

开　　本：185mm×260mm　　1/16
印　　张：15
字　　数：240 千字
版　　次：2023 年 9 月第 1 版
印　　次：2023 年 9 月第 1 次印刷

书　　号：978-7-5234-0397-6
定　　价：68.00 元

公共图书馆服务管理创新研究

在这个信息快速传递、知识不断涌现的时代，图书馆作为知识的守护者和传播者，正扮演着愈发重要的角色。本书旨在帮助各位图书馆从业者更好地应对挑战，提升服务水平，为读者和社会创造更大的价值。

本书以实战为导向，系统地呈现了现代图书馆服务管理的关键领域。从图书馆经费的科学运用到专业队伍的高效管理，从馆藏文献资源的精心管理到数字化建设的前沿实践，每一个章节都聚焦于实际问题，提供了丰富的案例和策略，帮助读者深刻理解和掌握各项知识点。在当代，图书馆管理创新势在必行。本书紧密跟踪管理创新的最新思路和环境，强调创新与可持续发展之间的紧密关系。通过探讨分布式管理、数字化建设等创新模式，我们希望为各位管理者指引前进的方向，助力图书馆在变革中不断壮大。

我国现代图书馆行政管理作为一个复杂的领域，需要精细的规划和高效的运作。本书通过深入剖析行政管理的各个方面，帮助读者理解我国现代图书馆的组织架构、人力资源、财务管理等重要内容，为管理者提供了有力的参考和指导。图书馆的核心在于服务。本书充分关注图书馆服务的特点、用户需求和服务转型，从理念到实践，从个体到共享，为读者呈现了丰富的服务管理路径。在信息服务快速发展的背景下，本书特别强调图书馆信息服务的重要性，引导读者在互联网时代积极创新，提供更加高质量的服务。

公共图书馆作为社会文化建设的重要阵地，其服务体系建设和创新具有重要意义。本书对我国公共图书馆服务体系建设的成果、瓶颈和创新路径进行了深入研究，旨在为公共图书馆在新的体制框架下找到更好的发展方向，为普惠均等服务提供有力支持。

最后，本书旨在帮助各位从事图书馆服务管理工作的职场人士，以及对图书馆服务管理感兴趣的广大读者。希望通过本书的阅读，您能够获得实际操作所需的技能，不仅提升个人职业能力，还能够为图书馆事业的繁荣发展贡献一份力量。

目录

CONTENTS

第一章

当代图书馆管理

在当代社会中，图书馆作为知识的仓库和文化的传承者，承载着向广大读者提供信息、知识和文化的使命。为了实现这一使命，图书馆管理必须紧密关注多个关键领域，包括经费使用与管理、专业队伍管理以及馆藏文献资源管理。本章将深入探讨这些关键领域，以期为图书馆管理者和从业人员提供实用的指导和启发。

图书馆的经费使用与管理

经费使用与管理是图书馆管理的基石之一。图书馆所获得的经费必须被合理分配和有效利用，以支持馆内各项运营活动，满足读者需求。合理编制预算、科学分配资源、精细管理支出是经费管理的核心任务。这涉及到与外界合作、建立资金来源、进行预算规划等方面。

一、预算编制与规划

图书馆应该根据各项服务和发展需求，制定详尽的年度预算计划。预算计划需要全面考虑馆内各项开支，如采购新书、维护设施、人员薪酬等。此外，还需要留有一定的弹性，以应对紧急情况或特殊项目的出现。

1. 确定服务和发展需求

图书馆应全面审视自身的服务目标和发展计划。明确图书馆在一定时期内需要开展的各项服务和项目，如扩充馆藏、数字化建设、读者活动等。这有助于确保预算计划与图书馆的整体战略一致。①明确战略定位；图书馆在制定预算计划之前，需要对自身的战略定位进行清晰的梳理。这意味着确定图书馆在社会和学术环境中的角色和使命。图书馆可以明确其核心目标，例如是否专注于学术研究支持、读者教育培训，还是更多关注社区服务和文化活动。这有助于确保预算计划与图书馆的整体发展方向一致。②调查需求与反馈；通过与读者、利益相关者和社区进行交流，了解他们的需求和期望。用户调查、反馈收集和焦点小组讨论等方式可以帮助图书馆深入了解用户的期望。这种开放性的沟通有助于捕捉到各种层面的需求，从而更好地定位服务和项目。③分析趋势与创新；图书馆应该密切关注行业和领域的发展趋势。这可能涉及技术、学术研究、文化活动等方面。分析趋势可以帮助图书馆预测未来的需求，为预算计划的制定提供更有依据的数据。同时，也要积极考虑创新服务和项目，以应对新兴需求。④制定详细计划；在确定了服务和发展需求后，图书馆需要制定详细的服务和项目计划。这需要明确每项计划的目标、计划时间、所需资源、负责人等。例如，如果图书馆决定扩充某个特定领域的馆藏，计划应明确扩充数量、采购来源、预算投入等。⑤优先级排序：由于资源有限，图书馆需要对各项服务和项目进行优先级排序。这需要综合考虑活动的重要性、紧急性和资源投入与产出的关系。通过将优先级高的活动放在预算计划的前列，图书馆可以确保最重要的任务得到充分的支持。⑥

整体一致性：最终的服务和项目计划应与图书馆的整体目标和战略保持一致。每个计划都应该与图书馆的使命、愿景和核心价值观相契合。这有助于确保预算计划在各项服务和项目之间形成有机的整体，支持图书馆全面发展。

通过明确服务和发展需求，图书馆可以确保预算计划的科学性和针对性，为图书馆的持续发展奠定坚实的基础。这个步骤在整个预算编制与规划过程中具有重要的指导作用。

2. 制定详尽的开支计划

在明确服务需求的基础上，制定详细的开支计划。考虑到各个方面的支出，如采购新书、期刊订阅、设备更新、人员薪酬、维护设施等。每个支出项目应该明确具体的金额和理由，以确保资源合理分配。①明确支出项目；首先，图书馆需要列出所有可能的支出项目，涵盖了服务和发展需求的各个方面。这可能包括采购新书、期刊订阅、数字化设备购置、培训费用、员工薪资、设施维护等。②预估金额和理由；对于每个支出项目，图书馆应该预估所需的具体金额。这需要充分考虑相关因素，如市场价格、物价指数、工资水平等。此外，还需要提供支出的理由，即为什么需要这笔支出以及如何与服务目标相关联。③合理分配资源；根据预算额度和各项支出的优先级，图书馆需要合理分配资源。在进行资源分配时，要确保每个支出项目都能够得到适当的经费支持，以满足服务需求和发展目标。④确保资源的平衡分配；在制定开支计划时，需要注意资源的平衡分配。不同支出项目之间可能存在竞争，例如在采购新书和设备更新之间。图书馆需要在资源分配时进行权衡，确保每个项目都能够得到适当的关注。⑤灵活性与预算弹性；预算计划中也应考虑到一定的灵活性和预算弹性。这意味着在某些情况下，可能需要调整支出计划，例如处理紧急维修或应对新的服务需求。为此，预算计划需要有一定的备用经费。⑥监控和调整；一旦开支计划开始执行，图书馆需要建立监控机制，定期审查支出的执行情况。如果某些支出超出预期，需要及时进行调整。监控和调整有助于确保预算计划的合理性和执行效果。

通过制定详尽的开支计划，图书馆可以确保资源在各个支出项目之间得到合理分配，从而支持图书馆的服务和发展需求。每个支出项目的金额和理由都应该得到明确的规划，以确保预算计划的科学性和有效性。

3. 考虑特殊项目和紧急情况

在预算编制过程中，应预留一定的经费用于特殊项目或紧急情况。特殊项目可能涉及到临时性的展览、活动或改善项目，而紧急情况可能包括设备故障、突发事件等。为这些情况留出经费可以提高图书馆应对变化的灵活性。①特殊项目的预留；预算编制时，图书馆应该考虑到可能出现的特殊项目，例如临时性的展览、文化活动、专题讲座等。这些项目可能会因为与特定时期或事件相关而突然出现，但它们能够为图书馆的影响力和可见性带来积极效果。为此，预算中可以预留一部分经费，以便能够迅速响应并支持这些特殊项目的开展。②应急情况的经费留存；图书馆在日常运营中可能会面临紧急情况，如设备故障、突发事件、突然增加的服务需求等。为了能够迅速应对这些情况，预算计划应该留出一部分经费，用于应急情况的处理。这可以帮助图书馆在面临突发情况时不至于陷入财务困境。③灵活性与适应性；预留经费用于特殊项目和应急情况，体现了预算计划的灵活性和适应性。这些预留经费的存在使图书馆能够更加灵活地调整预算，适应变化的需求和环境。它们提供了一种弹性，使图书馆能够更好地应对不可预测的情况。④明确使用规则和审批流程；在预算编制过程中，预留经费需要明确的使用规则和审批流程。特殊项目和应急情况的经费使用应该符合一定的标准和程序，以确保经费的合理利用。这可能涉及到项目提案、预算调整、决策审批等环节。⑤定期评估和调整；预留经费不仅需要在预算编制时考虑，还需要定期进行评估和调整。特殊项目和应急情况的性质和频率可能会发生变化，因此预留经费的额度和使用方式也可能需要随之调整，以保持适应性。

通过为特殊项目和紧急情况预留经费，图书馆可以增强其应对变化和风险的能力。这种灵活性不仅有助于提升图书馆的服务水平，还能够维护其在不可预测情况下的财务稳定性。

4. 设定合理的弹性空间

预算计划需要灵活性，以应对意外情况或项目变动。因此，预算中应留有一定的弹性空间，以适应不可预见的开支调整。这有助于避免因为未预料到的因素导致预算计划无法执行。①考虑未知因素；无论预算计划制定得多么仔细，总会有一些未知因素可能影响到预算执行。这可能包括市场价格波动、突发事件、紧急维修等。为了应对这些不确定性，预算中应该留有一定的额外经费，以应对可能出现的意外情况。②预留弹性金额；在预算中设定一定的弹性金额，可以充当未来开支调整的"后备金"。这部分金额并不明确分配给特定支出项目，而是作为额外的预留资金。这样，如果出现需要调整预算的情况，就可以从这个弹性金额中调取资金。③合理分配弹性空间；预算中的弹性空间应该合理分配，不要过度保守也不要过度激进。过度保守可能导致浪费资源，而过度激进可能导致不足以应对变化。根据图书馆的情况和风险承受能力，设定一个合适的弹性金额。④灵活调整机制；预算中的弹性空间应该伴随着灵活的调整机制。如果出现预算计划需要调整的情况，图书馆需要明确的流程和决策机制，以确保弹性资金的合理分配和使用。⑤预算管理透明；预算中的弹性空间的使用应该透明可见，不应被滥用。图书馆应该建立相应的记录和审批制度，确保弹性金额的使用符合预算规定和相关政策。⑥定期审查和调整；预算中的弹性空间应该定期进行审查和调整。随着时间的推移和情况的变化，弹性金额的额度可能需要进行相应的调整，以保持适应性。

通过设定合理的弹性空间，图书馆可以更好地应对不可预见的开支变动，确保预算计划的灵活性和执行效果。这种弹性空间是预算编制中的一项重要策略，有助于维护图书馆的财务稳定性和可持续发展。

5. 预算监控和调整

一旦预算计划制定完毕并开始执行，图书馆需要建立监控机制，定期对预算执行情况进行评估。如果出现预算执行不如预期的情况，图书馆应及时进行调整，合理分配资源，确保整体预算的合理性和有效性。①建立监控机制；一旦预算计划开始执行，图书馆应该建立相应的预算监控机制。这可以包括设定监控指标、制定监控计划、明确责任人等。监控机制可以帮助图书馆及时了解预算执行情况，识别问题和变化。②定期评估预算执行；图书馆应该定期对预算执行情况进行评估。这可以是每月、每季度或每年的定期评估。评估应该关注各个支出项目的实际执行情况，与预算计划进行对比，发现偏差和问题。③识别问题和变化；在预算执行评估中，图书馆应该识别出存在的问题和变化。这可能包括某些支出超出预算、某些项目实际需求不足等情况。通过及时发现问题，图书馆可以采取措施进行调整和优化。④灵活调整资源分配；如果在预算执行中出现偏差，图书馆应该根据实际情况灵活调整资源分配。这可能包括重新分配经费、调整项目计划、削减不必要的支出等。调整应该符合图书馆的整体目标和战略。⑤制定调整方案；当发现问题和偏差后，图书馆需要制定具体的调整方案。这可能涉及到重新分配预算、寻找替代方案、与相关部门协商等。调整方案需要充分考虑资源分配、优先级和影响等因素。⑥及时沟通和决策；在进行预算调整时，图书馆应与相关部门和管理层保持及时的沟通。决策应该经过充分的讨论和审批，确保调整方案的合理性和可行性。

预算监控和调整不仅仅是一次性的活动，它应该是一个持续优化的过程。随着时间的推移，图书馆应根据实际情况和经验，不断优化预算编制、执行和调整的流程。

二、资金来源多样化

除了政府拨款外，图书馆还应积极寻求其他资金来源，如赞助、捐赠、合作伙伴关系等。多样化的资金来源可以增加图书馆的经费稳定性，同时也有助于推动馆内的创新和发展。

1. 赞助与捐赠

图书馆可以积极寻求来自企业、个人和社会团体的赞助和捐赠。这些捐款可以用于购买新书、举办活动、改善设施等。图书馆可以设立捐赠项目，为捐赠者提供特定的回报或荣誉，以吸引更多的资金支持。①吸引资金支持；图书馆可以通过与企业、个人和社会团体建立合作关系，吸引他们提供资金支持。企业可能会为了社会责任感、品牌宣传或文化支持而提供赞助。个人和社会团体可能会出于兴趣、社区关系或慈善意愿而捐赠。②多样化资金用途；赞助和捐赠所得的资金可以用于多个方面，如购买新书、期刊订阅、数字化设备、改善设施、举办文化活动等。这些资金可以帮助图书馆提供更多优质的服务和资源，满足读者和社区的多样化需求。③设立捐赠项目；为了吸引更多的资金支持，图书馆可以设立不同的捐赠项目，涵盖不同领域和服务。例如，可以设立"新书捐赠计划"、"数字化资源捐助"、"阅读推广赞助"等项目，让捐赠者可以选择支持特定领域。④回报和荣誉；为了激励捐赠者，图书馆可以提供特定的回报或荣誉。这可能包括在图书馆内设立捐赠者的名字或纪念碑，为捐赠者提供特殊的服务待遇，或邀请捐赠者参加特定活动等。这些回报和荣誉可以增加捐赠者的参与和支持。⑤透明管理；图书馆在接受赞助和捐赠时，应该建立透明的管理机制。确保捐赠资金的使用透明、合法，并向捐赠者提供相关信息。透明的管理有助于建立信任，吸引更多的赞助和捐赠。⑥感恩和回馈；图书馆应该及时向捐赠者表示感谢，展示他们的支持对图书馆的积极影响。此外，可以考虑举办感恩活动，向捐赠者展示图书馆的成就和发展。

2. 合作伙伴关系

建立合作伙伴关系是一种有效的资金来源方式。图书馆可以与学校、大学、社区组织、文化机构等建立合作，共同开展活动、项目或服务。合作伙伴关系不仅可以获得经费支持，还可以扩大图书馆的影响力和服务范围。①多方共赢；合作伙伴关系是基于共同利益和目标的，可以实现各方的多方共赢。学校、大学、社区组织、文化机构等可能与图书馆有共同的教育、文化、社会服务等领域的目标，通过合作，可以共同实现这些目标。②共同项目和活动；图书馆可以与合作伙伴共同开展各种项目和活动，如举办讲座、培训、展览、文化活动等。这些项目可以吸引不同的受众，为图书馆和合作伙伴带来更多的关注和支持，同时也可以共同筹措经费。③资源共享；合作伙伴关系可以带来资源的共享。不同的机构和组织可能有不同的资源，如人才、设施、技术等。通过合作，图书馆可以获得来自合作伙伴的资源支持，用于项目的开展和服务的提升。④创新和发展；合作伙伴关系可以促进创新和发展。不同组织的专业知识和经验可以相互补充，推动新的创意和服务模式的出现。这有助于图书馆提供更具吸引力和价值的服务。⑤扩大影响力；与不同类型的合作伙伴合作可以扩大图书馆的影响力。合作伙伴可能有更广泛的社会网络和受众，通过合作可以将图书馆的服务和资源传播到更多的人群中，提升图书馆的知名度和形象。⑥共同申请项目资金；合作伙伴关系还可以扩大项目资金的来源。一些项目和计划可能需要较大的投入，通过与合作伙伴共同申请资金，可以提高申请的成功率，获得更多的资金支持。

3. 基金会和非营利机构

寻求基金会和非营利机构的资助也是多样化资金来源的一种方式。许多基金会关注教育、文化、社会服务等领域，图书馆可以申请项目资助或拨款，支持特定的项目或服务。①寻找适合的基金会和机构；首先，图书馆需要寻找与其使命和目标相符的基金会和非营利机构。这些组织通常会在官方网站上公布资助方向和项目要求，图书馆可以根据自身的需求和特点筛选出适合的基金会和机构。②了解资助方向和要求；在选择了潜在的基金会和机构后，图书馆需要详细了解其资助方向、项目要求、申请流程等信息。不同的基金会可能关注不同的领域，因此确保申请的项目与其资助方向相符合非常重要。③制定项目计划和申请；一旦了解了基金会和机构的要求，图书馆可以制定详细的项目计划。项目计划应该清晰地说明项目的目标、内容、预期成果以及所需资金。然后，根据基金会和机构的申请流程，递交项目申请。④强调社会影响和价值；在申请中，图书馆应该强调项目的社会影响和价值。说明该项目将如何促进教育、文化传承、社会参与等方面的发展，以及如何服务于社区和受众。⑤透明财务规划；基金会和非营利机构通常会关注申请机构的财务规划和使用资金的透明度。图书馆需要清晰地说明项目所需资金的分配和使用计划，以确保资金使用的合理性和透明性。⑥准备申请材料：申请通常需要提交一系列材料，如项目计划、预算、机构信息等。确保这些材料准备充分，以便能够清楚地展示项目的重要性和可行性。在提交申请后，图书馆可以保持与基金会和机构的沟通。如果获得资助，及时向资助方表示感谢，并确保按照承诺履行项目计划。

通过向基金会和非营利机构申请资助，图书馆可以获得额外的资金支持，用于推动项目的发展和服务的提升。这种方式不仅有助于满足社区和读者的需求，还能够促进图书馆的可持续发展。

4. 研究项目和竞赛

图书馆可以积极参与各种研究项目和竞赛，以获取额外的经费支持。这些项目可能涉及数字化建设、创新服务等领域，通过参与竞赛和申请项目资金，图书馆可以获得资源用于特定领域的发展。①寻找适合的项目和竞赛；首先，图书馆需要寻找适合自身特点和发展方向的研究项目和竞赛。这些项目和竞赛可能涉及图书馆服务的创新、数字化建设、读者参与等领域。②了解项目和竞赛要求；在选择了合适的项目和竞赛后，图书馆需要详细了解其申请要求、项目范围、评审标准等信息。确保项目计划与要求相符，以提高申请的成功率。③制定项目计划；根据项目和竞赛的要求，图书馆应制定详细的项目计划。项目计划应该明确项目的目标、内容、预期成果、时间表以及所需经费等。一个清晰的项目计划可以展示图书馆的创意和可行性。④申请项目资金；根据项目和竞赛的申请流程，图书馆可以递交项目申请。申请可能需要提交项目计划、预算、组织信息等材料。确保申请材料准备充分且清晰明了。⑤突出创新和社会价值；在申请中，图书馆应强调项目的创新性和对社会的价值。说明项目将如何推动图书馆服务的发展，提升读者体验，满足社区需求，并可能产生更广泛的影响。⑥财务规划和预算；申请中的预算应该充分考虑项目所需经费的合理分配。确保预算详尽、透明，并能够清楚地说明各项支出的用途和必要性。在申请中，图书馆需要充分展示其能力和资质。可能需要提供过往项目的经验、服务成就、相关研究等，以证明图书馆有能力成功执行该项目。在申请后，图书馆可以保持与项目主管部门的沟通，了解申请进展和可能的调整。如果获得资助，及时向资助方提供项目进展和成果报告。

5. 自费服务和出售商品

图书馆可以探索提供一些自费服务，如付费培训、知识产权咨询等，以获取额外收入。此外，出售一些相关商品，如文具、纪念品、特色商品等，也可以成为一种增加资金的途径。①自费服务：a 付费培训和课程；图书馆可以开设付费培训课程，如信息素养培训、阅读推广课程等。这些培训可以满足读者的学习需求，同时也为图书馆带来额外的收入。b、知识产权咨询；对于有知识产权需求的个人或企业，图书馆可以提供付费的知识产权咨询服务，如专利检索、著作权登记等，以获取咨询费用。c 数字资源订阅；图书馆可以开设付费的数字资源订阅服务，为读者提供更广泛的数字内容访问权限，如电子书、期刊数据库等。②出售商品：a 文具和用品；图书馆可以出售一些与阅读和学习相关的文具和用品，如笔记本、书签、文具套装等，为读者提供方便的购物选择。b 纪念品和特色商品；设计和制作一些具有图书馆特色的纪念品，如 T 恤、杯子、挂饰等，可以吸引读者购买，同时也增加了图书馆的品牌宣传。c 活动门票和参与费用；图书馆举办的特色活动、讲座、展览等，可以设定一定的门票或参与费用，以补充活动的经费支持。③数字资源销售：图书馆可以考虑将一些自主制作的数字资源出售，如图书馆举办的培训课件、专业报告等。④注意合理定价和推广：对于自费服务和出售商品，图书馆需要合理定价，考虑到读者的需求和市场竞争情况。此外，积极推广这些服务和商品，可以吸引更多读者的关注和购买。⑤建立良好服务体验：提供自费服务和出售商品的同时，图书馆需要保证服务的质量和商品的品质，提供良好的购物和使用体验，以促使读者持续支持。

通过提供自费服务和出售商品，图书馆可以增加收入来源，支持服务和项目的开展。这种方式不仅为读者提供了更多的选择，还可以为图书馆的可持续发展提供稳定的财务支持。

三、支出管理与效率提升

图书馆需要建立科学的财务管理体系，确保经费使用合法、透明、高效。定期审查各项支出，对不必要的开支进行削减，确保每一笔开支都能够产生最大的价值。

1. 建立科学的财务管理体系

①明确预算规划；依据图书馆的战略目标和服务计划，制定详尽的年度预算计划，明确各项支出的范围和金额。②审批和授权制度；设立明确的审批和授权制度，确保支出经过合法的审批流程，避免未经批准的开支。③准确记录财务信息；建立精确的财务记录和账目，确保每一笔开支都能够清晰记录，并与预算计划相符。

2. 定期审查各项支出

①支出清单审查；定期对支出清单进行审查，排查是否存在不必要的开支，及时削减或调整。

②效益分析；对各项支出的效益进行分析，评估是否能够产生足够的价值，如购书是否符合读者需求，设备维护是否提高了效率等。

3. 精打细算和节约

①采购优化；制定采购策略，寻求更优惠的供应商，以获得更有竞争力的价格和条件。

②能源和资源节约；关注能源、水源、纸张等资源的节约使用，减少不必要的浪费。

4. 合理规划项目支出

①项目预算；为各项项目制定详细的预算，确保项目的开支不超出预期，避免因过度投入而导致资源不足。②紧密监控项目进展；对项目的进展和成果进行监控，确保项目按预期执行，避免项目变更导致额外的开支。

5. 建立效率提升机制

①自动化和数字化管理；推动财务和采购流程的自动化和数字化，提高办公效率，减少人力成本。②绩效评估和奖励；建立绩效评估制度，激励员工提高工作效率和质量，推动资源的高效使用。

6. 定期报告和沟通

①财务报告；定期向管理层汇报财务状况，确保管理层了解资源使用情况，进行决策调整。

②员工沟通；鼓励员工提供节约和改进意见，建立开放的沟通渠道，共同促进资源的高效利用。

图书馆的专业队伍管理

图书馆的专业队伍是实现馆内各项目标的核心力量。有效的队伍管理可以提高员工的积极性、创造性，从而推动图书馆的创新和发展。专业队伍管理涉及人员招聘、培训、激励和绩效评估等多个方面。

一、人才招聘与培养

图书馆应根据自身需求，制定明确的人才招聘计划。招聘流程需要公正透明，确保选聘到适合岗位的人才。此外，培养计划也不可或缺，包括内部培训、外部培训以及提供学术发展机会等。

1. 人才招聘

①明确需求与计划；图书馆应根据战略规划和服务需求，制定明确的人才招聘计划，明确所需岗位和人数。②招聘流程透明；设立公正透明的招聘流程，包括职位发布、简历筛选、面试、笔试等环节，确保招聘过程公平合规。③岗位要求明确；确定每个岗位的具体要求，包括学历、专业背景、技能和经验等，以确保招聘到适合的人才。④多元化招聘渠道；采用多种招聘渠道，如招聘网站、社交媒体、校园招聘等，吸引不同背景和专业的人才申请。⑤选拔适合人才；在招聘过程中，注重选拔那些能够胜任岗位并且符合图书馆文化的人才，确保招聘的员工能够为图书馆带来价值。

2. 人才培养

①内部培训计划；设立内部培训计划，包括新员工培训、岗位培训和专业技能培训等，帮助员工不断提升自己的能力。②外部培训机会；鼓励员工参加外部培训、研讨会、学术会议等，从外部学习新知识、获取行业最新动态。③学术发展机会；为员工提供学术研究和发展的机会，支持他们参与学术交流、发表论文，提升图书馆的学术声誉。④晋升和发展通道；为员工规划晋升通道，设定晋升条件和标准，鼓励员工通过学习和发展实现职业提升。

3. 知识分享与交流

①内部知识共享；鼓励员工分享专业知识、经验和最佳实践，促进内部知识共享，推动团队整体水平提升。②跨部门合作；鼓励员工在不同部门之间开展合作和交流，促进多领域专业人才的互补与协同。

4. 激励与发展

①绩效激励制度；建立基于绩效的激励机制，将员工的工作表现与薪酬、晋升机会挂钩，激励优秀人才积极工作。②奖励优秀表现；设立奖励制度，对在服务、创新、领导等方面表现出色的员工进行奖励和表彰，鼓励其他员工效仿。

5. 员工发展规划

①个人发展规划；与员工一起制定个人发展规划，根据他们的兴趣和能力，规划职业发展目标和路径。②职业咨询和指导；为员工提供职业咨询和指导，帮助他们更好地了解职业发展机会和方向。

通过科学的人才招聘和培养计划，图书馆能够吸引、培养和发展高素质的人才，为图书馆的服务和发展提供持续的人力支持，同时也能激励员工在学习和发展中实现自身价值。

二、激励与员工满意度

激励是激发员工工作动力的关键手段。图书馆应该建立激励机制，包括薪酬、晋升、奖励等，以激发员工的创造性和贡献意识。同时，关注员工的职业发展和工作满意度，保障员工在积极健康的工作环境中发展。

1. 激励机制建立

①绩效奖励制度；建立基于绩效的奖励机制，将员工的绩效与薪酬、奖金等挂钩，激励员工积极努力工作，提升绩效。②晋升通道设立；为员工规划晋升通道，制定明确的晋升条件和标准，使员工有清晰的晋升目标，激励他们不断进取。③项目奖励计划；设立项目奖励计划，对在特定项目中表现优秀的员工进行奖励和表彰，鼓励他们参与创新和协作。④员工参与决策；鼓励员工参与决策，尊重员工的意见和建议，使他们感受到自己的贡献和价值被重视。

2. 员工满意度关注

①工作环境改善；关注员工的工作环境，提供舒适、安全的工作场所，创造积极的工作氛围。

②职业发展机会；提供职业发展机会，规划员工的职业生涯，使他们在图书馆内有晋升和发展的机会。

③工作平衡；倡导工作与生活平衡，提供弹性工作时间、假期福利等，帮助员工更好地平衡工作与生活。

④健康保障；提供健康保险和健康检查等福利，关注员工的身心健康，保障他们的健康权益。

3. 员工沟通与反馈

①开放沟通渠道；建立开放的沟通渠道，鼓励员工提出意见、建议和问题，促进员工与

管理层的有效沟通。

②定期员工反馈；定期进行员工满意度调查，了解员工对工作环境、激励机制等方面的看法，从而进行改进。

4. 个人发展规划

①职业发展辅导；为员工提供职业发展辅导，制定个人发展计划，帮助他们规划职业目标和路径。

②学习和培训支持；提供学习和培训机会，支持员工学习新知识、提升技能，实现个人和职业成长。

通过建立科学合理的激励机制，关注员工的职业发展和满意度，图书馆可以激发员工的积极性和创造力，提高员工的投入度和工作效能，进而为图书馆的可持续发展和服务质量的提升创造有利的环境。

三、绩效评估与提升

定期的绩效评估可以帮助确定员工的工作表现，从而进行适当的激励和提升。评估标准应该明确、公平，旨在促进员工个人发展和整体工作质量的提升。

1. 绩效评估的重要性

①反映工作表现；绩效评估可以客观地反映员工在工作中的表现，帮助员工了解自己的优势和改进空间。

②激励与激发潜力；通过绩效评估，员工可以获得相应的激励，激发他们的工作动力和发挥潜力。

③提供发展机会；绩效评估可以为员工提供发展的方向，帮助他们了解自己的职业目标和发展需求。

2. 明确评估标准

①明确工作目标；在绩效评估开始之前，明确为每个员工设定的工作目标和任务，确保评估的标准明确。

②量化和可衡量；将工作目标和成果量化和可衡量化，以便更容易对员工的工作进行评估和比较。

③公平和公正；确保评估标准公平、公正，避免主观因素对评估结果产生影响。

3. 评估过程与周期

①定期评估；设定定期的评估周期，例如每半年或每年进行一次绩效评估，确保员工的工作表现能够得到及时的反馈和调整。

②双向沟通；在评估过程中，与员工进行双向沟通，了解他们的观点和看法，让评估过程更加全面。

③个别评估与群体评估；既进行个别员工的绩效评估，也可以对整个团队或部门的绩效进行评估，以获得更全面的情况。

4. 绩效提升与发展

①激励和奖励；根据绩效评估结果，为表现优秀的员工提供相应的激励和奖励，如薪酬提升、奖金等。

②改进计划；针对评估中发现的改进空间，与员工制定改进计划，提供培训和指导，帮助他们提升工作表现。

③个人发展规划；基于绩效评估的结果，与员工一起制定个人发展规划，规划职业发展目标和发展路径。

通过建立明确的绩效评估体系，图书馆可以实现对员工工作表现的全面评估，为员工提供激励和发展机会，同时也能不断提升整体工作质量和效率，为图书馆的成功和服务质量的提升做出贡献。

第三节　图书馆的馆藏文献资源管理

图书馆的馆藏文献资源管理是图书馆管理的重要组成部分，旨在有效获取、组织、存储和维护各类文献资源，以满足读者的信息需求。这一节将详细探讨图书馆馆藏文献资源管理的各个方面。

一、采购与获取

图书馆应根据读者需求和图书馆定位，制定合理的采购计划。采购渠道包括书商、出版社、在线书店等，同时也可参考用户建议和市场趋势。通过建立与供应商的合作关系，图书馆可以获得折扣和优惠，优化采购成本。

1. 读者需求分析

图书馆应当深入了解读者的信息需求，包括学术研究、教学支持、兴趣爱好等。通过调查、问卷调查和用户反馈，了解读者对不同领域的需求。

2. 图书馆定位与策略

图书馆的定位决定了其馆藏资源的重点和方向。根据图书馆定位，制定采购策略，明确优先购买的领域和类型。

3. 学术与研究支持

对于学术型图书馆，应注重收集与所属学科领域相关的学术著作、期刊等资源，以满足研究人员和学生的学术需求。

4. 教学与社区支持

针对以教学支持和社区服务为主要任务的图书馆，应侧重购买适合教学和社区活动的资源，如教材、儿童图书等。

5. 多元化采购

除了传统的图书，还应考虑购买其他类型的资源，如期刊、报纸、多媒体资料、电子书等，以满足不同读者的需求。

6. 采购预算规划

根据图书馆的财务状况和采购需求，制定合理的采购预算，确保能够充分满足不同领域的采购需求。

7. 选择合适的采购渠道

①书商和出版社；图书馆可以与书商和出版社建立合作关系，通过书目目录、宣传资料等途径获取信息，以便及时了解新书和优惠信息。②在线书店；越来越多的图书馆选择从在线书店购买图书和资源，这可以节省时间和成本，同时也可以获得更大的选择范围。

8. 参考用户建议和市场趋势

①读者建议；图书馆应鼓励读者提供购书建议，了解他们对某些主题或领域的需求，从而更精准地满足他们的期望。②市场趋势；关注出版市场的趋势和动向，了解热门主题和领域，以便采购符合读者兴趣的热门资源。

9. 建立与供应商的合作关系

①合作采购；与供应商建立长期合作关系，可以获得更好的折扣和优惠，从而降低采购成本。

②资源推荐；供应商可能会根据图书馆的需求，推荐适合的图书和资源，帮助图书馆更好地满足读者需求。

③定期沟通；与供应商保持定期的沟通，了解他们的新书推荐、促销活动等信息，以便及时获取最新资源。

10. 分类与编目

一旦文献资源购置回来，需要对其进行分类和编目。资源分类是将文献按照主题、学科等进行归类，以便读者快速定位。编目是为每个资源创建规范的目录记录，包括题名、责任者、主题词等，从而构建可检索的目录。

11. 索引与检索

索引是建立在编目记录基础上的关键词列表，用于提高资源检索的准确性和效率。图书馆可以制作主题索引、作者索引等，为读者提供多样化的检索途径。数字化时代，数字资源的元数据也需要适当索引，以便在线检索。

12. 数字化建设

随着数字化时代的到来，图书馆逐渐将馆藏资源数字化，以便更好地进行管理和利用。数字化建设包括扫描纸质资源、建立数字图书馆平台、创建数字档案等。这样可以实现资源的远程访问、长期保存和共享。

13. 存储与保护

保护馆藏资源的完整性和长期保存是至关重要的。图书馆应该制定适当的保护措施，如控制环境温湿度、防火防水等，以确保纸质资源不受损。对于数字资源，需要进行定期备份和存档，以防止数据丢失。

14. 维护与更新

图书馆的馆藏资源需要定期的维护和更新。这包括资源整理、翻新、修复等工作，以保持资源的良好状态。同时，过时或不再适用的资源应该被剔除，保持馆藏的时效性和质量。

15. 资源推广与利用

除了收藏和管理，图书馆还应该积极推广馆藏资源。这可以通过举办展览、讲座、宣传活动等方式来实现，让读者了解图书馆所拥有的丰富资源，提高资源的利用率。

16. 资源共享与合作

图书馆可以与其他图书馆建立资源共享和合作机制，以扩大资源范围和提供更多的服务。通过互借、合作采购等方式，图书馆可以更好地满足读者的需求。

17. 用户反馈与优化

图书馆应积极听取读者的意见和建议，了解他们对馆藏资源的需求和评价。根据读者反馈，不断优化馆藏资源的选择和管理，以更好地满足读者的信息需求。

图书馆的馆藏文献资源管理涵盖多个环节，从采购到维护再到利用，需要全面规划和有力的执行。通过科学的管理，图书馆可以构建丰富多样的资源库，为读者提供丰富的信息支持，促进知识传播与学术研究的发展。

二、分类与编目

一旦文献资源购置回来，需要对其进行分类和编目。资源分类是将文献按照主题、学科等进行归类，以便读者快速定位。编目是为每个资源创建规范的目录记录，包括题名、责任者、主题词等，从而构建可检索的目录。

1. 资源分类

资源分类是将馆藏文献资源按照一定的规则和标准，根据其主题、学科、内容等特点进行归类的过程。分类的目的是为了让读者能够快速、准确地找到所需的资源，从而提高资源利用效率。资源分类通常涉及以下几个步骤：

①选择分类体系：图书馆可以选择适合自身需求的分类体系，如《中图法》《美国国会图书馆分类法》等。这些分类体系将各个领域的知识进行了系统化的整理，方便资源的归类。

②确定主题类别：根据资源的内容，确定其主题类别。例如，一本关于历史的书可能被分类到历史类别下。

③分配分类号：每个主题类别都有相应的分类号，将资源分配到相应的分类号下，以便后续的整理和存放。

④制作分类标签：为每本资源制作相应的分类标签，标注分类号和资源在馆内的存放位置，方便读者查找。

2. 编目

编目是为每个馆藏资源创建规范的目录记录，以便于检索和管理。编目包括了资源的各种信息，如题名、责任者、出版社、出版日期、主题词等。编目的主要目的是使资源的信息能够被系统地组织和检索，使读者能够方便地找到所需资源。编目通常涉及以下步骤：

①标准化目录记录：根据规定的编目标准，将资源的各项信息进行规范化，确保目录记录的一致性和可比性。

②创建目录卡片：在纸质时代，图书馆通常会为每本资源创建目录卡片，记录资源的各项信息，然后按照分类号顺序排列。

③数字化编目：在数字化时代，目录记录可以通过计算机系统进行数字化编目，构建可检索的数据库。

④添加主题词：为了提高资源的检索效率，可以为每本资源添加主题词，使资源能够在多个主题下被检索到。

⑤建立检索索引：根据资源的各项信息，建立检索索引，以便读者能够通过关键词、题名、责任者等信息进行检索。

三、索引与检索：

索引是建立在编目记录基础上的关键词列表，用于提高资源检索的准确性和效率。图书馆可以制作主题索引、作者索引等，为读者提供多样化的检索途径。数字化时代，数字资源的元数据也需要适当索引，以便在线检索。

1. 索引的作用

索引是一种关键词列表，用于帮助读者更快速、准确地找到所需的资源。它是在资源编目的基础上建立的，通过提取资源的关键信息，使读者可以根据关键词进行资源的检索。索引的作用在于提高资源检索的效率和准确性，为读者提供更便捷的访问方式。

2. 不同类型的索引

①主题索引；主题索引是根据资源的主题内容建立的索引。它通过提取资源的关键词、主题词等信息，使读者能够根据自己的兴趣和需求找到相关主题的资源。主题索引可以将资源按照领域、学科、主题等进行分类，为读者提供多样化的检索途径。

②作者索引；作者索引是根据资源的责任者信息建立的索引。它允许读者根据作者的姓名找到该作者相关的所有资源，从而方便读者深入研究某个作者的作品。

③关键词索引；关键词索引是根据资源的关键词信息建立的索引。读者可以通过输入与资源内容相关的关键词，找到与这些关键词相关的资源，从而实现多维度的检索。

3. 数字资源的索引

在数字化时代，图书馆不仅需要为纸质资源建立索引，还需要为数字资源的元数据建立索引。元数据是描述数字资源的关键信息，包括资源的题名、作者、主题、关键词等。通过为数字资源的元数据建立索引，图书馆可以实现在线检索，使读者可以通过网络获取所需的信息。

4. 索引与信息检索系统

随着信息技术的发展，图书馆采用了各种信息检索系统来帮助读者进行资源检索。这些系统可以根据用户输入的关键词，在索引中进行匹配，并返回相关的资源列表。索引的质量和完整性对于信息检索系统的效果至关重要，因此图书馆需要确保索引的准确性和及时更新。

通过建立不同类型的索引，图书馆可以为读者提供多样化的资源检索途径，使他们能够更轻松地找到所需的信息。在数字化时代，数字资源的元数据索引也为在线检索提供了重要支持，使图书馆的资源利用更加便捷和高效。

四、数字化建设

随着数字化时代的到来，图书馆逐渐将馆藏资源数字化，以便更好地进行管理和利用。数字化建设包括扫描纸质资源、建立数字图书馆平台、创建数字档案等。这样可以实现资源的远程访问、长期保存和共享。

随着数字化时代的到来，图书馆面临着将传统纸质资源转化为数字形式的挑战和机遇。数字化建设在图书馆管理中具有重要的意义，它可以提升资源管理效率、促进信息共享、拓展服务范围，从而更好地满足读者的需求。

1. 扫描纸质资源

图书馆可以通过扫描仪将纸质图书、期刊等资源转化为数字形式，形成电子文献库。这样可以实现资源的远程访问，减少纸质资源的损耗和空间占用。

2. 建立数字图书馆平台

图书馆可以搭建数字图书馆平台，将数字化资源进行整合和组织，为读者提供在线浏览、检索和下载服务。数字图书馆平台可以根据不同的主题、学科进行分类，使读者更便捷地获取所需资源。

3. 创建数字档案

图书馆可以将机构的历史文献、文件资料等进行数字化保存，以便长期保存和管理。数字档案的建立可以实现文献资料的永久性保存，防止信息丢失和损坏。

4. 数字化建设的优势和影响

①远程访问和共享：数字化建设使得资源可以在互联网上进行远程访问，读者无须到图书馆现场，即可获取所需信息。同时，数字化资源的共享也变得更加容易，不同机构之间可以进行资源共享和合作。

②多媒体和互动性：数字化资源可以包括多种形式，如文本、图片、音频、视频等。这种多媒体形式能够更好地满足不同读者的需求，增强信息的互动性和吸引力。

③长期保存：数字化资源可以进行多重备份，确保资源的长期保存和防止损失。相比于纸质资源，数字化资源更具有抗灾和安全性。

④搜索和检索效率：数字化资源可以通过关键词、主题词等方式进行检索，大大提高了

资源的搜索和检索效率。读者可以更快速地找到所需信息。

⑤环境友好；数字化建设减少了纸张的使用，有利于环境保护。同时，数字化资源的存储和传播也减少了能源和物质的消耗。

5. 挑战和应对策略

①版权和数字化权限；数字化资源可能涉及版权和权限问题，图书馆需要确保合法性，遵循相关法规和规定。

②技术和设备投入；数字化建设需要投入大量的技术和设备，图书馆需要提前做好规划和预算。

③数字化资源管理；数字化资源需要进行分类、编目和索引，图书馆需要建立相应的数字资源管理体系。

通过数字化建设，图书馆可以更好地管理和利用资源，提供更加便捷和多样化的服务，满足不同读者的需求，同时也为信息传播和共享提供了更广阔的平台。

五、存储与保护

保护馆藏资源的完整性和长期保存是至关重要的。图书馆应该制定适当的保护措施，如控制环境温湿度、防火防水等，以确保纸质资源不受损。对于数字资源，需要进行定期备份和存档，以防止数据丢失。

1. 纸质资源的保护

①环境控制；控制图书馆内的环境温度和湿度是保护纸质资源的重要手段。维持适宜的温湿度可以减缓纸张老化和腐蚀，防止资源变质。

②光照和紫外线防护；长时间暴露在阳光下会导致纸张变黄、变脆。图书馆应避免直接阳光照射，可以使用防紫外线窗帘或玻璃。

③防火防水；图书馆应配备火灾报警系统，防止火灾危害纸质资源。此外，对于位于潮湿地区，应采取措施防止水患危害资源。

④妥善存放；图书馆应设计合理的书架布局和储存方式，避免资源受到挤压、摩擦和变形。

2. 数字资源的保护

①定期备份；数字资源需要定期进行备份，以防止数据丢失。备份可以存储在不同的地点，以应对设备故障、自然灾害等情况。

②数据存档；图书馆应制定数据存档计划，将数字资源存档到可靠的存储设备或云存储平台。存档应标明资源的元数据和备份日期。

③数据完整性校验；定期检查数字资源的完整性，确保存储的数据没有损坏或丢失。可以通过校验和等技术进行检验。

④数字版权保护；数字资源可能面临非法复制、传播等风险。图书馆应采取数字版权保护措施，确保资源的合法使用和传播。

3. 长期保存

无论是纸质资源还是数字资源，图书馆都需要制定长期保存策略。纸质资源需要进行定期的检查、修复和保养，以保持其可用性。数字资源需要不断迁移和转化为适应新的技术环境，防止因技术迅速更新而导致资源无法访问。

4. 保护措施的重要性

资源的保护不仅关乎资源本身的保存，还关乎图书馆作为文化机构的声誉。一旦资源受损或丢失，可能无法恢复，严重影响读者的服务体验和图书馆的信誉。因此，制定适当的保护措施是图书馆管理的重要组成部分。

六、维护与更新

图书馆的馆藏资源需要定期的维护和更新。这包括资源整理、翻新、修复等工作，以保持资源的良好状态。同时，过时或不再适用的资源应该被剔除，保持馆藏的时效性和质量。

1. 资源整理和翻新

①整理分类；定期对馆藏资源进行整理分类，确保资源按照主题、学科等合适的方式进行分类归置。这有助于读者更快地找到所需资源。

②清洁和翻新；对于纸质资源，需要定期进行清洁和翻新工作，保持资源的干净和完整。可以清除灰尘、污渍，修复破损的书脊和封面等。

2. 资源修复和保护

①修补损坏；对于受损的纸质资源，如撕裂、破损的书页等，需要进行修复，以保持资源的完整性和可用性。

②封装保护；一些脆弱的资源可以进行封装，使用酸性不含的封套、袋子等，以防止进一步损坏。

3. 资源更新和剔除

①更新时效资源；图书馆应定期检查馆藏资源，将过时的、不再适用的资源标注或剔除。这可以保持馆藏的时效性，避免读者获取过时信息。

②淘汰过时资源；对于长时间未被借阅或不再需要的资源，图书馆可以考虑淘汰，为馆藏腾出空间。

4. 数字资源的维护和更新

①元数据更新；对于数字资源，保持元数据的准确性和完整性非常重要。随着资源更新或修改，元数据也需要相应更新。

②技术兼容性；数字资源可能会受到技术变化的影响，需要定期检查和更新，以确保资

源能够在新的技术环境中正常访问。

5. 维护和更新的意义

维护和更新是保持馆藏资源质量和服务效果的关键环节。经过维护和更新，资源能够保持良好的状态，读者能够更便捷地获取到所需的信息。同时，剔除过时或不再适用的资源也有助于提高馆藏的精确性和时效性。

6. 计划和定期性

维护和更新需要制定计划，进行定期性的检查和处理。图书馆应该建立相应的工作流程和时间表，确保资源的维护和更新得到充分的重视和执行。

七、资源推广与利用

除了收藏和管理，图书馆还应该积极推广馆藏资源。这可以通过举办展览、讲座、宣传活动等方式来实现，让读者了解图书馆所拥有的丰富资源，提高资源的利用率。

1. 资源推广与利用

图书馆不仅需要收藏和管理馆藏资源，还应该积极推广和利用这些资源，以提高读者的意识和利用率。资源推广可以帮助读者更好地了解馆藏资源，从而更有效地利用这些资源。

2. 展览和展示

①主题展览；图书馆可以根据不同主题，策划和举办展览，展示馆藏资源中与主题相关的书籍、资料、图片等。这可以吸引读者的兴趣，让他们更深入地了解资源。

②数字展示；在数字化时代，图书馆可以通过网站、社交媒体等渠道，展示数字资源，如数字化的特藏文献、历史照片等，吸引读者在线浏览和利用。

3. 讲座和培训

①资源讲座；图书馆可以邀请专家学者，举办关于特定主题或领域的讲座，介绍馆藏资源并讲解如何利用这些资源进行学术研究和学习。

②信息素养培训；图书馆可以开展信息素养培训，帮助读者提升信息检索、资源评估和利用的能力，使他们更有效地利用馆藏资源。

4. 宣传活动

①校园宣传；图书馆可以在校园内举办宣传活动，如海报展示、宣传册发放等，让更多的人了解图书馆的资源和服务。

②社区互动；图书馆可以与社区合作，开展资源宣传和互动活动，吸引社区居民利用图书馆的资源。

5. 在线宣传

①社交媒体；图书馆可以利用社交媒体平台，发布有关馆藏资源的信息、推荐、活动等，吸引在线读者的关注。

②数字平台；利用图书馆的网站和数字图书馆平台，向读者展示馆藏资源的分类、检索方法和使用指南。

6. 读者参与

①读者建议；图书馆可以鼓励读者提供馆藏资源的建议，了解他们的需求，从而更好地满足读者的利用需求。

②读者推荐；鼓励读者向其他读者推荐馆藏资源，促进资源的共享和利用。

资源推广和利用不仅可以提高读者对图书馆资源的认知和兴趣，还可以增加资源的使用率和价值。通过多样化的推广方式，图书馆可以与读者建立更紧密的联系，满足他们的信息需求。

八、资源共享与合作

图书馆可以与其他图书馆建立资源共享和合作机制，以扩大资源范围和提供更多的服务。通过互借、合作采购等方式，图书馆可以更好地满足读者的需求。资源共享和合作是图书馆提供更广泛服务的重要方式之一，通过与其他图书馆建立合作关系，可以丰富馆藏、提高服务质量，满足读者多样化的需求。

1. 互借和外借服务

①合作互借；图书馆可以与其他图书馆签署互借协议，允许读者借阅其他图书馆的资源。这可以扩大读者可借阅的范围，满足他们对多样化资源的需求。

②外借服务；图书馆可以开设外借服务，向其他图书馆借阅馆藏资源，为本馆的读者提供更多资源选择。

2. 合作采购和资源共建

①合作采购；图书馆可以与其他图书馆合作，共同采购资源，如电子数据库、电子期刊等。这可以减少资源采购成本，获得更大的折扣。

②资源共建；图书馆可以与其他图书馆合作，共同创建资源，如数字化特藏、地方历史文献数据库等。通过共建，可以将各方的资源优势整合起来，提供更丰富的资源。

3. 联盟和合作项目

①图书馆联盟；图书馆可以参与图书馆联盟，与多家图书馆合作，共同推进资源共享、合作采购、培训等活动。

②合作项目；图书馆可以与其他图书馆合作开展特定项目，如举办联合展览、讲座等，为读者提供丰富的文化和知识体验。

4. 数字资源共享

①数字馆藏共享；图书馆可以将数字资源进行共享，通过数字图书馆平台向其他图书馆或读者提供访问权限，促进数字资源的共享和利用。

②合作数字化项目；图书馆可以与其他图书馆合作进行数字化项目，共同将特藏、珍贵文献数字化，提供在线访问。

资源共享与合作不仅可以丰富图书馆的资源，还可以促进图书馆间的交流与合作，提高整体服务水平。通过建立合作机制，图书馆可以更好地满足读者的需求，推动文化和知识的传播。

九、用户反馈与优化

图书馆应积极听取读者的意见和建议，了解他们对馆藏资源的需求和评价。根据读者反馈，不断优化馆藏资源的选择和管理，以更好地满足读者的信息需求。

1. 收集用户反馈

①反馈渠道；图书馆可以设立专门的反馈渠道，如意见箱、在线调查、社交媒体等，鼓励读者提供意见和建议。

②个别咨询；图书馆可以设置咨询台或在线聊天，为读者提供个别咨询和反馈渠道。

2. 分析和整理反馈信息

①数据分析；对收集到的反馈信息进行分析，了解读者对不同类型资源的需求和评价。

②建立数据库；建立反馈信息数据库，整理和记录不同时间段的反馈，以便进行长期的资源优化。

3. 资源优化与改进

①根据需求更新资源；根据读者的需求，适时更新馆藏资源，购置更多受欢迎的书籍、资料和数字资源。

②剔除过时资源；根据读者的反馈，剔除不再受欢迎或过时的资源，保持馆藏的时效性。

4. 推出新服务

①新服务推广；根据读者建议，推出新的服务，如数字资源访问指南、在线培训等，以满足他们的需求。

②特色活动举办；根据读者兴趣，策划特色活动，如读书俱乐部、讲座等，提供更多与馆藏资源相关的体验。

5. 反馈回应与沟通

①反馈回应；及时回应读者的反馈，向他们解释有关资源选择、采购和管理的决策。

②沟通渠道；建立有效的沟通渠道，向读者通报资源优化的进展和成果。

通过积极收集和回应读者的反馈，图书馆可以更加精确地了解读者的需求，从而不断优化馆藏资源和服务，提供更好的图书馆体验。这种持续的反馈机制有助于保持图书馆与读者的紧密联系，使馆藏资源更贴近读者的需求。

第二章

图书馆管理创新

图书馆作为知识传播和文化传承的重要场所，在信息科技快速发展的背景下，亦需要不断创新管理模式以适应时代的变革。本章将从不同角度探讨我国图书馆管理领域的创新，包括现状、环境、可持续发展以及基于分布式管理的创新。

第一节　我国图书馆管理创新现状及思路

在图书馆管理方面，我国已经取得了一些显著的成就，包括数字化资源建设、智能化服务、社区参与等方面的创新。然而，仍然存在一些挑战，如人才培养、技术更新等。为了进一步提升我国图书馆管理的创新水平，可以从以下几个方面思考。

一、数字化创新

加强数字资源的建设与管理，推动数字化图书馆建设，提供更便捷的数字资源获取途径，满足用户多样化的知识需求。

1. 数字资源建设与采集

数字化创新涉及将馆藏中的纸质书籍、期刊、报纸、手稿、图片、音频、视频等多种类型的文献资源数字化。这需要图书馆建立专门的数字化项目，通过扫描、拍摄、录制等方式将纸质资源转化为数字形式。

①项目规划和策略制定；在进行数字资源建设与采集之前，图书馆需要制定清晰的项目规划和策略。这包括确定要数字化的资源类型、数量、优先级以及采用的技术和方法。

②资源筛选和优先级确定；图书馆通常拥有大量的纸质文献资源，因此需要根据用户需求和馆藏特点，筛选出需要数字化的资源。同时，为了确保资源的有序数字化，可以设定资源的优先级和顺序。

③数字化设备和工具准备；数字化需要适当的设备和工具，如高分辨率扫描仪、数码相机、录音设备等。图书馆需要根据不同资源的特点，选择合适的设备和工具。

④元数据标注和描述；在数字资源建设过程中，为了方便用户查找和使用资源，需要为每个数字资源添加适当的元数据。元数据可以包括资源的标题、作者、出版日期、关键词等信息。

⑤数字化流程和方法；数字化可以采用不同的方法，如扫描、拍摄、录制等。针对不同类型的资源，选择适当的数字化方法。数字化过程中需要保证高质量的图像和音频 / 视频文件。

⑥版权与许可；在数字化过程中，需要考虑资源的版权和许可问题。如果资源受到版权保护，图书馆需要与版权持有者协商获得数字化的许可。

其他方面包括数字化作业流程：建立清晰的数字化作业流程，包括资源准备、数字化、质量控制、元数据添加等环节，以确保数字化过程的有序进行。质量控制和校对：在数字化完成后，需要进行质量控制和校对工作，确保数字化资源的准确性和完整性。这可以包括对图像质量、文字识别准确性等方面的检查。数字资源存储和管理：数字化后的资源需要进行存储和管理。图书馆需要建立合适的数字资源管理系统，确保资源的长期保存和可访问性。合作与共享：在数字资源建设与采集过程中，图书馆可以与其他机构、学术界、社会团体等合作，共享数字资源，推动资源的互通互联。用户服务和推广：完成数字化后，图书馆需要通过网站、移动应用等渠道向用户宣传和推广数字化资源，提供方便的访问途径和使用方法。持续发展和更新：数字资源建设与采集不是一次性的任务，图书馆需要建立长期的数字化计划，不断更新和完善数字资源，以适应信息科技的快速发展。

数字资源建设与采集是数字化创新的基础，它需要综合考虑资源的类型、质量、版权等多个因素，通过规划、设备准备、流程控制等步骤，将纸质资源成功转化为数字形式，以满足用户多样化的知识需求。

2. 数字资源管理与存储

数字化创新需要建立有效的数字资源管理系统，包括元数据的标注、分类、索引等工作，以便用户可以方便地查找和访问所需资源。此外，图书馆还需要建立可靠的数字资源存储系统，确保资源的长期保存和可访问性。

①数字资源管理：

a 元数据标注与描述，对每个数字资源添加准确和详尽的元数据是数字资源管理的基础。元数据包括资源的标题、作者、出版日期、主题关键词、摘要等信息，以便用户能够快速准确地找到所需资源。

b 资源分类与主题索引，数字资源需要根据内容进行分类，可以采用主题分类法、资源类型分类法等。同时，建立主题索引系统，使用户能够通过主题关键词查找相关资源。

c 用户权限与访问控制，对于一些特定的资源，可能需要限制用户的访问权限。图书馆需要建立用户权限管理系统，确保只有具有合适权限的用户才能访问敏感资源。

d 资源版本管理，针对一些可能有多个版本的资源，如期刊、报纸，需要建立资源版本管理系统，使用户能够选择不同版本进行访问和比较。

e 链接与关联，在数字资源管理系统中，可以通过建立资源之间的链接与关联，使用户能够更全面地了解相关资源，提供更丰富的知识体验。

②数字资源存储：

a 存储策略与技术选择，图书馆需要制定数字资源的存储策略，包括选择合适的存储介质（硬盘、云存储等）、存储容量、备份与恢复等方面的考虑。

b 长期保存与可访问性，数字资源的长期保存是重要任务，图书馆需要采取措施确保资源不会因技术更新或设备故障而丧失。同时，要保障资源的可访问性，确保用户能够随时访问所需资源。

c 数字资源存储系统，建立专门的数字资源存储系统，实现资源的集中管理和存储，确保资源的安全性和可靠性。

d 数据备份与灾难恢复，建立定期的数据备份机制，以防止因数据丢失或设备故障造成的资源损失。同时，制定灾难恢复计划，确保在意外情况下能够迅速恢复数字资源。

e 数据格式与标准，确保数字资源以常用的、持久的文件格式存储，避免因为格式不受支持而导致资源无法访问。同时，遵循相关的数字资源管理标准，确保资源的互操作性和可持续性。

f 安全与保密，数字资源存储需要考虑数据安全和保密性。采取适当的安全措施，防止未经授权的访问和数据泄露。

数字资源管理与存储是数字化创新的核心环节，通过有效的元数据管理、资源分类、存储策略以及安全措施，图书馆可以建立一个有序、高效的数字资源管理系统，保障数字资源的长期保存和可访问性，为用户提供优质的数字化服务。

3. 数字化图书馆建设

数字化创新的目标之一是建设数字化图书馆，即一个基于互联网技术的在线平台，用户可以通过网络随时随地访问和利用图书馆的数字资源。数字化图书馆应具备用户友好的界面、强大的搜索功能以及多样的资源浏览方式。

①用户友好的界面

a 直观的布局和导航，数字化图书馆的界面应具备清晰的布局和直观的导航，使用户能够迅速找到所需资源或功能。

b 可定制的界面，提供用户可定制的界面选项，使用户可以根据个人偏好调整界面风格、显示内容等。

c 多语言支持，如果图书馆的用户来自不同的地区和语言背景，数字化图书馆应该提供多语言支持，以确保更多用户的便捷访问。

②强大的搜索功能

a 高级搜索选项，提供丰富的高级搜索选项，如按照作者、主题、出版日期、关键词等进行搜索，以满足用户的多样化需求。

b 全文检索，支持全文检索功能，使用户能够在资源的全文内容中查找关键词，提高搜索准确度。

c 搜索结果排序与过滤，提供搜索结果的排序和过滤功能，使用户能够按照不同标准对搜索结果进行排列和筛选，快速找到所需资源。

③多样的资源浏览方式

a 虚拟书架，允许用户创建个人的虚拟书架，将感兴趣的资源收藏起来，方便随时访问和管理。

b 资源推荐，基于用户的阅读历史和兴趣，为用户推荐相关资源，提高用户发现新资源的机会。

c 交互式阅读体验，对于图书、期刊等文本资源，提供交互式阅读体验，如页面翻转、书签功能等，增强用户的阅读体验。

④互动与社交功能

a 评论与评分，允许用户对资源进行评论和评分，让其他用户了解资源的质量和可信度。

b 分享与推广，提供社交媒体分享按钮，允许用户将喜欢的资源分享给朋友，扩大资源的影响力。

c 用户社区，建立用户社区，使用户能够互相交流、讨论，分享阅读心得和推荐资源。

⑤技术支持和维护

a 技术更新与升级，确保数字化图书馆的技术始终处于更新状态，支持新的浏览器、设备等，保障用户体验。

b 用户支持与培训，提供在线用户支持、帮助文档和培训资源，帮助用户充分了解和利用数字化图书馆。

c 性能优化，保障数字化图书馆的性能稳定，确保用户在访问时不会遇到长时间的加载和响应延迟。

数字化图书馆的建设旨在为用户提供方便的访问和利用方式，通过友好的界面、强大的搜索功能、多样的资源浏览方式和互动功能，使用户能够充分享受数字资源带来的便利和丰富知识体验。同时，持续的技术支持和维护确保数字化图书馆始终保持高水平的性能和用户体验。

4. 数字资源的获取途径

数字化创新旨在提供更便捷的数字资源获取途径。这可以包括通过图书馆网站、移动应用程序、社交媒体等渠道，为用户提供在线阅读、下载、分享等功能，满足用户多样化的知识需求。

①图书馆网站：

a 在线访问平台，图书馆可以在其官方网站上建立数字化图书馆的在线访问平台，让用户能够通过网络浏览和搜索图书馆的数字资源。

b 资源分类和导航，在图书馆网站上提供清晰的资源分类和导航，使用户能够快速找到自己需要的资源类型。

c 资源详情页面，为每个资源创建详细的页面，包括资源的封面、摘要、作者信息、关键词等，使用户能够深入了解资源内容。

②移动应用程序：

a 移动阅读，开发移动应用程序，允许用户在移动设备上阅读数字资源，提供与纸质阅读类似的体验。

ｂ离线访问，提供离线下载功能，用户可以将所需资源下载到移动设备，随时随地进行阅读，即使没有网络连接。

ｃ推送通知，通过移动应用程序发送推送通知，通知用户关于新资源、活动或特别推荐的信息。

③社交媒体与博客：

ａ资源分享，利用社交媒体平台，图书馆可以发布关于数字资源的信息，鼓励用户分享有价值的资源内容。

ｂ专题推广，在博客或社交媒体上发布数字资源的专题推广文章，介绍资源背景、使用方法等，引起用户兴趣。

④在线阅读和下载：

ａ在线阅读，提供在线阅读功能，用户无须下载资源即可在浏览器中查看资源内容。

ｂ下载选项，对于用户希望保存的资源，提供下载选项，以便离线使用或进一步研究。

⑤资源共享和合作：

ａ资源链接分享，允许用户在社交媒体、博客、邮件等中分享资源链接，使更多人能够访问和利用资源。

ｂ合作共享，与其他图书馆、机构或学校合作，共享数字资源，拓展用户的获取渠道。

⑥在线学习平台：

ａ教育平台合作，将数字资源与在线学习平台整合，为教育机构、学生提供支持课程学习的资源。

ｂ在线培训资源，开发在线培训资源，如教程、视频讲座等，为用户提供学习和知识分享的机会。

5.个性化服务与推荐

借助数字化创新，图书馆可以分析用户的阅读习惯和兴趣，为其提供个性化的资源推荐服务。这可以通过推荐算法、用户行为分析等技术实现，提高用户体验。

①用户行为分析：

ａ阅读记录分析，通过分析用户的阅读记录，了解用户的兴趣领域、喜好类型等，从而更好地为其推荐相关资源。

ｂ点击和搜索行为，分析用户在数字化图书馆平台上的点击、搜索行为，揭示用户的关注点和需求。

②推荐算法：

ａ协同过滤，基于用户的历史行为和其他用户的行为，为用户推荐与其兴趣相似的资源。

ｂ内容推荐，基于资源的内容特点和用户的兴趣，推荐与用户兴趣相关的资源。

③混合推荐，结合不同的推荐算法，综合考虑用户行为和资源特点，提供更精准的推荐。

④个性化推荐服务：

a 主题推荐，根据用户的兴趣偏好，向用户推荐相关主题的资源，帮助用户深入探索特定领域。

b 相似资源推荐，当用户查看某一资源时，系统可以自动推荐与该资源相似的其他资源。

c 热门资源推荐，根据热门程度和用户行为，为用户推荐当前热门的资源，让用户及时了解热点。

⑤个人用户界面定制：

a 用户偏好设置，允许用户设置自己的兴趣标签、主题关键词等，以便系统更好地为其推荐相关资源。

b 虚拟书架管理，用户可以在个人界面上管理自己的虚拟书架，将感兴趣的资源收藏起来。

⑥用户反馈与调整：

a 用户反馈机制，提供用户反馈通道，让用户评价推荐资源的质量，从而不断优化推荐算法。

b 推荐结果调整，根据用户反馈和行为，对推荐算法进行调整，以提高推荐的准确性。

其他方向还包括隐私保护，例如数据安全，确保用户的个人数据和阅读行为得到保护，不会被滥用或泄露。用户选择权，允许用户自主选择是否参与个性化推荐，保护用户隐私权。

通过个性化服务与推荐，数字化图书馆可以更好地满足用户的个性化需求，提供符合用户兴趣和偏好的资源，提高用户在数字化图书馆平台上的满意度和忠诚度。同时，随着用户行为和反馈的不断积累，推荐系统可以不断优化，为用户提供越来越精准的个性化服务。

6. 数字资源的版权与许可管理

数字化创新涉及到大量的版权和许可问题。图书馆需要与版权持有者合作，确保数字资源的合法使用，并制定相应的许可政策，平衡用户访问和资源保护之间的关系。

①版权和许可问题的重要性：

a 合法使用保障，数字化创新必须确保数字资源的使用是合法的，遵循版权法律和相关法规，保护版权持有者的权益。

b 资源保护，版权和许可管理有助于保护图书馆所拥有的数字资源，防止未经授权的复制、传播和使用。

c 用户服务，合法的版权和许可管理可以为用户提供可信赖的资源，提高用户体验和满意度。

②与版权持有者的合作

a 版权持有者许可，图书馆需要与版权持有者合作，获得数字化资源的许可，确保资源可以在合法授权范围内使用。

b 合同和协议，建立正式的合同和协议，明确双方权益、使用范围、许可期限等内容，确保合法合规的使用。

③许可政策与策略制定

a 许可政策制定，制定明确的数字资源许可政策，规定资源的使用范围、条件和限制，以及用户的权利和义务。

b 使用许可分类，将数字资源的使用分为不同类别，如开放获取、限制访问、有偿许可等，以便更好地管理不同类型的资源。

c 授权管理系统，建立数字资源授权管理系统，记录和跟踪资源的许可信息，确保资源的合法使用。

④数字资源访问控制：

a 身份验证与访问权限，确保只有具有合适权限的用户能够访问受限资源，采用身份验证和授权方式实现访问控制。

b 许可期限控制，确保用户只能在许可期限内访问数字资源，过期后自动失去访问权限。

⑤用户教育与宣传：

a 版权法律教育，向用户提供版权法律的教育和宣传，使用户了解数字资源的合法使用和限制。

b 许可声明，在数字资源页面上提供明确的许可声明，告知用户资源的使用条件，促使用户遵循合规规定。

⑥监督和合规检查：

a 内部审核与监督，设立专门的团队或部门负责监督数字资源的合法使用，定期进行内部审核和合规检查。

b 外部审查与合规，可以邀请第三方机构对数字资源的版权和许可情况进行审查，确保合规性。

通过与版权持有者合作，制定明确的许可政策和策略，建立许可管理系统，数字资源的版权和许可管理可以在保护版权的前提下，为用户提供可信赖的数字资源访问途径，维护资源提供与权益保护的平衡。

7. 开放获取与开放数据

数字化创新可以促进图书馆开放获取运动，即将部分或全部数字资源以开放的方式提供给用户。此外，图书馆还可以参与开放数据运动，将一些数据资源以开放格式分享给社会，推动科研和创新。

①开放获取（Open Access）：

a 资源开放方式，开放获取是指将部分或全部数字资源以开放的方式提供给用户，用户可以免费获取和使用这些资源。

b 开放获取模式，开放获取可以分为两种主要模式：金融开放获取（Author-Pays）和绿色开放获取（Self-Archiving）。前者是作者或其机构支付费用，使文章在期刊上开放访问；后者是作者自行存储研究成果副本，允许公众免费访问。

c 开放获取平台，图书馆可以建立开放获取平台，发布开放获取的数字资源，如学术论文、学位论文、研究报告等。

d 知识共享，开放获取鼓励知识的共享与传播，有助于学术界和公众更好地了解研究成果和知识。

②开放数据（Open Data）：

a 数据开放原则，开放数据是指将数据资源以开放的格式和方式分享给社会，使任何人都可以访问、使用、重用和重新分发这些数据。

b 数据格式和元数据，开放数据应以常见的、互操作的数据格式提供，并包含详尽的元数据，以便用户了解数据的含义和来源。

c 数据共享平台，图书馆可以建立开放数据平台，将各类数据资源，如地理信息、统计数据、研究数据等，以开放数据格式发布。

d 科研与创新推动，开放数据鼓励科研人员、开发者和创新者使用和分析数据，从而推动科研成果和创新的发展。

③开放获取与开放数据的优势：

a 促进知识共享，开放获取和开放数据促进知识和信息的共享，使更多人受益于已有的研究成果和数据资源。

b 加速科学进展，开放获取和开放数据推动科研的快速进展，有助于避免重复性研究，提高科研效率。

c 支持创新，开放数据可以为创新提供原始材料，激发开发者和创新者的创意，推动社会和经济发展。

d 提升图书馆影响力，参与开放获取和开放数据运动可以提升图书馆在学术界和社会中的影响力，增强其服务的价值和可见性。

开放获取和开放数据是数字化创新的重要方向，它们通过促进知识共享、支持科研创新以及提升图书馆的影响力，为用户和社会带来了广泛的益处。图书馆可以积极参与和推动开放获取和开放数据运动，为社会提供更开放、透明和有价值的资源。

8. 数字资源的可持续发展

数字资源的管理需要长期的投入和维护。图书馆应制定数字资源的长期保存策略，确保数字资源的可持续发展，避免因技术更新而导致资源丧失。

①长期保存策略：

a 数字资源策略制定，制定明确的数字资源管理策略，规定资源的保存期限、格式标准、存储方案等内容。

b 资源评估与筛选，定期对数字资源进行评估和筛选，确定哪些资源需要长期保存，哪些可以归档或删除。

②数字资源存储与保护：

a 永久性存储，选择稳定、可靠的存储介质和技术，确保数字资源能够长期保存，不会因存储介质老化而丧失。

b 数据备份和灾难恢复，建立定期的数据备份机制，以应对数据意外丢失的情况，并制定灾难恢复计划，确保资源能够迅速恢复。

c 数据格式与标准，选择常用的、持久的数据格式存储资源，避免因为格式不受支持而导致资源无法访问。

③技术更新和迁移：

a 技术监测与更新，密切关注数字资源管理技术的发展，及时更新技术，以适应不断变化的环境。

b 数据迁移计划，在技术更新或存储介质老化时，制定数据迁移计划，将资源从旧技术迁移到新技术，确保资源的连续性。

④元数据和文档记录：

a 元数据管理，对数字资源进行详细的元数据标注，包括资源的作者、标题、摘要、关键词等信息，以便后续管理和使用。

b 文档记录与文档化，记录数字资源的历史变更、迁移过程、使用情况等，以便未来追踪和管理。

⑤合规性和法律问题：

a 版权合规性，确保数字资源的使用和保存符合版权法律和许可协议，避免法律纠纷。

b 隐私保护，在保存和使用数字资源时，保护用户隐私，遵循隐私保护法律和规定。

⑥社会合作与共享：

a 合作共享，参与数字资源共享计划，与其他图书馆、机构等合作共享数字资源，共同维护资源的可持续发展。

b 开放数据共享，将一些数据资源以开放数据的方式分享给社会，为科研和创新提供支持。

数字资源的可持续发展需要持续的投入、规范的管理和精心的策略制定。通过合适的保存策略、技术更新、元数据管理以及合规性措施，图书馆可以保障数字资源在长期内的保存和可访问性，为用户和社会提供稳定和持续的数字化服务。

二、智能化服务

借助人工智能技术，开发智能图书馆助手，为用户提供个性化的推荐服务、参考咨询等，提升用户体验。智能化服务是数字化创新的另一个重要方向，通过运用人工智能（AI）技术，图书馆可以开发智能图书馆助手，为用户提供个性化的推荐、参考咨询等服务，从而显著提升用户体验。

1. 智能图书馆助手的功能

①个性化推荐

基于用户的阅读历史、兴趣和行为，智能助手可以使用推荐算法为用户提供个性化的图书、文章、资源推荐，帮助用户发现新的内容。

②参考咨询

智能助手可以回答用户的参考咨询问题，提供关于资源、主题、作者等方面的信息，提供即时帮助。

③搜索辅助

智能助手可以优化用户的搜索体验，提供更准确、全面的搜索结果，帮助用户快速找到所需信息。

④语义分析

智能助手可以通过语义分析理解用户的问题和需求，从而更好地回答问题或提供资源。

⑤交互式查询

智能助手可以与用户进行自然语言交互，理解用户的问题并进行相应的回答和互动。

2. 技术支持

①自然语言处理（NLP）

NLP技术允许智能助手理解和处理用户的自然语言输入，从而实现人机交互。

②机器学习

机器学习技术可以通过分析用户行为和数据，不断优化推荐算法，提供更精准的推荐结果。

③知识图谱

构建图书馆的知识图谱，将资源、作者、主题等信息连接起来，帮助智能助手更好地理解和回答用户问题。

3. 用户体验的提升

①即时响应

智能助手可以实时回应用户的问题，提供即时的参考咨询和帮助，提高用户满意度。

②个性化服务

通过分析用户的行为和兴趣，智能助手可以为每个用户提供定制化的推荐和建议，提供更有针对性的服务。

③用户教育

智能助手可以为用户提供关于资源使用、检索技巧等方面的教育，提高用户信息素养和利用能力。

4. 数据隐私和安全

①隐私保护

确保用户数据和交互内容得到保护，不会被滥用或泄露。

②数据安全

采取适当的安全措施，保障智能助手运行过程中的数据安全。

智能化服务通过智能图书馆助手的引入，将图书馆服务提升到一个新的水平。用户可以通过自然语言交互，获得个性化的推荐和参考咨询，以更高效和便捷的方式满足自己的信息需求。同时，图书馆还应充分考虑隐私保护和数据安全等问题，确保用户在使用智能化服务时的信任和安心感。

三、社区参与

将图书馆打造成为社区文化中心，举办各类文化活动、讲座、展览等，吸引更多社区居民参与其中，促进知识共享和文化传承。社区参与是数字化创新的另一个重要方向，通过将图书馆转变为社区文化中心，举办多样化的文化活动、讲座、展览等，可以吸引更多社区居民参与其中，促进知识共享和文化传承。

1. 社区文化中心的构建

①多功能空间设计

将图书馆的空间规划进行优化，创造出适合举办文化活动、展览和讲座的多功能空间。

②资源整合

结合图书馆的数字资源、纸质藏书和多媒体设备，为社区提供多样化的文化体验。

③合作伙伴关系

与社区内的教育机构、艺术团体、非营利组织等建立合作伙伴关系，共同举办活动。

2. 文化活动举办

①讲座和研讨会

邀请专家学者、作家艺术家等举办讲座和研讨会，分享知识和经验。

②工作坊和培训

提供各类工作坊和培训课程，涵盖艺术、手工艺、科技等领域，激发社区居民的创造力。

③文化节庆

举办文化节庆活动，如书展、艺术展览、民俗活动等，拉近社区居民与文化的距离。

3. 知识共享与互动

①社区讲坛

创建社区讲坛，让居民能够分享自己的知识、经验和故事，促进知识的传递和共享。

②读书会和讨论组

组织读书会和讨论组，让社区居民共同阅读、交流，深化对文化和知识的理解。

③数字资源利用

利用图书馆的数字资源，举办在线讲座、网络研讨会等，使更多人能够参与互动。

4. 跨代文化传承

①老少互动

通过活动让不同年龄层的人互相交流，促进老一代的经验传承和年轻一代的创新思维。

②家庭活动

设计家庭互动活动，鼓励家庭成员一起参与，加强家庭间的交流和文化传承。

5. 社区参与的优势

①促进社交互动

社区参与活动为社区居民提供交流和互动的机会，促进社交关系的建立和加强。

②文化传承

通过举办各种文化活动，促进文化的传承和发展，维护地方文化的独特性。

③增加社区凝聚力

借助社区活动，增强社区凝聚力，加强社区成员之间的认同感。

④拓展服务范围

将图书馆服务延伸到社区活动中，扩大服务对象和影响范围。

通过将图书馆打造为社区文化中心，举办多样化的文化活动和参与项目，图书馆可以成为社区居民的知识中心和文化交流平台，促进社区的共享和互动，提高文化素质和社区凝聚力。同时，社区居民也能从中获得丰富的知识和体验，充实自己的生活。

四、跨界合作

与其他机构合作，如学校、企业等，共享资源与信息，拓展服务领域，实现资源的互通互联。跨界合作是数字化创新的关键策略之一，通过与其他机构如学校、企业等合作，共享资源和信息，可以拓展图书馆的服务领域，实现资源的互通互联，从而为用户提供更丰富、多样的服务。

1. 合作机构的选择

①学校合作

与学校合作，可以为学生和教师提供更多的学术资源和服务，促进学校教育与图书馆资源的结合。

②企业合作

与企业合作，可以共享商业和职业领域的信息资源，为职业人士提供实用的信息和培训。

③社会组织合作

与非营利组织、社会团体合作，可以共同推动社会公益项目，如社区服务、环保活动等。

2. 资源共享与整合

①数字资源共享

通过合作，共享数字资源，如数据库、电子期刊、电子书籍等，为用户提供更多资源。

②物质资源共享

共享物质资源，如纸质图书、音视频资料，充分利用合作伙伴的资源。

③知识产权合作

在合作伙伴的授权下，可以使用其知识产权内的内容，为用户提供多样化的信息。

3. 跨界活动与项目

①联合举办活动

与合作伙伴联合举办各类活动，如讲座、培训、工作坊，结合不同领域的专业知识。

②项目合作

参与跨界项目，如科研项目、社区服务项目等，发挥图书馆的信息服务和资源优势。

3. 创新服务拓展

①教育合作

与学校合作，为教育机构提供信息素养培训，帮助学生提升信息搜索和利用能力。

②职业发展合作

与企业合作，提供职业发展相关的资源和培训，帮助人们提升职业技能。

4. 技术整合与互联

① API 与数据共享

利用 API 技术，实现不同机构间数据的共享和互通，提高用户获取信息的便捷性。

②平台整合

建立共享平台，汇集各种资源和信息，为用户提供综合性服务。

5. 合作成果共享与评估

①合作成果展示

将合作项目的成果展示给用户，让他们了解图书馆的多元化服务。

②效果评估

对合作项目进行定期评估，了解合作的效果和用户反馈，不断优化合作策略。

跨界合作不仅可以拓展图书馆的服务领域，还可以丰富图书馆的资源内容，满足不同用户群体的需求。通过与不同机构合作，图书馆可以在教育、职业发展、社区服务等方面发挥更大的作用，实现资源的互通互联，共同促进社会发展与创新。

第二节　我国图书馆管理创新环境

一、数字技术的普及与应用

随着数字技术的不断发展，图书馆可以更方便地数字化馆藏，建立数字资源管理系统，提供在线阅读和资源访问服务。数字化技术还支持个性化推荐、数据分析等智能化服务，提升用户体验。

1. 数字化馆藏与资源管理

数字技术使得图书馆能够更方便地将纸质馆藏数字化，包括书籍、期刊、报纸、手稿、图片、音频和视频等多种类型的资源。这使得资源更易于保存、检索和分享。数字化馆藏不仅扩展了资源的可访问性，还节省了空间和维护成本。

①数字化流程

数字化馆藏涉及将纸质文献、图片、音视频等转化为数字形式。这可以通过扫描、拍摄、录制等技术实现。数字化流程包括获取原始物品、数字化转换、质量控制和元数据添加等环节。

②数字资源的多样性

数字化馆藏不仅包括图书、期刊等常见资源，还包括手稿、地图、照片、录音、录像等多种形式的文献。这扩展了数字馆藏的范围，使用户能够获得更多类型的信息。

③资源保存和维护

数字化馆藏通过数字存储介质，如服务器、云存储等，实现长期的资源保存和管理。数字资源不会因时间、环境变化而腐化，从而保障资源的持久访问。

④资源检索和访问

数字化馆藏的资源被存储在数字资源库中，用户可以通过网络随时随地访问。使用者可以进行全文检索、分类检索等方式，迅速找到所需信息。

⑤资源共享和传播

数字化资源可以轻松地通过互联网共享给更广泛的用户群体，甚至跨越地域和国界。这有助于促进知识传播和学术交流。

⑥其他

数字化馆藏避免了大量纸质资源占用的空间，也减少了与纸质资源相关的维护成本，如保暖、通风、防潮等；数字化馆藏涉及版权和许可问题。图书馆需要与版权持有者合作，确保数字资源的合法使用，并制定相应的许可政策，平衡用户访问和资源保护之间的关系。资源的多渠道利用；数字化资源可以通过图书馆网站、移动应用、社交媒体等多种渠道提供给用户，满足用户多样化的获取途径。跨时空检索；数字化馆藏使得用户可以迅速检索和访问来自不同时间和地域的资源，实现了信息的跨时空检索。数字化馆藏与资源管理极大地丰富了图书馆的馆藏内容，提高了资源的可访问性和利用效率。它也为图书馆在数字时代继续发挥重要作用提供了坚实的基础。

2. 数字资源管理系统

数字资源管理系统（Digital Resource Management System，DRMS）是一种软件工具或平台，专门用于管理和组织图书馆的数字资源。它可以帮助图书馆有效地处理数字化资源，使其能够更好地分类、标注、索引和检索，从而提供更快速、精确的资源访问和使用。

①资源分类与组织

DRMS允许图书馆对数字资源进行分类、目录化和组织。它可以创建各种标准化的分类体系和主题词表，帮助用户更轻松地浏览和找到相关资源。

②元数据标注

数字资源管理系统可以让图书馆添加元数据，即关于资源的描述性信息，如标题、作者、关键词、出版日期等。元数据使得资源更易于识别和区分，为用户提供更详细的资源信息。

③资源索引与搜索

DRMS构建了一个强大的资源索引，使得用户可以通过关键词、作者、主题等方式进行全文检索和分类检索。这样用户可以更快速地找到所需信息。

④用户个性化体验

一些DRMS支持用户个性化设置，允许用户创建个人账户，保存书签、笔记和阅读历史。此外，一些系统还可以根据用户的兴趣提供个性化推荐。

⑤版权与许可管理

DRMS通常还包括版权和许可管理功能。这允许图书馆控制资源的使用权限，确保数字资源的合法使用。

⑥其他

数字化文件处理，DRMS可以对不同类型的数字文件进行处理，包括文本、图片、音频、视频等。它们可以将不同格式的文件转换为适合在线阅读和访问的形式。统计与分析，DRMS通常会生成使用统计和分析报告，帮助图书馆了解用户访问行为、热门资源等，从而更好地了解用户需求和优化服务。可扩展性，随着图书馆数字资源的增加，DRMS通常具备可扩展性，能够适应不断增长的数字资源和用户需求。数据备份与安全，由于数字资源的重要性，DRMS通常具备数据备份和安全机制，确保数字资源的长期保存和安全性。数字资源管理系统的使用使图书馆能够更好地组织、管理和提供数字资源，提升用户体验，促进数字资源的可持续发展，以适应现代信息社会的需求。

3. 在线阅读与资源访问：

数字技术支持图书馆提供在线阅读和资源访问服务，用户可以通过网络随时随地访问图书馆的数字资源。这使得用户不再受到时间和地点的限制，大大提高了资源的利用效率。

①全球范围的访问

在线阅读与资源访问允许用户无论身在何地，只要有互联网连接，就能够访问图书馆的数字资源。这为全球用户提供了访问资源的机会，突破了地域限制。

② 24/7 访问

用户不再受制于图书馆开放时间，可以在 24 小时内的任何时间进行资源访问。这对于需要紧急获取信息的用户、不受时间限制的学习和研究等方面都具有重要意义。

③多样化的资源类型

在线阅读与资源访问可以提供多种类型的数字资源，包括电子书、电子期刊、图片、音频、视频等。用户可以根据自己的需求选择适合的资源类型。

④跨平台访问

数字资源可以通过多种设备访问，包括个人电脑、平板电脑、智能手机等。这使得用户可以根据自己的设备喜好选择合适的访问方式。

⑤个性化阅读体验

一些在线阅读平台允许用户进行个性化设置，如调整字体大小、颜色、背景等，满足用户的阅读偏好。

⑥其他

快速检索和阅读，在线资源平台通常提供快速检索和浏览功能，用户可以使用关键词、主题等方式快速找到所需资源，然后进行在线阅读或下载。

阅读工具和功能：在线阅读平台可能具备一些便利的阅读工具和功能，如书签、标注、笔记、全文搜索等，帮助用户更好地阅读和学习。多语言支持，在线资源平台可以提供多语言支持，允许用户选择自己熟悉的语言进行阅读和访问。数字资源的更新和维护，在线资源平台能够及时更新和维护数字资源，保证用户访问的是最新、准确的信息。阅读社交化，一些平台允许用户在资源上进行评论、分享和讨论，实现了资源的社交化，促进了学术交流和知识分享。

在线阅读与资源访问为用户提供了更便捷、高效的获取信息和学习的途径，使得图书馆的数字资源得以充分发挥价值，同时也使用户能够更自主地进行学术研究和知识获取。

4. 个性化推荐与智能分析

数字技术允许图书馆根据用户的阅读历史、兴趣和行为进行个性化推荐。通过分析用户的阅读习惯，图书馆可以向用户推荐相关的书籍、文章和资源，提供更精准的服务。个性化推荐与智能分析是数字技术在图书馆服务中的重要应用，它通过分析用户的阅读历史、兴趣和行为，为用户提供个性化的资源推荐和服务，从而提升用户体验。

①用户画像建立

图书馆通过收集和分析用户的阅读历史、搜索记录、借阅行为等数据，建立用户画像，了解用户的兴趣、喜好和需求。

②数据分析与挖掘

基于用户画像，图书馆可以运用数据分析和数据挖掘技术，发现用户的隐藏兴趣和相关性，从大量数据中提取有价值的信息。

③推荐算法应用

图书馆可以采用各种推荐算法，如协同过滤、内容推荐、深度学习等，根据用户的兴趣和行为，预测用户可能感兴趣的资源。

④个性化资源推荐

基于推荐算法，图书馆为用户提供个性化的资源推荐，将与用户兴趣相关的书籍、期刊、文章等呈现在他们的推荐列表中。

⑤多样性与新颖性

个性化推荐不仅关注用户的已知兴趣，还会尝试推荐一些可能新颖但与用户兴趣相关的资源，以丰富用户的知识体验。

⑥其他

实时更新，推荐系统可以实时更新用户的推荐列表，以适应用户的变化兴趣和需求。用户反馈与优化，用户对推荐结果的反馈（喜欢、不喜欢、点击等）可以帮助图书馆优化推荐算法，提供更符合用户期望的推荐。跨平台应用，个性化推荐可以在图书馆网站、移动应用等不同平台上实现，为用户提供多种访问途径。提高资源利用率，个性化推荐能够帮助用户更快速地找到感兴趣的资源，提高了资源的利用率和价值。学习和发展，通过分析用户的兴趣和行为，图书馆可以更好地了解用户需求，为图书馆的服务、馆藏采购等提供决策支持。

个性化推荐与智能分析使得图书馆能够更加精准地满足用户的知识需求，提高用户满意度，同时也促进了图书馆的数字化创新和服务优化。

5. 数据分析与决策支持

数字化图书馆管理产生了大量数据，图书馆可以利用数据分析技术，深入了解用户需求和行为，从而更好地进行资源采购、服务改进和决策制定。数据分析与决策支持是数字化图书馆管理中的关键环节，通过利用大量产生的数据，图书馆可以深入了解用户行为、需求和趋势，从而更有针对性地进行资源采购、服务优化和决策制定。

①数据收集与整理

数字化图书馆管理产生大量用户访问、搜索、借阅等数据。图书馆需要收集、整理并存储这些数据，构建起一个可用于分析的数据仓库。

②用户行为分析

通过分析用户的行为数据，如访问记录、借阅历史、搜索关键词等，图书馆可以了解用户的兴趣、喜好，进而为其提供更准确的个性化服务和资源推荐。

③馆藏分析

图书馆可以分析馆藏的使用情况，了解哪些资源受欢迎，哪些资源较少被使用，从而指导资源采购和整理策略。

④服务评估与改进

通过数据分析，图书馆可以评估不同服务的效果，了解用户满意度、服务瓶颈等，从而调整服务策略，提升用户体验。

⑤资源采购决策

基于用户需求和行为，图书馆可以更有针对性地进行资源采购决策，购买更符合用户兴趣的书籍、期刊等资源。

⑥其他

空间规划与优化，数据分析还可以帮助图书馆进行空间规划和布局优化，根据用户使用习惯和流量分布，调整馆内空间布局。决策支持系统，图书馆可以建立决策支持系统，通过数据可视化和报表分析，为管理者提供有关馆内活动、资源利用等方面的决策支持。用户需求预测，基于历史数据和趋势分析，图书馆可以预测用户的需求变化，从而提前调整服务和资源安排。服务创新，通过深入分析数据，图书馆可以发现用户的新兴需求，引导服务创新，提供更具吸引力和有益的活动和资源。持续改进，数据分析为图书馆提供了持续改进的机会，通过监控指标和反馈，图书馆可以不断优化服务，适应用户变化的需求。数据分析与决策支持使图书馆能够更精准地满足用户需求，提高资源利用效率，实现服务的持续优化和创新。

6. 虚拟图书馆与数字展览

数字技术还支持虚拟图书馆的建设，通过网站和应用程序提供虚拟参观、在线导览、数字展览等服务，使用户能够在虚拟环境中感受图书馆的魅力。虚拟图书馆与数字展览是数字技术在图书馆服务中的创新应用，它们通过在线网站和应用程序，为用户提供虚拟参观、在线导览、数字化展览等体验，使用户能够在虚拟环境中深入了解图书馆的资源和文化。首先为虚拟参观，虚拟图书馆可以通过360度全景图像、虚拟现实技术等，让用户在不实际到场的情况下，感受图书馆的外部和内部环境，浏览馆内的各个区域。在线导览，虚拟图书馆可以提供在线导览功能，引导用户浏览馆内不同的区域，了解馆内设施、服务和资源的分布。数字展览，图书馆可以将实体展览转化为数字展览，通过在线平台展示各种主题的数字化展览，如历史文化展、艺术展等，使用户能够随时欣赏和学习。多媒体内容呈现，虚拟图书馆和数字展览可以结合多媒体内容，如图片、音频、视频等，为用户呈现更丰富、多样的信息。互动体验，一些虚拟图书馆和数字展览提供互动功能，允许用户点击、探索、交互，从而更深入地了解展示的内容。全球访问，虚拟图书馆和数字展览可以通过互联网全球访问，使任何地方的用户都能够参与其中，突破地域限制。永久保存，数字展览可以被永久保存，不受时间和空间的限制，成为长期可访问的文化资源。教育和学习，虚拟图书馆和数字展览可以用于教育和学习，为学生、教师提供在线资源和教育内容。文化传承，通过数字展览，图书馆可以将文化遗产、历史故事等传承给更多的人，促进文化传承和交流。创新和吸引力，虚拟图书馆和数字展览是图书馆创新的一种方式，可以吸引更多年轻用户和数字时代的受众。

虚拟图书馆与数字展览为图书馆提供了与用户互动、创新展示资源的方式，增加了用户的参与感和体验度，同时也拓展了图书馆的服务范围和影响力。

7. 教育与培训

数字技术为图书馆提供了开展在线培训、学习资源共享等机会。图书馆可以通过在线课程、网络研讨会等方式，提升用户的信息素养和利用能力。教育与培训是数字技术在图书馆服务中的重要应用领域，它可以通过在线课程、学习资源共享和网络研讨会等方式，提升用户的信息素养、研究能力和利用图书馆资源的能力。

①在线课程和培训

图书馆可以开设各类在线课程和培训，涵盖信息检索技能、学术写作、数字素养等主题，帮助用户提升知识和技能。

②学习资源共享

图书馆可以将丰富的学习资源进行数字化，如电子书、学术期刊、数据库等，供用户自主学习和研究。

③网络研讨会和讲座

图书馆可以举办在线网络研讨会、讲座和工作坊，邀请专家学者分享知识，帮助用户了解最新研究动态和领域知识。

④自主学习

用户可以根据自己的兴趣和需求，选择在线课程和学习资源，自主进行学习，提高知识水平。

⑤提升信息素养

通过教育与培训，图书馆可以提升用户的信息素养，使其更好地辨别信息的真实性、有效性和可信度。

⑥其他

学术写作支持，图书馆可以提供学术写作指导和资源，帮助用户提升学术写作能力，撰写高质量的学术论文和报告。数据科学和技术培训，针对数字时代的趋势，图书馆可以开设数据科学、编程和技术培训，帮助用户掌握现代科学技能。社交学习和合作，在线培训和研讨会为用户提供社交学习和合作的机会，可以与其他学习者进行交流、讨论和合作。跨地域学习，用户可以随时随地参与在线课程和研讨会，克服地域限制，获取全球范围内的知识资源。持续学习，教育与培训使用户能够进行持续学习，跟上知识和技能的更新，提高个人竞争力。通过教育与培训，图书馆能够更好地满足用户的学习需求，提升用户的信息素养和能力，促进学习文化的传承和创新。

8. 可持续发展

数字化技术还有助于图书馆制定长期保存策略，确保数字资源的可持续发展，避免因技术更新而导致资源丧失。可持续发展是数字化图书馆管理中的重要目标之一，它涉及到制定长期保存策略，确保数字资源在时间的推移中能够持续可访问、可用，避免因技术更新和时效性问题而导致资源丧失。

①数字资源的长期保存

数字化图书馆所拥有的电子书籍、期刊、音频、视频等数字资源需要进行长期保存，以确保其在未来仍然可以被访问和利用。

②数字资源的格式选择

选择稳定、常用的数字格式，避免过时的技术或格式，以确保数字资源在未来的技术环境中仍然可以被打开和阅读。

③数据迁移和更新

随着技术的不断发展，数字资源可能需要进行数据迁移，将其转移到新的技术平台或格式中，以保证资源的持续可访问性。

④元数据和描述信息的维护

元数据是数字资源管理的重要组成部分，维护良好的元数据和描述信息有助于将资源与其相关信息连接起来，提高资源的可检索性和可理解性。

⑤数字资源的存储策略

图书馆需要制定适当的数字资源存储策略，包括冗余备份、云存储等，以确保资源的安全性和可靠性。

⑥数字资源的访问控制

图书馆可以采用访问控制策略，确保数字资源只对授权用户开放，保护资源的合法使用和知识产权。

其他技术监测与更新，图书馆需要时刻关注数字技术的发展趋势，及时进行技术升级和更新，以保持数字资源的兼容性和可访问性。合作与共享，图书馆可以与其他机构、图书馆合作，共同建立数字资源的存储和共享平台，实现资源的互通互联，增加资源的可持续利用。法律和版权考量，在数字资源的长期保存中，图书馆需要充分考虑法律和版权问题，确保数字资源的合法性和合规性。持续监督与评估，图书馆应该建立持续监督和评估机制，定期检查数字资源的可访问性和质量，及时解决可能出现的问题。

通过制定合适的策略和措施，数字化图书馆可以确保其数字资源的长期保存和可持续发展，使得这些资源能够为未来的学术研究、文化传承和知识共享提供有力的支持。

二、科技创新与应用

我国图书馆积极借鉴科技创新，运用先进技术如人工智能、大数据分析、物联网等，提升馆藏管理、资源开发和服务水平。例如，应用智能图书馆助手、虚拟现实技术，为用户提供更便捷、精准的服务。科技创新与应用是我国图书馆在数字化时代迈向更高水平的关键领域之一。图书馆积极借鉴先进技术，如人工智能、大数据分析和物联网，以提升馆藏管理、资源开发和服务水平。

1. 人工智能（AI）的应用：

①智能图书馆助手

图书馆引入人工智能助手，通过自然语言处理和机器学习，为用户提供实时的咨询、资源推荐和问题解答。

②智能搜索与分类

利用人工智能技术，图书馆可以改进搜索引擎，使用户更快速地找到所需资源，并自动对数字资源进行分类和标注。

预测分析：通过数据分析和机器学习，图书馆可以预测用户需求和行为，从而提前做出资源采购和服务安排。

2. 大数据分析的应用

①用户行为分析

利用大数据分析，图书馆可以深入了解用户的借阅、阅读和搜索行为，为用户提供个性化的服务和资源推荐。

②资源利用分析

图书馆可以分析资源的使用情况，了解哪些资源受欢迎，哪些资源需要整理或下架。

③趋势分析

基于大数据分析，图书馆可以发现用户兴趣的新趋势，为馆藏和服务提供参考。

3. 虚拟现实（VR）和增强现实（AR）技术的应用

①虚拟图书馆参观

借助虚拟现实技术，用户可以进行虚拟的图书馆参观，感受真实的馆内环境。

②数字展览增强

虚拟现实和增强现实技术可以将数字展览和文化活动呈现得更丰富、更沉浸。

3. 物联网技术的应用

①智能设备和感知技术

图书馆可以利用物联网技术监控图书馆内的设备状态、人流量等信息，以优化馆内布局和资源分布。

②自动化管理

物联网技术可以应用于自动化借还书流程，提高服务效率。

4. 移动应用与云服务

①移动图书馆应用

图书馆可以开发移动应用，让用户可以随时随地访问馆藏、借阅、参加活动等。

②云服务支持

云服务可以为图书馆提供高效的数据存储、资源共享和在线服务。

5. 学习管理系统

在线课程和培训，图书馆可以开设在线课程和培训，使用学习管理系统进行课程安排和学员管理。

6. 数据安全和隐私保护

安全技术与保护措施，在应用科技的过程中，图书馆需要采取措施确保用户数据的安全和隐私。

三、用户需求多样化

随着信息时代的到来，用户对图书馆的需求更加多元化，不仅需要获取书籍、资料，还期待交互式学习、社区文化活动等。图书馆通过开展多样化的活动、服务，满足不同群体的需求，提高社区居民的参与度。

1. 多样化的资源：

①数字资源：

数字资源是数字化时代图书馆为满足用户多样化需求而提供的重要内容之一。通过提供电子书籍、学术数据库、在线期刊等数字化资源，图书馆可以让用户随时随地获取丰富的知识和信息，大大提高了信息的可访问性和利用效率。数字化图书馆可以提供各类电子书籍，涵盖文学、科学、技术、历史等各个领域，用户可以通过在线阅读或下载的方式获取，并在多种设备上阅读。学术数据库收录了大量的学术论文、期刊文章、研究报告等，为研究人员、学生和专业人士提供了丰富的学术资源。用户可以通过数据库进行检索和获取相关文献。图书馆可以订阅多种学术期刊的在线版本，使用户可以浏览最新的研究成果和学术发展动态。数字档案包括历史文献、手稿、地图、照片等资源，用户可以通过数字化形式浏览和研究历史文化遗产。图书馆可以支持开放获取运动，为用户提供部分或全部的数字资源，促进科研和创新。数字资源的多语种特性可以满足不同用户群体的需求，促进跨文化交流和知识传播。

②多媒体资源：

多媒体资源的提供丰富了图书馆的内容形式，使用户不仅可以通过文字获取知识，还能通过音频、视频、图片等形式进行学习和娱乐。音频资源，图书馆可以提供各类音频资源，包括有声书、讲座录音、音乐等。用户可以通过在线播放或下载，随时聆听并获取知识。视频资源，视频资源包括学术讲座、文化活动录像、教育课程等。通过视频形式，用户可以更生动地了解和学习相关内容。图片资源，图书馆可以收集并提供各种图片资源，包括艺术作品、历史照片、地图等，以丰富用户的视觉体验。动画和虚拟现实资源，动画和虚拟现实技术可以为用户创造沉浸式的学习和娱乐体验，使用户更深入地了解相关主题。在线演示和课程，图书馆可以提供在线演示、培训视频等，帮助用户更好地理解复杂的概念和技能。

2. 交互式学习和培训

图书馆在满足多样化需求的同时，通过开展在线课程、研讨会以及技术培训等活动，为用户提供丰富的学习机会，涵盖知识、技能等多个领域，促进用户的个人和职业发展。

在线课程和研讨会是数字化时代图书馆拓展教育服务的重要方式之一。图书馆可以与专家、学者合作，开设各类在线课程和研讨会，涵盖从学术知识到实用技能的多个领域。用户可以通过网络参与学习，无论是扩展学术视野，还是培养职业技能，都能在图书馆丰富的课程中找到适合自己的学习内容。此外，技术培训也是图书馆提供的重要服务之一。数字技术、数据科学、编程等领域的知识与技能在当今社会越发重要，而图书馆作为知识传播和学习的场所，可以扮演起培训师的角色，为用户提供培训课程和资源。通过举办技术培训，图书馆帮助用户提高数字素养，掌握使用数字工具的能力，为他们在数字化时代更好地生活和工作提供支持。这些学习活动不仅为用户提供了新的知识和技能，也拓展了图书馆的角色，使其成为一个综合性的学习中心。通过在线学习、研讨会和技术培训，图书馆不仅促进了用户的个人成长，也为社区居民提供了更多的学习和发展机会，进一步加强了图书馆与用户之间的联系与互动。

3. 社区文化活动

图书馆作为社区文化中心，通过举办讲座、展览以及各类社区活动，为社区居民提供了丰富多彩的文化体验和社交互动机会。这些活动不仅满足了用户的文化兴趣，还促进了知识共享和社区文化传承，加强了社区内部的联系与合作。

讲座和展览是图书馆丰富文化内涵的重要手段之一。图书馆可以邀请各领域的专家、学者举办讲座，涵盖科学、文化、艺术等各个领域的话题。这些讲座不仅拓展了社区居民的知识面，也提供了交流与学习的平台。同时，展览活动可以展示各类艺术品、历史文物等，激发人们的文化兴趣，促进文化的传承与交流。社区活动的组织也是图书馆发挥社区作用的重要方式之一。图书馆可以设立读书俱乐部，让爱好阅读的居民聚集在一起，分享书籍心得和阅读体验。同时，手工艺品制作、绘画、音乐等艺术类活动也可以举办，激发居民的创造力和兴趣。此外，健康讲座、心理辅导等活动有助于提升居民的健康意识和生活质量。

这些社区文化活动不仅丰富了居民的生活，还加强了社区内部的凝聚力和归属感。图书馆作为活动的承办者和推动者，发挥了重要的社区服务作用，不仅满足了社区居民的多元需求，也促进了社区的社交互动和文化传承。通过这些活动，图书馆成为了社区居民交流、学习和娱乐的重要场所，深受社区居民的欢迎和支持。

4. 创客空间和数字创新：

创客空间和数字创新是现代图书馆在满足用户多样化需求的同时，积极推动创意、技术和文化的融合的重要举措。创客空间作为一个开放的、创意激发的环境，为用户提供了实践、学习和创作的平台。在这个空间内，用户可以充分发挥创造力，进行各种实践活动，如创作文学作品、绘画、音乐等。此外，创客空间还提供了编程工作站和 3D 打印设备，鼓励用户学习编程技能、设计 3D 模型并进行打印。这种实践活动不仅培养了用户的实际技能，还鼓励了创新思维和实践能力的培养，使用户能够将创意付诸实际，并在学习和创造中获得乐趣和满足感。与此同时，数字创新是图书馆引领用户积极探索数字技术领域的一种方式。鼓励用户尝试数字技术创新，涵盖了数字艺术、虚拟现实等领域的实验和创作。图书馆可以提供数字创新的培训、工作坊和资源，使用户能够了解和掌握数字工具和技术。数字艺术的创作可以通过图形设计软件、数字绘画板等工具实现，为用户提供表达自己创意的平台。虚拟现实技术则为用户提供了身临其境的体验，使他们能够参与虚拟现实领域的创新实验。

创客空间和数字创新的推动，不仅满足了用户多样化的兴趣和需求，也为他们提供了更广阔的学习和创造机会。这种积极的创新文化培养不仅有助于提升用户的技能和知识，还促进了社区居民的互动和合作，为社会带来了更多的创意和价值。通过创客空间和数字创新，图书馆不仅是信息的存储和传播场所，更成为了社区创新和创意的中心。

5. 个性化服务：

个性化服务是图书馆管理创新的重要方向之一，通过智能技术和数据分析，为用户提供更精准、定制化的服务，以满足他们个人的兴趣和需求。

在资源推荐方面，图书馆利用智能技术和推荐算法，分析用户的阅读历史、借阅记录和搜索行为，了解他们的兴趣和偏好。基于这些数据，图书馆可以为用户推荐符合其兴趣和需求的书籍、文章、视频等资源。这种个性化推荐不仅节省了用户的时间，还丰富了他们的阅读体验，使他们更容易找到感兴趣的内容，提高了信息获取的效率。

学习路径规划是另一个重要的个性化服务。图书馆可以通过分析用户的学习目标、学科偏好和学习进度，为他们制定个性化的学习路径和学习计划。这些学习路径可以包括推荐的学习资源、阶段性的学习目标以及学习进度的追踪。通过这种方式，图书馆可以帮助用户更有效地安排学习时间，有针对性地学习相关内容，提升学习效果。

个性化服务不仅满足了用户的个体需求，还提高了用户的满意度和使用体验。通过智能技术和数据分析，图书馆能够更好地理解用户，为他们量身定制服务，提供更有价值的信息和资源。这种个性化服务不仅增强了用户的忠诚度，还促进了图书馆作为知识服务中心的角色，为用户的学习、娱乐和发展提供了更全面的支持。

6. 社交互动平台

社交互动平台是图书馆管理创新的一项重要举措，旨在为用户提供一个在线社交平台，使他们能够分享读书笔记、评论、经验等，促进用户之间的交流与互动，从而丰富阅读体验并建立更加紧密的社区联系。

通过在线社交平台，图书馆为用户提供了一个数字化的社交空间，使他们可以与其他读者进行交流、分享和合作。用户可以在平台上发布自己的读书笔记、书评，分享阅读心得和体验，与其他用户进行评论和讨论。这种交流不仅有助于丰富阅读的层次，还能够激发用户的思考和创意，促进多元化的观点和交流。此外，用户还可以互相借鉴他人的读书经验，发现新的书单、作者或主题，从而扩展自己的阅读范围。

在线社交平台的互动不仅限于书籍，还可以涵盖其他文化和知识领域。用户可以分享自己在各个领域的体验、见解，从而促进跨学科的交流和合作。此外，这种互动平台还可以成为用户之间交流合作的桥梁，鼓励合作阅读、共同研究和项目合作。

通过在线社交互动平台，图书馆不仅扩展了阅读的社交维度，也加强了社区成员之间的联系和互动。用户可以在虚拟的空间中分享知识、交流想法，建立起更紧密的社区网络。这种数字化的社交互动不仅丰富了阅读体验，还推动了知识和文化的共享，使图书馆成为一个更加活跃和互动的社区中心。

7. 多渠道服务提供

多渠道服务提供是图书馆管理创新的重要策略，通过不同的渠道为用户提供更便捷、多样化的访问方式，使他们能够随时随地获取图书馆资源和服务。

移动应用是一个重要的渠道，图书馆可以开发移动应用，使用户可以在手机或平板电脑上访问图书馆的资源和服务。通过移动应用，用户可以进行图书搜索、在线借阅、查看借阅历史，甚至参加在线活动和课程。这种移动化的服务方式不仅方便用户，还使他们能够更加灵活地利用图书馆的资源，满足他们的信息需求。

社交媒体平台是另一个重要的渠道，图书馆可以利用各种社交媒体平台，如微博、微信、Facebook 等，宣传图书馆的活动、资源和服务，与用户保持互动。通过发布图书推荐、活动通知、文化资讯等内容，图书馆可以吸引更多用户关注，增加用户的参与度。此外，社交媒体平台还为用户提供了一个方便的渠道，使他们可以直接与图书馆互动，提出问题、反馈意见，从而更好地满足他们的需求。

多渠道服务提供不仅方便了用户，也增强了图书馆与用户之间的联系。通过移动应用和社交媒体，图书馆能够更加贴近用户的生活，满足他们多样化的需求。这种多渠道服务不仅提高了用户满意度，还扩大了图书馆的影响力和知名度，使图书馆成为一个更具活力和创新性的知识服务中心。

四、社会互联与跨界合作

图书馆积极与学校、企业、社会组织等合作，实现资源共享、知识传递。社会互联推动了图书馆服务的拓展，使其在教育、职业发展、社区建设等领域发挥更大作用。

一、现状分析与挑战

在当前数字化时代，我国图书馆面临着一系列前所未有的挑战和机遇。电子资源的迅速增长、读者需求的多样化以及信息技术的飞速发展，都在不断重塑图书馆的角色和功能。然而，与此同时，图书馆在经费、空间利用等方面也面临诸多限制和困难。这些挑战迫使图书馆必须进行管理创新，以在快速变化的环境中持续发展。

1. 电子资源的快速增长

在当今数字化时代，电子资源的迅速增长成为我国图书馆面临的一个显著挑战。随着数字技术的不断进步，电子资源如电子书、期刊数据库、在线学习平台等呈现出爆发式增长的势头。这种趋势不仅在数量上带来了巨大的变化，更深刻地影响了图书馆的获取、管理和提供服务的方式。

首先，图书馆需要适应电子资源采购和许可的新模式。与传统的纸质资源不同，电子资源的采购和使用往往涉及许可协议、数字版权等复杂的法律和合规问题。图书馆管理者需要与出版商、版权方等进行合作，确保所购买的电子资源合法、合规，并为读者提供合理的使用权限。

其次，保证电子资源的质量和合法性是一个重要任务。与纸质资源不同，电子资源的真实性和可信度更加容易受到质量参差不齐的问题影响。图书馆必须加强对电子资源的评估和筛选，确保所提供的资源具有良好的学术价值和信息准确性。此外，防止盗版、非法下载等行为也是图书馆的一项责任。

同时，提供便捷的访问途径也是图书馆面临的挑战之一。电子资源的特点在于其在线性和数字性，因此图书馆需要建立先进的技术平台，为读者提供方便的在线访问途径。这可能涉及到建设易于使用的数字图书馆系统，提供针对不同设备的响应式设计，确保读者可以在不同时间和地点获取所需的电子资源。

电子资源的快速更新和多样性也对图书馆的技术支持和信息管理能力提出更高要求。图书馆需要建立高效的资源管理系统，确保电子资源的及时更新和整理。此外，电子资源种类繁多，图书馆还需要优化检索和分类系统，以便读者能够迅速找到所需内容。

电子资源的快速增长为我国图书馆带来了诸多挑战，但也为图书馆提供了更广阔的发展空间。图书馆管理者需要密切关注电子资源的发展趋势，积极探索合适的采购、管理、服务模式，充分发挥图书馆在数字化时代的核心作用。通过加强技术支持、信息管理、合作合规等方面的努力，图书馆可以更好地应对电子资源带来的挑战，为读者提供丰富、高质量的数字化服务。

2. 读者需求的多样化

在当前数字化时代，读者需求的多样化成为我国图书馆面临的一个显著特点。随着信息技术的发展，读者对于获取信息和知识的方式和期望发生了巨大变化，他们不再满足于传统的阅读模式，更加追求个性化、定制化的服务体验。为了满足这一新的需求，图书馆需要更好地理解读者的兴趣和需求，通过精准的读者调研和数据分析，提供符合他们期待的服务和资源。

为了更好地满足读者需求，图书馆需要积极开展读者调研工作。通过问卷调查、访谈、焦点小组等方式，了解读者的兴趣领域、阅读习惯、信息需求等方面的信息。这可以帮助图书馆把握读者的实际需求，为其提供更有针对性的服务。基于读者调研所获得的信息，图书馆可以开展个性化的推荐和服务。例如，针对不同兴趣领域的读者，推荐相关的图书、文章、学术期刊等资源；为特定读者群体提供定制化的活动和培训，以满足他们的学习和娱乐需求。数据分析技术在满足多样化需求方面具有巨大潜力。图书馆可以借助先进的数据分析工具，挖掘读者行为数据，从中发现潜在的趋势和模式。例如，分析读者在图书馆网站上的搜索行为，可以洞察热门主题、关键词等，进而调整采购方向和馆藏内容。通过数据分析，图书馆可以更好地规划和更新资源。了解读者的阅读偏好和需求后，图书馆可以有针对性地采购和更新馆藏，确保馆内的资源与读者需求保持匹配。数字化时代为图书馆提供了数字化工具的应用可能性。图书馆可以开发智能化的阅读推荐系统，根据读者的历史阅读记录和兴趣，推荐相关内容。此外，图书馆可以建立个性化的在线用户界面，让读者能够根据自己的兴趣定制界面，更加方便地浏览和获取资源。

读者需求的多样化要求图书馆进行深入的变革和创新。通过精准的读者调研、数据分析技术的应用以及数字化工具的引入，图书馆可以更好地满足读者的个性化需求，提供更具针对性和贴近性的服务。这不仅可以增强图书馆在数字化时代的影响力，还可以有效地推动阅读文化的传承与发展。

3. 信息技术的迅猛发展

信息技术的迅猛发展在数字化时代为图书馆带来了既是挑战又是机遇的复杂局面。这些新兴技术如人工智能、大数据分析和云计算正在颠覆传统的图书馆运营方式，以及重新定义图书馆的服务模式。这些变化不仅要求图书馆适应技术进步，还需要图书馆从根本上重新思考其在知识传播和社会服务中的角色。

首先，人工智能为图书馆带来了更智能化的运营方式。图书馆可以利用人工智能技术自动分类和标注馆藏，以及提供更精准的资源推荐。自然语言处理技术使得读者能够更方便地检索和获取所需信息。此外，人工智能还可以支持图书馆开展虚拟助手、自动问答系统等服务，提供更快速、便捷的读者支持。

其次，大数据分析能力使图书馆更好地洞察读者行为和趋势。通过分析读者的借阅、阅读行为，图书馆可以发现潜在的兴趣点，从而调整采购策略和资源规划。大数据还有助于图书馆了解馆藏的使用情况，对于过时或不受欢迎的资源进行及时更新和处理，提升馆藏的质量和实用性。

云计算技术为图书馆提供了更强大的存储和处理能力。图书馆可以将大量的数字化资源存储在云端，降低了本地存储成本，并使得资源能够在全球范围内共享。此外，云计算还可以支持图书馆在数字化资源的整理、处理和分发方面提供更高效的解决方案。

数字化资源开发也得到了新技术的助力。图书馆可以通过数字化技术将纸质资源数字化，使其更易于存储、检索和分享。数字化资源可以在线提供，满足读者随时随地的需求。同时，图书馆还可以利用虚拟现实技术建立虚拟展览、学习环境，拓展读者的视野和体验。

然而，信息技术的迅猛发展也带来了巨大的变革压力。图书馆需要投入大量资源用于技术的更新、培训和维护。同时，信息安全问题也变得尤为重要，图书馆必须保护用户隐私和敏感信息，防范网络攻击。

信息技术的迅猛发展为图书馆带来了无限可能性，但也需要图书馆从传统的角色和功能出发，积极拥抱新技术，实现数字化转型。通过应用人工智能、大数据、云计算等技术，图书馆可以提升自身效率、服务质量，更好地满足读者的多样化需求，以及在数字化时代保持其在知识传播和文化传承中的核心地位。

4. 经费和空间限制

虽然数字化技术的迅猛发展为图书馆带来了新的机遇，但在实际运营中，经费和空间问题依然是制约其发展的重要因素。图书馆需要在充分利用数字化技术的同时，创新性地解决经费和空间方面的挑战，以确保其持续发展。

首先，经费问题；采购电子资源、引入新技术、提供高质量的服务，都需要资金的支持。然而，由于资源和服务的多样性，以及技术更新的频繁性，经费的需求常常超过了传统的预算限制。为了解决这一问题，图书馆可以寻找多元化的经费筹措方式。与企业、社会组织合作，开展合作项目，可以为图书馆引入更多的资金来源。此外，图书馆还可以争取政府的资金支持，提出发展规划和创新方案，以吸引政府的关注和资助。

空间限制；不同类型的图书馆可能面临空间限制，特别是城市图书馆常常受到用地问题的影响。传统的纸质藏书、阅览区域等需要大量的空间，但数字化时代的图书馆也需要为电子资源、数字化设备等提供合适的空间。在解决空间问题方面，图书馆可以进行合理的空间规划，优化资源的布局。例如，将部分藏书数字化存储，腾出空间用于提供多功能的学习和交流区域。此外，图书馆还可以充分利用数字化技术，提供虚拟空间，让读者能够在线访问资源、参与活动，从而减轻实体空间的压力。

数字化转型；一种创新的方式是数字化转型，将资源和服务部分迁移到虚拟环境。通过建设数字化图书馆，图书馆可以在一定程度上减少纸质藏书的空间需求，将更多资源提供在线访问。这种转型不仅可以满足读者的在线需求，还可以节省实体空间和运营成本，释放更多的资源用于其他创新项目。

合作与共享；图书馆可以与其他机构、组织合作，实现资源和经验的共享。合作可以扩大资源范围，减轻单一图书馆的经费压力。与学校、社区合作举办活动，与企业合作开展培训，不仅可以获取经济支持，还可以提升图书馆的社会影响力。

经费和空间问题在数字化时代仍然存在，但图书馆可以通过寻找创新的经费筹措方式、合理空间规划、数字化转型以及合作与共享等途径，有效地应对这些挑战。通过灵活的经营策略，图书馆可以在保持传统核心价值的基础上，更好地适应数字化时代的要求，实现可持续发展并为读者提供优质服务。为了应对不断变化的挑战，现代图书馆必须展现管理创新，以确保其在日益复杂的信息环境中保持可持续发展。电子资源的广泛普及使得图书馆需要重新审视其采购和管理政策。通过制定明确的电子资源采购政策，图书馆可以在数字化时代中平衡电子资源与传统纸质资源，以满足不同读者群体的多样化需求。同时，随着信息量的不断增长，智能化的读者服务系统可以成为一个重要的创新方向。这些系统可以基于读者的阅读习惯、兴趣和学术需求，提供个性化的阅读推荐、学习指导等服务，从而提升用户体验。

信息技术的快速发展为图书馆提供了引入创新技术的机会。例如，引入人工智能技术来辅助图书分类可以提高图书馆的资源整理效率，使读者更轻松地找到他们需要的信息。此外，自动化馆内导航系统可以帮助读者更快速地定位书籍、资源和服务区域，从而提升服务效率，减少用户的不便。

然而，经费和空间限制也是图书馆面临的现实挑战。为了应对这些限制，图书馆需要创新地探索多元化的经费来源。这可能包括开展筹款活动、与企业、社区和基金会合作，以便获得资金来支持图书馆的运营和发展。同时，优化馆内空间布局也是关键。通过重新设计和规划图书馆的内部空间，可以创造出更多的功能区域，以满足不同读者群体的需求，如学习区、创客空间、社交区等。

现代图书馆需要在电子资源管理、多样化读者服务、信息技术引入以及经费、空间限制等方面进行管理创新。通过采取这些创新举措，图书馆可以更好地适应变化，提供更高质量的服务，实现可持续发展并继续在社会中发挥重要作用。

二、技术与数字化创新

在管理创新的脉络中，技术与数字化创新是图书馆发展的关键领域之一。图书馆可以借助先进的信息技术，通过数字化图书馆和虚拟图书馆等方式，为读者提供更加便捷和丰富的服务和资源。

数字化图书馆系统：图书馆可以建立全面的数字化图书馆系统，将纸质资源和电子资源进行数字化整理和分类。这有助于保护文献资产，使其更易于访问和检索。数字化图书馆系统可以提供高效的搜索和过滤功能，使读者能够快速找到所需的信息资源。

数字化资源采集与共享：通过数字化创新，图书馆可以更有效地采集和整理各类数字化资源，包括电子书、期刊、学术论文、多媒体内容等。这些资源可以在数字化平台上进行共享，为读者提供在线阅读、下载和学习的机会，实现资源的广泛利用。

远程访问与在线阅读：技术创新使得读者可以远程访问图书馆的资源，无论身处何地。通过建立远程访问系统，读者可以在家中或任何地方使用图书馆的数字化资源，进行在线阅读、学习和研究。这种便捷性极大地拓展了图书馆的服务范围。

虚拟图书馆体验：虚拟图书馆是另一个数字化创新的方向。通过虚拟现实（VR）和增强现实（AR）技术，图书馆可以为读者创建身临其境的图书馆体验。读者可以通过虚拟环境浏览书架、参与线上活动，甚至与其他读者互动交流，增强了参与感和沉浸感。

数字化合作与社交平台：利用数字化平台，图书馆可以促进读者之间的交流和合作。在线社交平台和协作工具可以帮助读者分享资源、讨论学术话题，甚至参与线上读书会和学术研讨会，为知识交流提供更多渠道。

通过将技术与数字化创新融入图书馆的管理策略中，图书馆能够更好地适应现代读者的需求，提供更加便捷、个性化的服务体验，促进知识的传播与共享。这些创新不仅使图书馆保持在信息时代的前沿，也为读者提供了更多便利和机会。

三、服务模式创新

在应对不断变化的需求和挑战时，图书馆的服务模式创新至关重要。通过重新设计和调整服务模式，图书馆可以更好地满足读者的多样化需求，提供更具个性化和创意性的服务。

首先，提供个性化定制服务：图书馆可以通过借助先进的数据分析技术，根据读者的阅读习惯、兴趣和需求，推荐适合他们的书目和资源。这种个性化定制服务可以使读者更快地找到感兴趣的内容，提升他们的阅读体验。

其次，开展主题活动与在线培训：通过举办各种主题活动，如书展、阅读俱乐部、讲座和工作坊，图书馆可以创造更多与读者互动的机会。此外，图书馆还可以开展在线培训，教授信息素养、研究技能和数字资源的使用方法，帮助读者更好地应对信息时代的挑战。

再者，社区合作与多方合作：图书馆可以积极与社区内的学校、企业、非营利组织等合作，共同举办各种活动，如展览、讲座、工作坊等，以拓展图书馆的社会影响力和服务范围。与学校合作可以为学生提供学术资源和学习支持，与企业合作可以促进职业发展和终身学习。

最后，进行数字化社交平台与内容创作：图书馆可以利用社交媒体等数字化平台，积极与读者互动，分享有价值的信息和资源。此外，图书馆也可以鼓励读者参与内容创作，如书评、读后感、创意作品等，以促进知识分享和互动。

通过这些服务模式创新，图书馆可以更好地满足读者的需求，提供更加丰富多样的服务体验，增强图书馆在社区中的存在感和价值。这些创新不仅能够吸引更多读者，还有助于培养读者的阅读兴趣和信息素养，为他们的学习、研究和生活带来积极影响。

四、可持续发展战略

图书馆的可持续发展需要制定明确的战略和规划。这包括财务可持续性，通过寻找多元化的资金来源，如政府拨款、捐赠、合作项目等来确保经费来源的稳定。此外，也要考虑环保和资源节约，优化空间布局、推动绿色环保倡议，以减少运营成本和资源浪费。

财务可持续性；实现财务可持续性是图书馆发展的基础。图书馆可以寻找多元化的资金来源，以减少对单一资金来源的依赖。这可能包括争取政府拨款、积极参与捐赠活动、开展合作项目，甚至可以考虑设立图书馆基金，以确保资金来源的稳定和可持续性。

资源优化与节约；图书馆可以采取措施来优化资源利用，减少浪费。优化空间布局是其中一项重要举措，通过重新规划馆内空间，充分利用空间资源，创造出更多的功能区域，从而提高资源利用效率。此外，优化采购流程、减少不必要的印刷和消耗品使用，也有助于资源的有效利用与节约。

绿色环保倡议；图书馆可以积极参与绿色环保倡议，减少对环境的影响。这可能涉及到减少能源消耗、提高能源效率，如采用节能照明、优化空调系统等。图书馆还可以鼓励数字化资源的使用，减少纸张的消耗，同时推动数字化创新，提供在线阅读和远程访问服务，减少读者前来图书馆的交通排放。

社会责任与影响力；图书馆作为社会机构，有责任积极参与社会活动，推动社会的可持续发展。通过举办环保宣传活动、推广可持续生活方式等，图书馆可以在社区中发挥积极的引领作用，传递环保和可持续发展的价值观。

通过制定并执行这些可持续发展战略，图书馆可以在财务、环保和社会责任等方面实现平衡，实现可持续的发展。这不仅有助于图书馆的长期生存和繁荣，还为社会和环境带来积极的影响。

第四节 基于分布式管理的图书馆管理创新

一、分散决策与灵活管理

分散决策与灵活管理在基于分布式管理的图书馆管理创新中扮演着重要角色。这一模式突破了传统中央集权的管理方式，赋予了各个部门和团队更大的自主权和决策权。通过下放权力，图书馆能够更迅速地适应变化的需求和环境，从而实现更灵活的管理。

在这种模式下，不同部门和团队被鼓励以更加独立的方式运作。他们能够根据实际情况做出决策，而不需要经过繁琐的层层审批。这种分散决策的模式激发了创新和实验的动力，因为各个部门能够更自由地尝试新的想法和方法，寻找最佳的解决方案。分散决策还有助于构建一个更加自主和协作的工作环境。由于各部门有更大的自主权，员工更有动力参与决策和解决问题。这种参与感促使员工更加投入工作，积极寻找创新和改进的机会。此外，由于决策权下放，各个部门之间的协作变得更加紧密，因为他们需要相互协调和合作来实现共同的目标。这种分散决策的模式还有助于更高效的问题解决和资源管理。因为决策能够在更接近问题源头的地方做出，所以问题可以更快速地得到解决。此外，各个部门能够根据自身的需要和优势来管理资源，从而更有效地利用资源，提高效率。

分散决策与灵活管理是基于分布式管理的图书馆管理创新中的关键要素。它通过赋予部门和团队更大的自主权和决策权，实现更快速、灵活和高效的管理。这种模式鼓励创新、促进协作，有助于图书馆更好地适应变化，提供优质的服务，推动图书馆的可持续发展。

二、协作与资源整合

基于分布式管理的图书馆管理强调不同部门之间以及图书馆之间的紧密合作。这种协作模式有助于共享资源、经验和最佳实践，避免资源浪费和重复投入。通过协作，图书馆能够整合各种信息资源，提供更综合、多样化的服务。协作还有助于建立更广泛的合作伙伴关系，从而进一步丰富图书馆的资源和服务内容。

在这种模式下，不同部门和团队被鼓励共同合作，分享资源、经验和最佳实践。通过协作，图书馆能够充分利用内部的专业知识和能力，从而更好地满足用户的多样化需求。部门之间的紧密合作有助于避免资源的浪费和重复投入，提高资源的利用效率。协作模式还使得图书馆能够更好地整合各种信息资源。不同部门共同协作，可以将不同类型的资源融合在一起，创造出更综合、多样化的服务。例如，图书馆可以将图书、期刊、数字资料以及其他媒体资源整合在一个平台上，使用户能够更方便地获取所需信息。通过协作，图书馆还能够建立更广泛的合作伙伴关系。与其他图书馆、机构以及社区合作，图书馆可以获取外部资源，进一步丰富其服务内容。这种合作不仅有助于资源共享，还能够促进知识的流通和创新的碰撞，提升整体服务质量。

基于分布式管理的图书馆管理创新中的协作与资源整合，通过促进部门合作、资源共享和合作伙伴关系的建立，为图书馆带来了更综合、多样化的服务。这种模式有助于最大程度地发挥资源的潜力，提供更丰富的信息和服务，从而更好地满足用户的需求。

三、技术支持与数字化创新

在基于分布式管理的图书馆管理创新中，技术支持与数字化创新成为了核心要素，为图书馆带来了深刻的变革和提升。这一模式使得图书馆能够更好地适应数字化时代的挑战，为用户提供更便捷、个性化的服务。

首先，信息技术在图书馆的管理中发挥着关键作用。图书馆可以利用信息技术来管理藏书、数字资源和用户数据。通过数字化的方式，图书馆能够更有效地管理和维护藏书，使得用户能够更快捷地查找和获取所需的资料。数字化的流程也使得图书馆的内部管理更加高效，减少了繁琐的手工操作，提高了工作效率。

数字化的流程和服务使得用户能够更方便地获取信息。用户可以通过图书馆的在线目录、数字资源平台等途径，随时随地查找所需信息。电子借阅、远程访问等数字化服务使得用户不再受限于图书馆的地点和时间，获得了更大的灵活性。这种便捷的获取方式大大提升了用户体验，吸引更多用户使用图书馆的资源和服务。另一方面，技术支持也使得图书馆能够更精确地分析用户需求，提供个性化的服务。通过分析用户在数字平台上的行为，图书馆可以了解用户的兴趣和偏好，从而进行精准的推荐。这种个性化的服务使得用户能够更快速地找到符合自己需求的资源，提高了信息获取的效率。而新兴技术的应用更进一步丰富了图书馆的服务。人工智能技术可以帮助图书馆实现自动化的服务，例如自动回复用户咨询、自动分类整理资源等。大数据分析可以帮助图书馆更好地了解用户行为和趋势，从而进行更准确的决策和规划。虚拟现实技术可以为用户创造更加沉浸式的学习和阅读体验，提高用户参与度。

技术支持与数字化创新在基于分布式管理的图书馆管理创新中具有重要意义。通过信息技术的应用，图书馆能够更高效地管理资源和服务，为用户提供更便捷、个性化的体验。新技术的引入进一步丰富了图书馆的服务内容，为用户创造了更多可能性。这种模式使得图书馆能够紧跟技术发展的步伐，为数字化时代的图书馆服务注入了新的活力。

四、挑战与发展方向

首先，分散决策可能导致协调困难和决策不一致。不同部门和团队在分散决策的情况下，可能会出现各自为政、缺乏整体协调的问题。为了解决这一挑战，图书馆需要建立有效的沟通渠道和协作机制，确保部门之间能够共享信息、合作解决问题。此外，明确的决策流程和规范也是必要的，以确保决策的一致性和有效性。

其次，技术的快速发展对图书馆提出了新的要求。新技术不断涌现，图书馆需要保持对这些技术的敏感性，及时学习和应用。然而，技术的引入也需要合理的投入和管理，以免陷入盲目跟风。图书馆需要明确技术的目标和应用范围，同时培养员工的技术能力，使其能够熟练应用新技术来提升服务质量。

未来，图书馆可以继续探索如何更好地整合数字资源。随着数字化时代的到来，图书馆面临着海量数字资源的管理和利用问题。如何将这些资源整合、分类、展示，以提供更方便的访问方式，是一个需要持续思考和创新的问题。图书馆可以探索建立更智能的搜索和分类系统，使用户能够更快速地找到所需资源。拓展虚拟服务也是图书馆的一个发展方向。随着数字化和远程访问的普及，图书馆可以提供更多的虚拟服务，如在线参考咨询、远程培训等。这些服务可以突破时空限制，满足用户多样化的学习和信息需求。同时，虚拟服务也需要考虑用户隐私和数据安全等问题，保障用户的权益。促进信息素养也是图书馆发展的重要方向之一。在信息爆炸的时代，培养用户的信息素养变得尤为重要。图书馆可以开展更多的培训、课程和宣传活动，帮助用户更好地辨别信息的真伪、有效地利用信息资源。信息素养的提升不仅有助于用户更好地使用图书馆资源，也能够提高用户对信息的理解和判断能力。

基于分布式管理的图书馆管理创新虽然带来了许多好处，但也需要应对各种挑战。通过建立有效的协调机制、紧跟技术发展、整合数字资源、拓展虚拟服务和促进信息素养，图书馆可以持续地适应变化，提供更优质的服务，为用户创造更好的学习和阅读环境。这一创新模式为图书馆的未来发展指明了明确的方向和路径。

基于分布式管理的图书馆管理创新通过分散决策、强调协作和技术支持，为图书馆带来了更大的灵活性、创新性和协作性。这种模式使图书馆更好地适应数字化时代的挑战，提供更丰富多样的服务，促进图书馆的可持续发展。然而，在实施过程中需要注意解决管理和技术上的挑战，以确保创新模式的有效运作。

第三章

我国现代图书馆行政管理

现代图书馆作为信息传递和知识普及的重要机构，在我国的社会发展中扮演着越来越重要的角色。为了高效运营和提供优质服务，图书馆行政管理在我国得到了不断的完善和创新。本章将详细探讨我国现代图书馆行政管理的不同方面，包括行政管理的简析、组织结构与管理者、人力资源与财务管理。

第一节 我国现代图书馆的行政管理简析

我国现代图书馆的行政管理在改革开放以来经历了深刻的变革。从过去单一的资源管理向服务导向的综合管理模式转变，图书馆行政管理逐步注重提高服务质量、用户体验和创新能力。行政管理不仅仅关注图书馆内部的运作，更强调与社会需求的契合，以及技术和数字化创新的应用。行政管理的关键在于建立合理的管理体系和规范的流程。图书馆在行政管理中需要制定明确的管理政策、规章制度和操作流程，以确保各项工作有序进行。此外，行政管理还涉及资源配置、预算管理等，需要合理分配和有效利用图书馆的资源，以实现经济效益和社会效益的平衡。

一、我国现代图书馆行政管理发生了重要的演变

过去，图书馆行政管理主要集中在馆藏资源的收集、整理和保管上。图书馆作为信息保管者的角色，强调馆内资源的管理和保存。管理者主要关注资源的购买、分类、编目等，以确保馆藏的完整和有序。行政管理主要围绕内部流程和资源的组织展开，为图书馆提供基础的运营支持。

然而，随着信息技术的飞速发展和社会需求的不断变化，图书馆行政管理逐步从资源管理转变为以用户为中心的服务导向。这是因为传统的资源管理模式已经难以满足用户在信息时代的多元化需求。图书馆行政管理者开始认识到，用户满意度和服务质量成为评价图书馆价值的重要指标。这一变化体现在行政管理的目标和方法上。行政管理者逐渐从馆内流程优化转向关注用户体验。他们开始思考如何更好地满足用户的知识需求，提供更加便捷、高效的服务。为此，图书馆引入了各种创新的服务方式，如数字化资源的访问、在线咨询、社交媒体互动等，以增强用户与图书馆的互动和参与感。行政管理还开始强调提升创新能力。管理者鼓励员工提出创新想法，推动改进业务流程，借助技术手段改善服务质量。创新能力的培养使得图书馆能够更好地适应信息时代的挑战，不断推陈出新，提供更具前瞻性和竞争力的服务。在行政管理的实践中，与社会需求的契合也变得愈发重要。行政管理者开始更深刻地关注社会变革，了解用户的多元化需求。为了更好地满足这些需求，行政管理者积极参与社会互动，建立与用户、社会组织的沟通渠道。这使得图书馆不再是一个封闭的空间，而是与社会紧密连接，为用户提供更有针对性的服务。最后，技术和数字化创新的应用成为现代

图书馆行政管理的重要组成部分。行政管理者逐渐认识到，信息技术和数字化创新是提升服务质量和效率的有力工具。图书馆开始建设数字化平台，提供在线服务，整合数字资源，以更好地满足用户的信息需求。技术的应用还有助于提升图书馆的管理效能，例如自动化的流程处理、数据分析等。

我国现代图书馆行政管理的变革从资源管理向服务导向的综合管理模式转变，着重关注用户体验、创新能力和社会需求。这一变革不仅使图书馆能够更好地满足用户的知识需求，还推动了图书馆在数字化时代的持续发展。通过建立合理的管理体系和规范的流程，图书馆行政管理不断推动图书馆向更高水平发展，为用户提供更优质、多元的服务。

二、综合管理模式的转变强调了服务质量、用户体验和创新能力的提升

现代图书馆行政管理者逐渐认识到，服务质量和用户体验是评价图书馆价值的重要标准。行政管理者开始从馆内流程优化、人员培训等方面入手，努力提供更高效、便捷的服务。创新能力也被视为推动图书馆发展的关键因素，行政管理不再局限于传统的运作方式，而是鼓励员工提出创新思路，借助技术手段来提高服务水平。

首先，现代图书馆行政管理者逐渐认识到，服务质量和用户体验是评价图书馆价值的重要标准。行政管理者开始重视提供高质量的服务，以满足用户多样化的知识需求。行政管理者从馆内流程入手，优化各项服务环节，使得用户能够更便捷地获取所需信息。服务质量的提升包括服务的及时性、准确性、可靠性等多个方面，确保用户在图书馆获得满意的体验。

其次，用户体验成为现代图书馆行政管理的核心关注点。行政管理者开始深入思考如何从用户角度出发，设计更具吸引力和用户友好的服务模式。为了提高用户体验，图书馆行政管理者注重用户参与和反馈，不断优化服务内容和形式。从馆内布局到在线平台，从咨询服务到数字资源的访问，都要以提升用户体验为出发点，打造更加温馨、便捷的图书馆环境。

创新能力的培养成为现代图书馆行政管理的一项重要任务。行政管理者开始鼓励员工提出创新想法，推动改进业务流程，以提高服务质量和效率。创新不再局限于传统的运作方式，还涉及到引入新的技术和服务模式。例如，图书馆引入了自助借还设备、数字化资源访问平台、虚拟现实技术等，以拓展服务领域，提供更丰富多样的体验。

行政管理者也开始重视技术和数字化创新的应用。他们认识到，技术可以有效提升图书馆的服务水平。行政管理者投入资源用于建设数字化平台，提供在线服务，使用户能够随时随地获取信息。信息技术的应用还有助于改进服务流程，例如自动化的借还流程，使得服务更加高效。此外，数字化创新还能够更精准地分析用户行为和需求，为用户提供个性化的推荐和服务。

综合管理模式的转变使现代图书馆行政管理更加注重服务质量、用户体验和创新能力的提升。行政管理者认识到，用户满意度和创新能力是图书馆可持续发展的关键因素。通过优

化服务流程、提高服务质量，以及鼓励创新和技术应用，现代图书馆行政管理致力于为用户提供更优质、多元化的服务，满足用户在信息时代的多样化需求。

三、行政管理的演变不仅仅关乎图书馆内部，更强调与社会需求的契合

现代图书馆行政管理者开始更深刻地关注社会变革，了解用户的多元化需求。为此，行政管理不再仅限于馆内工作，而是积极与社会互动，建立与用户、社会组织的沟通渠道，以确保图书馆服务与社会需求紧密契合。

首先，现代图书馆行政管理者更加深入地关注社会变革和用户的多元化需求。他们认识到，社会变化会影响用户的知识需求和信息获取方式。为了更好地满足用户的需求，行政管理者开始从社会层面出发，了解用户的兴趣、偏好和需求变化，从而调整和优化图书馆的服务内容和形式。

其次，为了确保图书馆服务与社会需求紧密契合，行政管理者不再将行政管理局限于馆内工作。相反，他们积极与社会进行互动，建立与用户、社会组织的沟通渠道。行政管理者定期与用户进行座谈会、调研活动，听取用户的意见和建议，以便更好地调整服务策略和方向。此外，行政管理者也与教育机构、文化组织等社会合作伙伴进行合作，共同开展活动，拓展服务范围。

为了加强与社会互动，行政管理者积极利用各种社交媒体和数字平台与用户进行互动。他们通过社交媒体发布图书推荐、活动信息等，与用户进行在线互动，促进与用户的更紧密联系。数字平台的建设也使得用户可以随时随地获取图书馆资源和服务，与图书馆实现更便捷的互动。

此外，现代图书馆行政管理者也在社会层面开展宣传推广活动，提升图书馆的社会影响力。他们通过举办文化活动、展览、讲座等，将图书馆的知识资源和文化价值传播到社会各个角落，进一步增强图书馆在社会中的地位和认知度。行政管理的演变使现代图书馆更加注重与社会需求的契合。行政管理者开始更深刻地关注社会变革和用户需求的多元化，通过与用户、社会合作伙伴的互动，确保图书馆的服务与社会需求紧密契合。通过社交媒体、数字化平台以及宣传推广活动，图书馆与社会建立了更紧密的联系，实现了更好的社会服务效果，进一步推动图书馆的发展。

四、技术和数字化创新的应用成为现代图书馆行政管理的重要组成部分

行政管理者逐渐认识到，信息技术和数字化创新是提升服务质量和效率的有力工具。图书馆开始建设数字化平台，提供在线服务，整合数字资源，以更好地满足用户的信息需求。技术的应用还有助于提升图书馆的管理效能，例如自动化的流程处理、数据分析等。

首先，行政管理者认识到信息技术和数字化创新在提升服务质量方面的潜力。图书馆建设数字化平台，通过在线目录、电子资源库、数字图书馆等，使用户能够随时随地获取信息和资源。在线服务的引入，如在线预约、自助借还设备、电子阅览等，极大地方便了用户的访问和利用图书馆的资源。此外，数字化创新还使图书馆能够提供更加个性化的服务，根据用户的偏好和需求推荐相应的资源，提升用户体验。

其次，数字化创新使图书馆能够更有效地管理资源和信息。行政管理者逐渐引入自动化的流程处理，例如自动借还流程、自动编目系统等，降低了人工操作的成本和错误率。数字化平台还使图书馆能够更好地管理馆藏，实现资源的精确分类、检索和共享。此外，数据分析技术的应用使图书馆能够更深入地了解用户行为和需求，从而更精准地调整服务策略和资源配置。

技术的应用还有助于提升图书馆的管理效能。行政管理者逐渐认识到，自动化和数字化的工具能够使内部流程更加高效。例如，自动化的借还流程不仅提高了服务速度，还减轻了工作人员的负担，使其能够更多地投入到用户服务中。数据分析也有助于优化资源配置，根据数据统计来决定购买哪些资源、哪些服务更受用户欢迎，以提高资源的利用率和经济效益。

最后，技术的应用为图书馆创新提供了新的平台。行政管理者鼓励员工提出创新想法，借助技术手段来提高服务水平。数字化创新使图书馆有机会尝试新的服务模式，例如虚拟现实技术的应用、在线合作平台的建设等，以更好地满足用户需求和提供独特的体验。技术和数字化创新的应用成为现代图书馆行政管理的重要组成部分，为图书馆提供了丰富的工具和机会。行政管理者逐渐认识到信息技术的重要性，引入数字化平台和创新技术，提升服务质量、优化资源管理以及推动图书馆的发展。通过数字化创新，图书馆能够更好地满足用户的信息需求，提供更高效、便捷、个性化的服务，进一步提升图书馆的社会影响力和竞争力。

五、建立合理的管理体系和规范的流程至关重要

图书馆行政管理需要制定明确的管理政策、规章制度和操作流程，以确保各项工作有序进行。例如，资源的采购、整理、借还流程等都需要明确的规定，以提高工作效率和服务质量。此外，行政管理也需要合理配置和有效利用图书馆的资源，包括预算的科学管理，以实现经济效益和社会效益的平衡。

首先，建立明确的管理政策和规章制度是现代图书馆行政管理的基础。行政管理者需要制定政策和规章，以规范图书馆内部各项工作，确保工作流程和服务质量的一致性。这些政策和规章涵盖了资源的采购、整理、编目、借还流程等方方面面。例如，针对馆藏资源的采购，需要明确采购标准、采购流程以及资源选择的原则，以确保所选资源符合图书馆的定位和用户需求。

其次，建立规范的操作流程能够提高工作效率和服务质量。行政管理者需要详细制定各

项工作的操作流程，明确每个环节的职责和步骤。例如，借还流程中，行政管理者需要规定借书、还书的具体步骤、时间限制，以及可能的罚款和逾期处理方式。这种流程的规范化能够降低错误率，提高工作效率，为用户提供更便捷、准确的服务。

此外，行政管理者还需要合理配置和有效利用图书馆的资源。资源包括人力、财力、时间等方面的资源。在人力资源管理方面，行政管理者需要根据图书馆的需求和目标，合理分配各项工作的责任和职责，确保每个岗位都得到适当的配备和培训。在财力资源管理方面，行政管理者需要制定预算，科学配置经费，以支持图书馆的日常运作和发展计划。

同时，行政管理者需要在经济效益和社会效益之间寻求平衡。虽然图书馆的主要目标是服务社会和满足用户需求，但作为一个公共机构，图书馆也需要考虑经济效益，以保证可持续的运营。行政管理者需要根据预算和资源情况，制定合理的收费政策，确保收入能够覆盖一部分运营成本，同时也要提供一定的免费服务，以满足社会各界的需求。

建立合理的管理体系和规范的流程是现代图书馆行政管理的重要基础。通过明确的政策、规章制度和操作流程，图书馆能够实现内部工作的有序进行，提高服务效率，优化资源配置。行政管理者还需要在经济效益和社会效益之间找到平衡，以确保图书馆的可持续发展，为用户提供更优质、多样化的服务。我国现代图书馆行政管理的变革从资源管理向服务导向的综合管理模式转变，注重服务质量、用户体验和创新能力的提升。行政管理逐步强调与社会需求的契合，积极应对技术和数字化创新的挑战。通过建立合理的管理体系和规范的流程，图书馆行政管理不断推动图书馆向更高水平发展，为用户提供更优质、多元的服务。

我国现代图书馆的组织结构与管理者

　　我国现代图书馆的组织结构多样，通常分为中央图书馆、地方图书馆、高校图书馆等不同类型。不同类型的图书馆根据其特点和任务设置不同的组织结构，以适应其服务对象和发展需求。在组织结构中，通常包括馆长（馆长团队）、部门主管、科研人员、服务人员等。馆长作为图书馆的最高管理者，承担着制定发展战略、管理团队和推动创新的重要角色。馆长需要具备领导才能、战略眼光以及与政府和社会合作的能力，推动图书馆实现更高水平的发展。部门主管负责具体业务领域的管理，他们需要熟悉图书馆业务，有丰富的管理经验和团队领导能力。

一、图书馆类型的多样性

　　我国现代图书馆根据功能和定位的不同，通常分为中央图书馆、地方图书馆、高校图书馆等不同类型。每种类型的图书馆都具有独特的特点和服务目标，因此其组织结构也会有所差异。

1. 中央图书馆

　　中央图书馆作为国家级的图书馆，具有广泛的服务范围和重要的社会影响力。其主要任务包括汇集、保护和传播全国范围内的文化、知识资源，为国家决策、学术研究和公众服务提供支持。中央图书馆的组织结构通常相对复杂，设有多个部门和分支机构，涵盖了藏书、数字资源、研究、国际合作等多个领域。高度的专业性和国际交流使得中央图书馆需要拥有一支高水平的管理团队和研究人员，以应对复杂多变的信息需求和文化挑战。

　　中央图书馆作为我国国家级的图书馆，承担着广泛的服务使命和重要的社会影响。其使命不仅限于提供传统的图书借阅服务，更涵盖了对全国范围内文化和知识资源的汇集、保护、传播，以及为国家决策、学术研究和公众服务提供有力支持。中央图书馆的任务首先体现在文化资源的汇集和保护方面。作为全国性的图书馆，它需要广泛地收集各类文献资料，包括图书、期刊、报纸、手稿、音像资料等，以反映我国社会、文化、科技等各个领域的发展情况。同时，中央图书馆也要对这些珍贵的文化资源进行妥善的保护，采取措施防止腐化、损毁，以确保这些宝贵的信息不会因岁月而消逝。传播是中央图书馆另一个重要的任务。它不仅要为广大读者提供开放的阅览环境和借阅服务，还要积极开展展览、讲座、培训等活动，将馆藏资源向社会传递出去。同时，中央图书馆也需要利用信息技术，将数字化资源通过网络平台向更广泛的用户进行传播，实现文化和知识的共享。在中央图书馆的组织结构方面，由于其使命的广泛性和多样性，通常呈现出相对复杂的特点。中央图书馆通常设置有多个部门和分支机构，涵盖了多个领域，如馆藏管理、数字资源建设、研究和国际合作等。各个部门的合作协调，能够更好地满足不同领域的需求，提供更全面的服务。

由于中央图书馆的服务对象广泛，不仅包括学术研究者、专业人士，还包括普通读者和社会公众，所以在人员配置方面也显得尤为重要。中央图书馆需要拥有一支高水平的管理团队和研究人员，他们需要具备深厚的专业知识、丰富的实践经验，以及开放的国际视野。这些人员将推动中央图书馆在信息技术应用、文化研究、国际交流等方面保持前沿水平。

中央图书馆作为国家级的图书馆，在广泛服务范围和重要社会影响中承担着重要的任务。其组织结构的复杂性与多样性，以及管理团队的高水平要求，使得中央图书馆需要不断探索创新，以应对不断变化的信息时代挑战，为国家文化和知识的传承与创新作出积极贡献。

2. 地方图书馆

地方图书馆是地方政府提供文化教育服务的重要组成部分，承担着满足本地居民的信息需求、促进文化传承和社区互动的任务。地方图书馆的特点在于关注本地文化、历史和社会需求，服务对象辐射到地方社区的居民。因此，地方图书馆的组织结构通常较为灵活，强调与社区的互动和合作。除了传统的馆藏管理和阅读服务，地方图书馆还可能开展社区活动、文化展览、培训等，需要具备与社区居民互动和协作的能力。

地方图书馆作为地方政府提供文化教育服务的重要组成部分，承担着满足本地居民的信息需求、促进文化传承和社区互动的使命。其特点在于关注本地的文化特色、历史背景和社会需求，致力于为当地居民提供多样化、贴近生活的图书馆服务。地方图书馆的首要任务之一是满足本地居民的信息需求。在信息时代，居民对于各类知识和信息的需求日益增长，地方图书馆要致力于为他们提供丰富的资源，包括图书、期刊、报纸、数字化资源等。为了满足不同年龄、职业和兴趣群体的需求，地方图书馆需要建立多样化的馆藏，提供定制化的服务。文化传承是地方图书馆的另一个重要使命。许多地区拥有丰富的本地文化和历史遗产，地方图书馆可以承担起将这些珍贵的文化资源进行整理、保存和传播的责任。通过建立特色馆区、举办文化讲座和展览，地方图书馆能够帮助居民更好地了解和传承本地的文化传统。

社区互动是地方图书馆的独特特点之一。地方图书馆通常位于社区中心，与社区居民的距离较近。因此，地方图书馆可以更好地与社区居民互动，了解他们的需求和意见。地方图书馆可以开展各类社区活动，如读书俱乐部、讲座、座谈会等，促进居民之间的交流与合作。在组织结构方面，地方图书馆通常较为灵活。它可能设置了不同的部门，包括馆藏管理、阅览服务、社区活动策划等，以适应多样化的服务需求。地方图书馆的管理团队需要具备与社区居民有效沟通的能力，了解他们的需求，灵活调整服务内容。

地方图书馆在满足本地居民信息需求、促进文化传承和社区互动方面发挥着重要作用。

其与社区的紧密联系，使其能够更好地了解居民的需求，并为他们提供贴近生活、有针对性的服务。通过丰富的馆藏、多样的活动，地方图书馆不仅是知识传播的阵地，更是社区凝聚力的源泉。

3. 高校图书馆

高校图书馆作为学校教育和科研的信息支持中心，扮演着重要的角色。其使命不仅仅是为学生和教职员工提供图书馆服务，更是支持学术研究和教学活动，满足师生的学术和知识需求。高校图书馆的首要任务之一是支持学术研究。在高校的研究环境中，学术研究是推动学校发展的关键因素之一。高校图书馆通过丰富的馆藏资源，包括学术期刊、研究报告、数据库等，为教师和研究生提供所需的学术信息。此外，高校图书馆还可以为研究人员提供研究支持服务，如文献检索、数据管理等，帮助他们更好地开展科研工作。

教学支持也是高校图书馆的重要任务之一。高校图书馆通过提供教材、参考书、电子资源等，为教师和学生提供学术教育所需的知识支持。教师可以依靠高校图书馆的资源来设计课程和教学材料，而学生则可以在图书馆获得相关的学术资源，提升学习效果。高校图书馆的组织结构通常会与学校的学科设置和研究方向紧密结合。一些高校图书馆会设立特色学科馆区，专门为不同学科领域的教师和学生提供定制化的服务。例如，工程学院的图书馆区可能会更注重工程领域的书籍和期刊资源，医学院的图书馆区则会强化医学和生命科学的资源支持。与学校的教育和研究紧密协调是高校图书馆的重要特点。高校图书馆需要了解学校的教育目标、研究方向以及师生的需求，以便更好地提供相应的服务。定制化的信息服务，如课程支持、学术咨询等，将有助于师生的学术成长和研究创新。

高校图书馆在支持学术研究、教学活动以及满足师生学术需求方面扮演着关键角色。通过紧密结合学校的学科特点和研究方向，高校图书馆能够为学校的教育事业和科研发展提供有力的支持，促进教育与知识的传承与创新。

总的来说，不同类型的图书馆在组织结构上的差异是其服务定位和任务需求的直接反映。中央图书馆、地方图书馆以及高校图书馆，每个类型都在图书馆管理者的领导下，不断努力适应时代需求，提供多样化、高效的服务，以推动文化传承、知识创新和社会进步。

中央图书馆作为国家级的图书馆，具有广泛的服务范围和重要的社会影响力。其组织结构通常相对复杂，涵盖了藏书、数字资源、研究、国际合作等多个领域。中央图书馆的使命是汇集、保护和传播全国范围内的文化、知识资源，为国家的决策、学术研究和公众服务提供支持。管理者需要具备领导才能、战略眼光以及与政府和社会合作的能力，以引领图书馆在信息时代保持前沿地位。地方图书馆作为地方政府提供文化教育服务的重要组成部分，注重关注本地的文化特色和社会需求。地方图书馆的组织结构通常较为灵活，强调与社区的互动和合作。除了传统的馆藏管理和阅读服务，地方图书馆还会举办社区活动、文化展览等，积极促进社区的互动与合作。管理者需要具备与社区居民有效沟通的能力，以了解他们的需求并灵活调整服务内容。高校图书馆作为学校教育和科研的信息支持中心，承担着支持学术研究和教学活动的任务。高校图书馆的组织结构紧密结合学校的学科设置和研究方向，为教师和学生提供学术教育所需的知识支持。管理者需要与学校的教育和研究紧密协调，提供定制化的信息服务，以支持师生的学术成长和研究创新。

不论是哪种类型的图书馆，管理者都扮演着至关重要的角色。他们需要具备丰富的专业知识、领导力和创新意识，以适应不断变化的信息时代，推动图书馆不断创新发展。通过制定战略规划、优化资源配置、引领团队合作等手段，图书馆管理者努力将图书馆打造成为知识的殿堂、文化的载体，为社会的进步和人们的智慧共享做出积极贡献。

二、馆长及团队的角色

馆长是图书馆的最高管理者，负责制定发展战略、管理团队和推动创新。馆长需要具备领导才能、战略眼光以及与政府和社会合作的能力，以引领图书馆在服务、技术和创新方面取得更高水平的发展。馆长团队由副馆长、助理馆长等协助，共同推动图书馆的全面运营。

1. 馆长是图书馆的领导者，负责制定图书馆的发展战略和长远规划

在不断变化的信息环境下，馆长需要具备前瞻性的战略眼光，能够预测未来趋势，为图书馆的发展制定合理的方向和目标。馆长应深刻理解图书馆的使命和定位，将其与社会需求和时代变革相结合，以确保图书馆持续保持其重要地位和作用。

前瞻性的战略眼光是馆长的核心素质之一。在信息科技不断演进、社会需求日新月异的今天，馆长需要能够洞察未来的趋势和动向。通过对行业趋势、技术发展、用户行为的深刻洞察，馆长能够预测未来的挑战和机遇，从而为图书馆制定相应的战略，确保图书馆能够在竞争激烈的环境中持续发展。同时，馆长需要深刻理解图书馆的使命和定位。图书馆作为文化传承、知识传播的载体，承担着向社会提供信息、教育和文化服务的重要职责。馆长应该清楚地了解图书馆的核心使命，将其与社会需求和时代变革相结合，以确保图书馆的发展方向与社会的发展需求相契合。这需要馆长具备广阔的视野和深刻的洞察力，能够将图书馆的使命与时代的脉搏紧密连接，为图书馆的发展注入更多的活力和动力。制定合理的发展方向和目标是馆长的职责之一。基于对未来趋势的洞察，馆长需要明确图书馆的发展目标和战略方向。这不仅包括在数字化时代如何优化传统服务，更涵盖了如何创新发展，适应不断变化的用户需求和信息环境。馆长应该将发展目标具体化，为图书馆的不同领域制定相应的规划，从藏书、数字资源到服务创新等，确保图书馆的各项工作都紧密围绕发展战略展开。最后，与政府和社会的合作是馆长战略眼光的体现之一。馆长需要与政府部门、社会机构、行业合作伙伴等建立紧密的联系，共同探讨图书馆的发展方向和创新举措。政府的政策支持和社会资源的整合都对图书馆的发展至关重要。馆长应具备卓越的合作能力，能够与不同领域的人士进行有效的沟通和合作，以实现图书馆的战略目标。

馆长作为图书馆的领导者，需要具备前瞻性的战略眼光，深刻理解图书馆的使命和定位，

制定合理的发展方向和目标，并积极与政府和社会合作，以确保图书馆能够在不断变化的信息时代中持续发展，为社会的进步和文化的传承作出积极贡献。这一切都需要馆长具备卓越的领导力、创新能力和合作能力，以引领图书馆走向更加美好的未来。

2. 馆长在管理团队方面发挥着关键作用

馆长在管理团队方面扮演着关键的角色，其领导才能的卓越性质对于图书馆的成功运营和发展至关重要。作为团队的领导者，馆长需要具备广泛的领导技能和深厚的人际关系洞察力，以便能够有效地激发团队成员的工作热情和创造力。

有效的团队管理涵盖了诸多方面。首先，馆长需要能够合理地分配工作任务，将每位团队成员的技能和兴趣与特定职责相匹配，以确保团队的整体协同运作。明确的职责分工有助于避免任务重叠和不必要的混淆，从而提高工作效率。

馆长在团队管理中也需要明确地定义每位成员的职责。这不仅有助于避免团队成员之间的误解和冲突，还能够使每位成员更加专注于自己的领域，并在其职责范围内取得更好的成果。明确的职责界定还有助于提高团队成员的责任感和自主性，使他们能够更好地应对挑战和机遇。

另一个关键方面是馆长为团队成员提供支持和指导。馆长应该保持开放的沟通渠道，鼓励团队成员分享想法、提出问题和寻求帮助。这种积极的沟通环境有助于建立信任感和合作精神，从而使团队能够更好地应对变化和挑战。

馆长还应该致力于建立积极的工作氛围。这可以通过鼓励创新、奖励卓越表现、提供持续的职业发展机会等方式来实现。一个积极的工作氛围有助于激发团队成员的工作动力和创造力，使他们更加投入地参与图书馆的发展。

最后，馆长的领导作用还在于激发团队成员的参与感和归属感。馆长应该鼓励员工积极参与图书馆的决策制定过程，让每个人都能感受到自己在整个团队和组织中的重要性。这种参与感有助于增强团队凝聚力，形成共同努力的文化，从而实现团队和组织的长远目标。

馆长在团队管理方面的角色不仅仅是履行管理职责，更是引领团队走向成功的关键因素。通过合理分工、明确职责、支持指导、积极工作氛围以及员工参与的鼓励，馆长能够推动团队协同合作，实现图书馆的持续发展和成就。

另外，馆长在推动创新方面具有重要职责。在信息科技迅速发展的时代，图书馆需要不断创新，以适应用户需求和变革的环境。馆长应鼓励员工提出创新思路，借助技术手段来提高服务水平和用户体验。创新涵盖了各个领域，包括数字化服务、社交媒体互动、学术研究支持等，馆长需要在这些领域推动图书馆的创新发展。

3. 馆长团队的其他成员也扮演着重要的角色

除了馆长外，馆长团队中的其他成员，如副馆长、助理馆长等，在图书馆的日常运营中也扮演着极其重要的角色。他们的专业知识和经验为图书馆的各项事务提供了更多元化的支持和服务，从而在整体上推动图书馆的发展和成就。

　　副馆长通常是馆长的主要助手，负责协助馆长管理图书馆的各项工作。副馆长应该具备深入的行业洞察力，以便能够理解图书馆的战略目标，并协助馆长制定和执行相应的计划。他们可能负责监督特定部门或项目，确保各项任务按时完成，并在必要时代表馆长与外部合作伙伴进行沟通。副馆长的领导作用在于保持团队的协同工作，使整个图书馆运作得以高效和协调。

　　助理馆长则通常在特定领域内拥有专业知识，如信息技术、采编、公共服务等。他们的专业背景使得图书馆能够提供更多元化的服务，满足不同用户群体的需求。助理馆长在自己的领域内负责策划和推动相关项目，确保图书馆的服务水平和质量不断提升。他们还与团队其他成员密切合作，确保信息共享和资源整合，以实现更高效的工作成果。

　　团队成员之间的紧密协作和合作是图书馆顺利运营的关键因素。在馆长团队中，成员之间需要建立良好的沟通渠道，分享信息、想法和经验。团队成员之间的互补性和协同合作能够在各个领域内带来更全面的支持和创新，有助于应对日益复杂的图书馆运营挑战。

　　馆长团队的其他成员，如副馆长、助理馆长等，在图书馆的日常管理和服务中具有不可替代的作用。他们的专业知识、协作能力和领导才能共同构成了一个高效的团队，为图书馆的发展和提供优质服务发挥着积极作用。通过合作和协同，他们共同努力，将图书馆打造成一个积极向上、充满活力的知识中心。

4.图书馆的使命和角色在不断变化

　　图书馆作为社会的知识中心和文化传承的守护者，在不断变化的时代中具有重要的使命和角色。然而，随着科技、社会和文化的不断演变，图书馆的使命和角色也在不断发生变化。在这个背景下，馆长及其团队需要持续保持开放的思维，敏锐地感知用户需求和社会变化，以便及时地调整和优化图书馆的服务、技术和创新，从而确保图书馆持续为用户提供有价值的信息资源和知识支持。

　　这种开放的思维意味着馆长团队需要不断地与用户互动，倾听他们的需求和意见。通过与用户的密切联系，团队可以更好地理解用户的信息获取和知识传递方式，从而更加精准地提供符合需求的服务。此外，敏锐地感知社会变化也是至关重要的。社会的发展、文化的变迁以及科技的进步都会影响人们对信息的需求和获取方式。馆长及其团队需要紧密关注这些变化，及时地调整图书馆的发展方向，以适应时代的要求。

　　图书馆在技术和创新方面的角色也越发重要。随着数字化时代的到来，图书馆的服务不再局限于传统的纸质资源，还包括了数字资料、在线数据库、虚拟学习环境等。馆长团队需要积极探索新的技术和创新，将这些先进的工具应用于图书馆的运营和服务中。例如，引入智能搜索系统、数字化阅读平台，以及在线学习资源等，可以提升用户体验，满足多样化的学习和研究需求。

　　团队合作和高效的领导在这一过程中起着至关重要的作用。馆长需要激发团队成员的创新意识和积极性，鼓励他们参与技术和服务的改进。团队成员之间的合作和知识共享能够促进更好的创意和解决方案的出现。通过高效的领导，馆长可以引导团队朝着共同的目标前进，充分发挥每个成员的专业优势，实现图书馆的可持续发展。

图书馆的使命和角色在不断变化的背景下，馆长及其团队需要具备开放的思维、敏锐的感知力以及创新的能力。通过持续调整和优化服务、技术和创新，团队可以保持图书馆的活力，为用户提供有价值的信息资源和知识支持。通过紧密的团队合作和高效的领导，图书馆将能够在不断变化的环境中蓬勃发展，为社会的进步和文化的传承做出积极的贡献。

三、部门主管的职责

图书馆的部门主管负责具体业务领域的管理，如馆藏采编、数字资源管理、读者服务等。他们需要熟悉图书馆的业务，具备丰富的管理经验和团队领导能力，以确保各项工作有序开展。部门主管需要协调不同部门之间的合作，推动资源整合和服务创新。

1. 业务领域管理

在图书馆中，部门主管在业务领域管理方面扮演着重要的角色。他们需要深入了解自己所负责的业务领域，对图书馆的资源、服务和流程有全面的了解。这种深入的业务了解使部门主管能够更好地制定业务目标、优化流程，并确保部门内的工作高效运转。

首先，部门主管需要熟悉馆内各类资源的分类和组织方式。这包括了图书、期刊、报纸、音频、视频等不同类型的信息资源。了解这些资源的分类体系和索引方法，能够帮助部门主管更好地指导团队成员进行采编和目录工作，确保资源的准确归类和便捷检索。

其次，部门主管需要了解采编的流程。这包括从选购、订购、编目、编目质检等一系列环节。深入了解采编流程，部门主管能够更好地规划资源的采购计划，确保馆藏的多样性和及时性。同时，他们还能够监督编目流程，确保目录的准确性和一致性。

另外，数字资源的管理方法也是部门主管需要了解的领域之一。在数字化时代，图书馆的数字资源管理变得愈发重要。部门主管需要了解数字资源的获取、存储、处理、授权等方面的工作流程。这包括了电子图书、数据库、在线期刊等数字化信息资源。通过掌握数字资源的管理方法，部门主管能够更好地指导数字资源的采购和使用，确保用户能够方便地获取这些资源。

业务领域管理是部门主管在图书馆中的重要职责之一。深入了解资源的分类和组织方式、采编流程以及数字资源的管理方法，使部门主管能够更好地规划和指导团队的工作。这种深入的业务了解有助于优化业务流程，提高工作效率，从而为读者提供更好的服务和资源。

2. 管理经验与团队领导

部门主管在图书馆中的角色不仅包括业务领域的管理，还需要具备丰富的管理经验和卓越的团队领导能力。他们在协调部门内的人员、资源和任务方面起着关键作用，以确保工作按计划有序进行。有效的团队领导涵盖了多个方面，包括激发团队成员的积极性、合理分配任务、提供全面支持和指导，以及促进团队内部的合作与创新。

部门主管在管理经验方面需要拥有丰富的知识和实践，能够运用管理原则和方法来处理各种业务挑战。这包括了规划、组织、领导、控制等管理要素。通过设定明确的目标、建立高效的工作流程、制定详细的计划，部门主管能够为部门的运营提供稳定的框架，确保各项工作有序推进。

团队领导能力同样是部门主管不可或缺的素养。他们需要激发团队成员的积极性和投入感。这可以通过鼓励员工参与决策、赋予责任、提供认可和奖励来实现。有效的激励能够增强团队成员的工作动力，使他们愿意为共同的目标努力。

分配任务是团队领导的另一个重要方面。部门主管需要根据团队成员的专业技能、兴趣和工作负荷，合理分配任务。这有助于避免工作重复和负担不均，同时也能够充分发挥每个成员的优势。透过任务的分配，部门主管能够实现高效的资源利用和工作协同。提供支持和指导也是团队领导的重要职责。部门主管应该保持开放的沟通渠道，鼓励团队成员分享问题和想法。通过提供专业指导和个人支持，他们能够帮助团队成员克服困难，发挥潜力，同时也为团队创造了积极的学习和发展氛围。促进团队合作和创新同样不可忽视。部门主管可以通过定期的团队会议、讨论和合作项目来促进成员之间的合作。鼓励创新和新思维，使团队能够在业务领域内不断发展和进步。

部门主管需要具备丰富的管理经验和优秀的团队领导能力。通过协调资源、分配任务、提供支持和指导，以及促进合作与创新，部门主管能够确保部门的业务顺利推进，团队高效协作，为图书馆的发展和成功作出重要贡献。

3. 部门间协调与合作

在图书馆内部，不同部门之间的协调与合作是确保图书馆全面发展和高效运作的关键要素。部门主管在这一方面扮演着重要的角色，他们需要与其他部门的领导保持紧密联系，共同促进资源的整合和共享，从而实现协同合作，满足读者需求，提供更综合性的服务。

部门主管需要主动与其他部门的领导保持沟通，分享各自的信息、资源和经验。这种信息的交流有助于避免信息孤岛，确保每个部门都了解整个图书馆的工作情况。通过了解其他部门的需求和进展，部门主管能够更好地协调自己部门的工作，以及提供可能的支持。资源的整合和共享是协同合作的关键。部门主管可以与其他部门合作，共同制定资源共享的计划，避免不必要的重复采购和努力。共享资源可以包括图书馆馆藏、数字资源、设施设备等。通过资源整合，图书馆可以更高效地运用资源，为读者提供更丰富的服务。

另一方面，协同合作还能够推动创新。不同部门的专业知识和技能在交叉合作中可能会产生新的思维和想法。部门主管可以促进团队间的跨界合作，鼓励成员共同探讨问题、提出解决方案，从而推动图书馆服务的创新和提升。通过与其他部门的合作，图书馆可以更好地满足读者的多样化需求。例如，馆内的数字资源可以与读者服务部门合作，开发更有针对性的数字学习资源，提供在线培训和学术支持。合作还可以包括活动策划、文化推广等方面，丰富图书馆的社区参与和文化传播。

部门主管在图书馆内部的协调与合作中扮演着重要的角色。他们需要与其他部门的领导保持紧密联系，促进资源整合和共享，推动创新，从而实现协同合作，为读者提供更全面、高效的图书馆服务。通过跨部门合作，图书馆能够更好地适应变化，为社会的发展和文化的传承做出积极贡献。

4. 推动资源整合与创新

部门主管在图书馆的业务领域内担负着推动资源整合和创新的重要职责。他们需要保持对业界的关注，紧密追踪最新的发展和趋势，以引领团队在资源管理、服务提供等方面持续地进行创新。通过引入新的技术、方法和服务模式，部门主管能够不断提升图书馆的业务水平，以满足不断变化的用户需求。

紧密关注业界发展是推动资源整合和创新的基础。部门主管需要定期跟踪图书馆科技和服务领域的最新趋势，了解新的技术和方法的应用情况，以及其他同行机构的经验。这种了解能够帮助部门主管更好地认识到机会和挑战，为团队创造创新的环境。

推动资源整合是为了更高效地利用现有的资源，提供更丰富的服务。部门主管可以促进不同资源之间的合并，整合馆藏，提供多样性的信息源，满足读者的多样化需求。资源整合还可以包括与外部合作伙伴的合作，共同开展项目，拓展馆内资源的范围。创新是部门主管所推动的关键元素。他们可以鼓励团队成员提出新的想法和解决方案，尝试新的服务模式，引入新的技术工具。通过创新，图书馆可以更好地适应变化的环境，为用户提供更具吸引力和实用性的服务。创新还可以涉及到数字化服务、在线学习平台、社交媒体参与等领域，使图书馆能够更广泛地触达用户。引入新技术、方法和服务模式是创新的一部分。部门主管可以推动引入自动化系统、数据分析工具、虚拟现实等技术，以提升图书馆内部工作的效率和读者体验。新技术的应用可以涵盖从馆藏管理到数字资源获取的方方面面，为用户提供更便捷的服务。

部门主管在图书馆的业务领域内具有推动资源整合和创新的重要使命。通过紧密关注业界发展、推动资源整合、鼓励创新以及引入新技术，他们能够不断提升图书馆的业务水平，满足不断变化的用户需求，为图书馆在快速发展的信息时代中保持活力和影响力作出积极贡献。

四、科研人员的作用

图书馆中的科研人员在信息科技和数字化创新的时代发挥着重要作用。他们负责图书馆的研究与创新工作，探索新的服务模式、技术应用和用户体验。科研人员通常与部门主管、馆长团队紧密合作，促进图书馆在信息领域的前沿发展。

1. 创新服务模式

在创新的时代，科研人员在图书馆中发挥着关键的作用，尤其是在创新服务模式方面。

他们通过深入的研究和分析,能够捕捉到用户需求的新趋势和变化,从而为图书馆提供创新的服务解决方案。与此同时,科研人员与图书馆的部门主管和馆长团队紧密合作,以共同探讨并创造新的服务模式,从而为用户提供更加贴近实际需求的服务。

科研人员的研究和分析能力使他们能够更深入地了解用户的行为和需求。通过对用户行为模式、倾向和反馈的分析,他们可以发现潜在的用户需求,揭示用户体验的痛点和改进的机会。这种深入的洞察力有助于科研人员提出创新的服务理念,满足用户日益多样化和个性化的需求。在与图书馆的部门主管和馆长团队紧密合作的过程中,科研人员能够将他们的洞察和想法融合进服务创新中。这种合作有助于确保创新服务模式与图书馆的整体目标和愿景相一致。通过汇集不同领域的专业知识,他们能够共同探讨服务模式的可行性,并制定有效的实施计划。创新的服务模式可以涉及多个方面,如数字化服务、在线学习平台、虚拟现实体验等。通过引入数字化服务,科研人员可以提供更加便捷的在线资源获取方式,满足用户随时随地的信息需求。在线学习平台的建设可以支持用户进行自主学习,提供个性化的学习路径和资源推荐。虚拟现实体验可以为用户创造沉浸式的图书馆体验,增加互动性和吸引力。

科研人员在创新服务模式方面发挥着重要的作用。他们通过深入研究和分析用户需求,与图书馆的部门主管和馆长团队紧密合作,创造出更贴近实际需求的创新服务模式。这种创新不仅可以提升图书馆的服务质量,还可以使图书馆在数字化时代保持活力和竞争力。

2. 技术应用和数字化创新

在数字化时代,科研人员在图书馆中发挥着关键作用,尤其是在探索和应用新技术方面。他们的工作能够引领图书馆向前沿技术的应用方向迈进,为资源管理和服务提供带来创新。通过将人工智能、大数据分析等前沿技术应用于图书馆的各个领域,科研人员可以实现更高效的资源处理、更优质的用户体验。

科研人员的第一步是研究和了解各种新兴技术的潜力和应用场景。他们需要深入研究人工智能、机器学习、自然语言处理等技术,了解它们在图书馆领域的实际应用可能性。随着大数据的不断增长,科研人员还可以通过分析用户行为和趋势,为图书馆提供更精准的服务。一旦确定了适合图书馆的技术,科研人员就可以开始探索如何将这些技术融入到资源管理和服务提供中。例如,他们可以开发基于人工智能的推荐系统,根据用户的兴趣和历史行为推荐相关资源。大数据分析可以帮助图书馆更好地了解用户的喜好,进而优化馆藏的采编和排布。除了应用现有技术,科研人员还可以在数字化创新方面发挥创意。例如,他们可以探索虚拟现实和增强现实技术,为用户创造更具互动性和沉浸感的阅读体验。另外,移动应用、在线学习平台等也是技术应用的重要方向,通过这些应用可以扩展图书馆的服务范围,满足用户多样化的学习和信息需求。新技术的引入需要科研人员与图书馆的技术团队和部门主管紧密合作。他们可以共同制定技术实施计划,确保新技术的顺利集成和运行。同时,培训图书馆员工,使他们能够熟练地运用这些新技术,提供更好的服务。

科研人员在技术应用和数字化创新方面发挥着重要作用。通过探索和应用新技术,他们可以提升图书馆的资源管理效率，优化用户体验，推动图书馆在数字化时代的发展，为用户提供更加便捷、多样化的服务。这种技术创新能够使图书馆不断适应变化的环境，保持竞争力和影响力。

3. 用户体验改进

在图书馆中，提升用户体验是科研人员的重要任务之一。科研人员通过用户调研和反馈分析，深入了解用户的意见、需求和体验，以便针对性地提出改进用户体验的创意和方案。他们通过研究用户在图书馆内的行为和需求，优化图书馆的布局、资源分布和服务流程，从而为用户创造更为舒适、便捷和满意的环境和服务。

首先，科研人员进行用户调研，通过各种方式收集用户的反馈和意见。这可能包括在线调查、焦点小组讨论、个别访谈等。通过这些方法，他们能够了解用户对图书馆现有服务的评价，以及他们的期望和需求。这些反馈为科研人员提供了改进用户体验的有力依据。通过分析用户反馈和行为，科研人员可以识别出用户体验的问题和痛点。他们可以研究用户在图书馆内的行为模式，如借阅、检索、学习等，发现流程中的障碍和不便之处。此外，科研人员还可以了解用户在不同时间段的行为偏好，从而调整服务时间表和资源分布。基于用户调研和分析，科研人员可以提出创新的用户体验改进方案。例如，他们可以优化图书馆的布局，使各个区域更加舒适和便捷，增加阅读区域、多媒体区域等。针对用户在使用图书馆资源时的痛点，科研人员可以引入智能化的资源导航系统，帮助用户更快地找到所需资源。

科研人员还可以优化服务流程，提高用户体验的连续性和流畅度。例如，通过引入自助借还系统，用户可以更方便地进行借还操作，减少等待时间。在线预约、数字化咨询服务等也可以提供更便捷的用户交流方式，满足用户随时随地的需求。

科研人员通过用户调研和反馈分析，可以深入了解用户需求和体验，从而提出改进用户体验的创意和方案。他们通过优化图书馆的布局、资源分布和服务流程，为用户创造更舒适、便捷和满意的环境和服务。这种用户体验的改进不仅可以提升用户满意度，还可以使图书馆成为更具吸引力和亲和力的知识和文化中心。

4. 前沿发展的推动者

科研人员在信息领域的前沿发展中起着推动作用。他们通过不断的研究和创新，推动图书馆在数字化和信息科技方面保持活力。他们可以参与学术研究、发表论文，将图书馆的经验和成果分享给整个行业，进一步提升图书馆的影响力和声誉。

五、服务人员的关键角色

图书馆的服务人员在图书馆服务体系中扮演着关键角色，直接与读者接触，为图书馆的日常运作和服务提供了重要的支持。他们在服务过程中发挥着承担者和连接者的作用，为读者提供全方位的支持和帮助。

服务人员的专业知识是他们履行角色的基石。他们需要熟悉图书馆内各类资源、藏书定位方法，掌握信息检索技巧以及数据库和在线资源的使用方法。这些知识使他们能够为读者提供准确、全面的咨询，引导读者找到他们所需的信息。此外，他们还需要了解图书馆的服务政策和规定，以便为读者解答相关问题，提供有针对性的帮助。为了提升用户满意度，服务人员需要具备优秀的沟通能力和亲和力。他们需要倾听读者的问题和需求，与读者建立有效的沟通，理解他们的需求并提供相应解决方案。通过友好的沟通，服务人员能够与读者建立信任关系，使读者愿意寻求他们的帮助，从而提高服务效果。服务人员还需要具备问题解决和应变能力。在服务过程中，可能会遇到各种各样的问题和情况，包括技术故障、资源不足等。他们需要能够迅速识别问题，并找到解决方案，确保读者得到满意的答复或解决办法。

除了提供信息咨询，服务人员还能够为读者提供更广泛的帮助。他们可以指导读者使用图书馆的设施和设备，帮助他们使用复印机、打印机、电脑等设备。在数字化时代，他们还可以指导读者使用图书馆的在线资源和数据库，支持他们进行在线学习和研究。

图书馆的服务人员在图书馆的服务中发挥着至关重要的作用。他们通过专业知识、优秀的沟通能力和亲和力，为读者提供准确、及时的咨询和帮助，推动用户满意度的提升。他们是图书馆与读者之间的桥梁，为读者提供良好的阅读体验和学习环境，同时也是图书馆实现其使命的重要承担者。

六、跨部门合作的重要性

在图书馆的组织结构中，各个部门之间的合作至关重要。信息的流通和共享需要不同部门之间的协调和合作。跨部门合作能够促进资源整合、创新服务的实现，提高图书馆的综合效益。

1. 信息流通和共享

图书馆的不同部门通常负责不同领域的工作，如采编、服务、技术等。这些部门之间存在着信息交流和共享的需求，以确保图书馆内部的资源得以充分利用。通过跨部门合作，各个部门可以更有效地共享信息、经验和最佳实践，避免信息孤岛，从而提高工作效率和服务质量。

在图书馆的组织结构中，不同的部门承担着各自不同的职责和任务，涵盖了多个领域，如采编、服务、技术等。然而，这些部门之间的合作与信息共享是确保图书馆顺利运作的关键要素之一。信息流通和共享的重要性在于它们有助于构建一个紧密联系的、高效协同的工作环境，从而推动图书馆向更高水平的综合服务提供。首先，信息流通和共享有助于消除部门之间的信息壁垒。不同部门处理着各自的任务，而这些任务往往相互关联。例如，采编部门选购新书籍，服务部门需要了解这些新书的信息以回答读者的咨询。通过信息共享，这些部门可以迅速获取彼此所需的信息，减少沟通障碍，提高工作效率。其次，信息共享促进了最佳实践和经验的传递。每个部门在自己的领域内积累了宝贵的经验和技能，这些经验对其他部门也可能有用。通过共享经验，部门之间可以学习彼此的成功经验，避免重复努力，快速应用已有的最佳实践，从而提升整体的绩效水平。此外，信息流通和共享有助于促进创新。部门之间的合作可以引发新的想法和创意，因为不同部门的多样性能够产生丰富的视角和观点。例如，技术部门和服务部门的合作可能会催生新的数字化服务模式，满足用户在数字时代的多元需求。在这种合作中，适当的沟通渠道和工具变得至关重要。内部会议、共享文件、数字平台等都可以促进信息流通和共享的效果。此外，鼓励开放的沟通氛围也能够增强部门之间的互动和合作，从而更好地实现信息共享的目标。

信息流通和共享在图书馆的跨部门合作中具有重要意义。通过这种合作，不同部门可以更有效地共享信息、经验和最佳实践，消除信息孤岛，提高工作效率和服务质量。这种协同合作不仅有助于满足读者的需求，也有助于图书馆整体的创新和发展。

2. 资源整合与利用

图书馆作为信息和知识的中心，拥有丰富的资源，包括馆藏书籍、电子资源、多媒体资料等。这些资源的整合与利用对于提供全面、多样化的服务至关重要。跨部门合作可以在资源管理和利用方面发挥重要作用，确保资源得到充分的整合和最佳的利用。

首先，资源整合能够有效避免资源的重复采购和浪费。不同部门之间的信息共享和协作，可以避免出现同一类型资源的多次采购，从而节约采购成本和资源。例如，如果馆藏管理部门与数字资源部门合作，共同审查馆内的纸质资源，并将一些热门书籍进行数字化处理，那么读者可以在线访问这些书籍，减少了重复购买纸质书籍的需要。其次，资源整合可以提升资源的可访问性和可用性。数字资源部门与馆藏管理部门的合作，可以将纸质资源数字化，使得这些资源能够在线访问，满足用户随时随地获取信息的需求。此外，不同类型的资源可以通过合作整合到一个平台上，使得用户可以更方便地查找和利用这些资源，提高了用户体验。资源整合还有助于满足读者的多样化需求。不同部门的合作可以促进资源的丰富和多元化。例如，数字资源部门可以提供电子书、数据库等数字资源，而馆藏管理部门可以为纸质书籍进行精选，从而使读者能够根据自己的喜好和需求来选择合适的资源。最后，资源整合与利用能够提高图书馆的综合效益。资源的充分整合和合理利用可以提高资源的使用率，从而更好地发挥了资源的价值。同时，通过避免重复采购和管理，还可以降低成本，使得图书馆的资源投入更具有效益。

资源整合与利用在图书馆的跨部门合作中具有重要意义。通过不同部门之间的合作，馆藏书籍、电子资源和多媒体资料等可以得到更好的整合和管理，从而提升资源的可访问性、满足读者的多样化需求，并最终提高图书馆的综合效益。这种合作不仅有助于提升图书馆的服务质量，也是实现图书馆使命的重要手段之一。

3. 创新服务的实现

在图书馆的发展过程中，创新服务是不可或缺的要素，能够使图书馆不断适应变化的用户需求和技术趋势。而跨部门合作在推动创新服务方面发挥着至关重要的作用，它通过整合不同部门的专业知识和技能，为图书馆提供了更广阔的创新空间和机会。不同部门之间的合作可以将各自的专业优势结合起来，创造出独特的、跨领域的创新服务。例如，数字化技术部门和用户体验部门的合作，可以共同开发出具有沉浸式体验的虚拟图书馆环境。在这个虚拟环境中，用户可以通过虚拟现实技术进行图书浏览、参加线上讲座，甚至与其他读者互动交流。这种创新服务不仅提升了用户的参与感和满意度，还将图书馆打造成一个更具吸引力和现代感的学习与交流空间。跨部门合作也能够激发员工的创新思维和创造力。不同部门的成员汇聚在一起，共同思考如何为用户提供更好的服务。他们的不同视角和领域知识能够相互交融，产生出许多新颖的创意。例如，馆藏管理部门和科研人员的合作，可以在图书馆内举办特色展览，将书籍与研究主题相结合，吸引更多读者的关注。此外，跨部门合作还可以加速创新服务的开发和实施过程。不同部门的合作可以避免信息孤岛，使得项目的推进更加高效。各部门可以共同制定项目计划、分工合作，确保创新服务能够按时推出并取得成功。创新服务的实现可以提升图书馆的竞争力和影响力。通过引入新颖的服务模式、技术应用和用户体验，图书馆能够更好地吸引读者、满足他们的需求，进而扩大其在社区中的影响力和知名度。

跨部门合作在图书馆创新服务的实现中具有重要作用。它整合了不同部门的专业知识和技能，为图书馆提供了更广阔的创新空间，使得创新服务能够更好地满足用户需求，提升图书馆的竞争力和影响力。这种合作不仅是图书馆发展的动力，也是实现其使命的关键途径之一。

4. 综合效益提升

图书馆的综合效益可以通过跨部门合作得到提升。合作能够使得资源和人力得到更有效的配置和利用，避免资源浪费。同时，合作还能够降低成本，提高工作效率，使图书馆能够更好地履行其服务使命。

首先，跨部门合作能够优化资源的配置与利用。不同部门的合作可以避免资源的重复采购和管理，确保资源得到合理的分配和利用。例如，馆藏管理部门与数字资源部门的合作，可以将一些热门书籍进行数字化处理，避免了重复购买纸质书籍的需要。此外，不同部门之间的资源共享还能够拓展图书馆的服务范围，满足读者的多样化需求，从而提高了资源的综合利用率。其次，跨部门合作可以降低成本，提高工作效率。合作可以减少资源的浪费，避免不必要的重复投入。例如，技术部门与服务部门的合作，可以共同开发一个综合性的在线平台，既提供数字资源的访问，又为读者提供在线咨询和支持。这种平台的开发成本相对较低，同时能够整合多个服务，提高了工作效率。另外，跨部门合作还能够实现人力资源的更有效配置。合作可以通过共享人力资源，避免人力的闲置或过度集中。例如，技术部门和服务部门可以在某些项目中共同参与，充分利用各自的专业知识，提高了团队的综合素质。最重要的是，跨部门合作能够更好地实现图书馆的服务使命。图书馆的使命是为用户提供丰富多样的信息资源和知识支持。不同部门之间的合作可以确保图书馆能够综合运用各类资源和技能，为用户提供更全面、更优质的服务。通过提高服务质量，图书馆能够更好地满足用户的需求，进而提升其社会影响力和认可度。

跨部门合作在图书馆的综合效益提升方面具有显著的作用。它通过资源的合理利用、成本的降低以及人力的优化配置，使得图书馆能够更有效地履行其服务使命，提供更好的服务体验。这种合作不仅能够增强图书馆的内部协同，也有助于更好地服务社会和用户，实现图书馆的发展目标。

综合而言，我国现代图书馆的组织结构和管理者角色多样，各层级的管理者在推动图书馆发展、提升服务质量、实现创新方面发挥着不可替代的作用。他们需要具备专业知识、领导才能、团队合作能力等多方面的素质，以确保图书馆能够更好地适应时代需求，为用户提供更优质、多元化的服务。

第三节　我国现代图书馆人力资源与财务管理

一、人力资源管理在现代图书馆中尤为重要

图书馆作为服务性机构，其服务质量和效率直接受人员素质和能力的影响。人力资源管理包括招聘、培训、绩效评估、薪酬激励等方面，旨在确保图书馆拥有高素质的员工队伍。培训与发展是关键环节，帮助员工不断提升专业知识和技能，以适应信息时代的需求。

1. 服务质量与效率

图书馆作为一个服务性机构，其核心使命是为读者提供高质量、便捷的信息服务。在这一过程中，员工的表现直接影响着图书馆的服务质量和效率。优秀的员工团队能够为读者提供更加准确、周到的信息咨询，帮助他们更好地满足信息需求，从而提升用户体验和满意度。

服务质量是图书馆的重要指标之一，它体现在员工为读者提供的咨询、引导、资源获取等方面的表现。优秀的员工团队具备丰富的图书馆知识和信息检索技能，能够准确理解读者的需求，为其提供针对性的解决方案。通过及时提供精准的信息咨询，员工能够帮助读者快速获取所需信息，提高了图书馆的服务质量。同时，员工的表现还影响着图书馆的服务效率。高效的员工团队能够迅速响应读者的需求，提供快速的服务，减少读者等待时间，从而提升了整体的服务效率。通过合理的人员安排和流程优化，图书馆能够更好地满足读者的需求，提高工作效率。为了提升服务质量和效率，图书馆需要实施科学的人力资源管理。合适的人员招聘能够保证员工拥有相关的专业知识和技能，从而为读者提供高质量的服务。培训和发展计划能够帮助员工不断提升自身的专业素养，适应不断变化的信息环境。此外，有效的绩效评估和激励机制能够激发员工的工作动力，使他们更加投入地为读者提供服务。

图书馆的服务质量和效率与员工的表现密切相关。通过构建一支高素质、专业化的员工队伍，实施合适的人力资源管理措施，图书馆能够提升服务质量和效率，为读者提供更优质的信息服务，同时也为图书馆的可持续发展打下坚实基础。

2. 人才招聘与发展

人才招聘与发展在人力资源管理中具有至关重要的角色。这一过程涵盖了从招聘合适的人才到培养他们的能力，以满足图书馆及其服务的需求。首先，招聘程序是确保图书馆团队具备必要专业知识和技能的关键一步。通过制定适当的招聘流程，图书馆能够吸引那些在图

书馆科学、信息管理、数字资源管理等领域具有相关背景的人才。这有助于构建一个高素质的团队，为用户提供优质的服务和支持。

此外，培训和发展计划对于员工的持续成长和适应变化至关重要。信息时代的快速发展意味着图书馆领域的需求和技术在不断变化，因此，员工需要保持持续学习的态度。通过为员工提供培训课程、工作坊、研讨会等机会，图书馆能够帮助他们更新自己的专业知识和技能，以适应新的技术和趋势。这有助于确保图书馆能够持续地为用户提供先进的服务，满足他们在信息获取和利用方面的需求。

发展计划也是员工在职业生涯中持续发展的关键因素。通过制定个人发展计划，员工能够明确自己的职业目标，并为实现这些目标制定相应的计划。图书馆可以提供指导和资源，帮助员工在职业道路上不断前进，提升自身在图书馆领域的地位和影响力。这不仅有助于员工的个人成长，也为图书馆的长期发展注入了新的活力和创新能力。

人才招聘与发展是图书馆人力资源管理中的核心要素。适当的招聘程序可以确保团队的专业素质，而培训和发展计划则能够使员工与时俱进，满足信息时代的需求和变化。这些举措共同促进了图书馆的可持续发展，使其能够不断地为用户提供卓越的服务和资源。

3. 绩效评估与激励机制

绩效评估与激励机制在图书馆管理中扮演着至关重要的角色。这一流程涵盖了对员工工作表现的全面评价，以确保优秀的工作得以认可，并为员工提供相应的激励，从而促进其积极投入和持续发展。

首先，明确的绩效指标和评估标准是绩效评估的基础。图书馆应当制定具体、可量化的绩效指标，这些指标应与图书馆的目标和使命相一致。例如，可以将员工的工作效率、质量、创新能力、团队合作等方面纳入考量。通过这些明确的标准，评估过程能够更加客观、公正地进行，避免了主观性的干扰。在绩效评估过程中，及时而有效的反馈是至关重要的。员工应当了解自己的工作表现，包括优点和需要改进的地方。这种反馈不仅有助于员工认识自己，还为他们制定进一步提升的计划提供了依据。同时，对于表现出色的员工，及时的认可和奖励是必不可少的。奖励可以是金钱奖励、晋升机会、额外的培训资源等，这些激励措施能够增强员工的工作动力和归属感，促使他们更加积极地投入工作。除了个体绩效评估外，团队绩效也应得到适当的重视。鼓励员工在团队中合作、协调，共同实现图书馆的目标。团队绩效评估可以激励团队成员共同努力，分享成功，共同面对挑战。

绩效评估与激励机制是图书馆管理的核心要素之一。通过明确的评估标准和绩效指标，以及及时的反馈和奖励措施，图书馆能够认可员工的卓越工作，激发他们的积极性，促进团队的成长和发展。这不仅对员工个人具有积极影响，也有助于图书馆整体的提升与进步。

4. 培训与专业发展

培训和专业发展在图书馆管理中具有至关重要的地位。随着信息时代的快速变革和技术的不断进步，员工需要不断更新自己的知识和技能，以适应不断变化的图书馆环境和读者需求。因此，制定有针对性的培训计划和专业发展机制是确保图书馆持续发展和提供优质服务的必要措施。

首先，培训计划应当根据图书馆的战略目标和发展需求来制定。这些计划应考虑到员工在信息资源管理、数字技术应用、读者服务等方面的需求，以及应对日益增长的跨学科知识和技能要求。培训内容可以涵盖各种领域，如数字化图书馆、信息检索工具、数据管理技能等。培训课程可以包括面对面培训、在线课程、研讨会和工作坊等多种形式，以确保员工能够以最有效的方式获取新知识和技能。其次，专业发展机制可以帮助员工在职业生涯中实现持续成长。这可以包括提供指导和导师制度，使员工能够得到更有经验的同事的指导和支持。此外，为员工创造参与专业组织、学术研究和交流活动的机会，有助于拓展他们的专业网络和知识广度。专业发展还可以涵盖跨部门合作、领导力培养等方面，以培养全面发展的员工。同时，培训和专业发展需要定期评估和更新。图书馆应当持续监测员工的培训需求和行业趋势，以及评估培训计划的效果。通过收集员工的反馈和参与度数据，图书馆可以调整培训计划，确保其始终与员工和图书馆的需求保持一致。

培训和专业发展是确保图书馆员工始终具备最新知识和技能的关键环节。通过有针对性的培训计划和专业发展机制，图书馆能够为员工提供机会，使他们能够不断更新自己的专业素养，为图书馆的发展和用户的需求作出积极贡献。这不仅有助于员工个人的职业发展，也为图书馆的可持续发展奠定了坚实的基础。

5. 员工满意度与组织文化

良好的人力资源管理还涉及员工的满意度和组织文化。员工满意度与工作动力息息相关，通过提供良好的工作环境、合理的薪酬待遇以及职业发展机会，图书馆可以增强员工的归属感和忠诚度。同时，积极的组织文化能够激发员工的创新精神和团队合作意识，促进图书馆的可持续发展。

首先，员工满意度是员工对工作环境、薪酬福利、职业发展等方面的感受和评价。良好的员工满意度能够带来诸多益处，如提高员工工作动力、减少员工离职率、增强团队凝聚力等。图书馆可以通过提供良好的工作条件，合理的薪酬待遇，以及培训和晋升机会来满足员工的需求。员工感受到自身价值被认可和关注，就会更加投入工作，为图书馆的发展和用户的需求作出更大贡献。

其次，组织文化在很大程度上塑造了员工的态度、价值观和行为方式。积极的组织文化能够激发员工的创新精神、团队合作意识和责任感。图书馆应该倡导开放、尊重、包容和鼓励尝试新思想的文化，从而鼓励员工提出新的想法、共同解决问题。一个积极的组织文化还可以促进信息的流通和共享，增强团队成员之间的信任和合作，进而推动图书馆的创新和发展。

组织文化也包括价值观和道德准则。图书馆应当明确传达自己的使命和价值观，确保员工在工作中始终秉持正确的道德标准。这不仅有助于建立信誉和形象，还可以加强员工对图书馆的归属感，认同其所属的组织。

员工满意度和组织文化是构建一个稳定、有活力的图书馆团队的关键要素。通过关心员工的需求、提供发展机会，并塑造积极的文化，图书馆能够吸引、留住高素质的人才，激发他们的潜力，推动图书馆的创新和可持续发展。这种良性循环将有助于图书馆实现其使命，为读者提供更优质的服务和资源。

二、财务管理在图书馆中也占据重要位置

图书馆需要明确预算分配、支出计划，确保经费的合理使用。随着数字化技术的发展，数字资源的采购和维护成本也需要谨慎管理。财务管理涉及预算编制、资金管理、会计核算等方面，需要保证图书馆的财务运作健康有序。

1.预算编制

预算是财务管理的基础，通过预算编制，图书馆可以合理规划各项支出，确保资金的有效利用。预算应当涵盖各个方面，包括员工薪酬、采购费用、设备维护、数字资源购买等。预算编制需要充分考虑图书馆的战略目标和发展需求，以及行业的变化趋势。

首先，预算应该涵盖图书馆的各项支出。这包括但不限于员工薪酬、办公设备、图书和期刊采购、数字资源订购与维护、设施维护、培训开支等。将预算划分为不同的项目和部门，可以帮助图书馆清晰了解各项支出的情况，从而做出更加明智的决策。

其次，预算编制需要充分考虑图书馆的战略目标和发展需求。预算不仅是财务工具，还应与图书馆的长期规划相一致。例如，如果图书馆计划在数字化服务方面有所发展，预算中就应该包含足够的资金用于数字资源的采购和技术支持。预算应当为图书馆的战略方向提供有力的财务支持，确保其能够实现预期目标。预算编制也需要考虑行业的变化趋势。随着图书馆领域的不断发展和技术的进步，新的需求和挑战不断涌现。预算应该具备一定的灵活性，能够应对未来的不确定性。这可能意味着保留一定的预算用于应急情况，或者在需要时进行调整和重新分配。

在预算编制过程中，跨部门的合作和沟通也显得尤为重要。各个部门需要共同协调，确保预算分配与各项工作的实际需求相匹配。同时，透明的预算编制过程能够增强团队的信任和合作，为整个图书馆的运作创造良好的氛围。预算编制是图书馆财务管理中的核心环节。通过综合考虑各项支出、战略目标和行业趋势，图书馆能够制定合理的预算计划，为其发展提供坚实的财务基础。这不仅有助于图书馆提供持续优质的服务，也有助于实现其长远的战略愿景。

2.资金管理

资金管理在图书馆的运作中扮演着关键的角色，它涵盖了资金的筹集、使用和监督，确保图书馆的资金安全、有效使用以及合规性。建立健全的资金管理制度是确保图书馆财务稳

健运作的必要步骤。

首先，资金筹集涉及到从不同渠道获取资金，以支持图书馆的运作和发展。这可能包括政府拨款、捐赠款项、合作伙伴的资助等。图书馆需要与相关机构和个人保持良好的沟通，确保资金的及时到位。同时，资金筹集也需要遵循适用的法规和规定，以确保资金的合法性和合规性。

其次，资金使用需要经过谨慎规划和审批。图书馆应该制定预算计划，并确保资金按照预算计划进行支出。各项支出应当与图书馆的战略目标和服务需求相一致。资金使用过程中需要建立严格的审批流程，确保资金使用的透明和合理性。监督资金的安全和合规性也是资金管理的重要方面。图书馆应该建立内部控制机制，确保资金不被滥用或挪用。这可能包括对财务流程的审查和审计，以及建立风险管理措施，应对潜在的财务风险。与政府机构、捐赠者和其他合作伙伴的资金协调和沟通也至关重要。图书馆需要及时向资助方汇报资金使用情况，提供透明的财务信息。建立良好的合作关系有助于获得稳定的资金支持，为图书馆的发展提供可靠的财务保障。

资金管理是图书馆财务管理的核心环节，直接影响到图书馆的可持续发展和服务质量。通过健全的资金筹集、使用和监督制度，图书馆能够确保资金的安全性、合规性和有效性，为读者提供稳定、高质量的服务和资源。

3. 成本控制与效益评估

在数字化时代，数字资源的采购和维护成本在图书馆财务管理中占据了愈发重要的位置。为了确保资金的合理利用并最大化效益，图书馆需要实施严格的成本控制和进行定期的效益评估。

首先，成本控制是确保数字资源采购和维护活动不超出预算范围的关键策略。图书馆需要制定明确的数字资源采购预算，涵盖采购费用、技术支持、许可费用等各个方面的开支。这有助于防止因采购成本超出预算而影响到其他重要支出，同时也能够确保数字资源的采购在财务可承受范围内进行。其次，定期的效益评估是确保数字资源的有效使用和价值的关键。图书馆需要监测数字资源的使用情况，包括用户访问量、下载量、在线互动等指标。通过对这些数据的分析，图书馆可以了解数字资源的受欢迎程度和使用趋势，以及是否为用户提供了实际的价值。如果某些资源的使用率较低，图书馆可以重新考虑是否继续订购这些资源，以节约成本。效益评估还包括对数字资源的影响和贡献进行评估。数字资源不仅可以提供更多的信息资源，还可以改善用户体验和服务水平。通过调查用户的反馈和满意度，图书馆可以了解数字资源对用户满意度和图书馆形象的影响。这有助于衡量数字资源是否为图书馆带来了实际的效益，是否值得继续投资和维护。

成本控制与效益评估是数字资源管理中不可或缺的环节。通过严格的成本控制，图书馆可以确保数字资源的采购和维护在财务范围内进行。同时，定期的效益评估可以帮助图书馆了解数字资源的使用情况和价值，从而为未来的决策提供有力依据，实现财务和服务的双重目标。

4. 会计核算

会计核算在图书馆的财务管理中扮演着至关重要的角色，它涵盖了财务数据的记录、报告和分析，以确保财务运作的透明性、准确性和合规性。建立完善的会计体系是图书馆财务管理的基础，有助于有效监督资金的使用情况，并提供数据支持用于决策和报告。

首先，会计核算涵盖了财务数据的准确记录。图书馆需要建立明确的账务体系，对收入、支出、资产、负债等各项财务事项进行详细记录。这要求严格遵循会计准则和法规，确保每一笔财务交易都能够被准确地记录下来，以便后续的核查和分析。

其次，会计核算还包括财务报表的编制和报告。财务报表是向内外部利益相关者提供财务信息的主要途径。常见的财务报表包括资产负债表、损益表、现金流量表等。这些报表反映了图书馆的财务状况、业绩和现金流动情况。通过定期编制和发布财务报表，图书馆可以使利益相关者了解其财务状况，从而增强透明性和信任。会计核算还涉及财务数据的分析和解读。通过对财务数据的分析，图书馆可以了解财务状况的趋势和变化，发现潜在的问题和机会。这种分析有助于制定更加合理的财务策略和决策，以优化资源分配和经费使用。准确的会计核算还可以确保财务的合规性。图书馆需要遵守法规和会计准则，确保财务数据的真实性和可靠性。这不仅有助于避免潜在的法律风险，还能够提升图书馆的声誉和信誉。

会计核算是图书馆财务管理的基础，对于资金的有效使用和财务状况的透明展示至关重要。通过建立准确的会计记录、及时的财务报告和分析，图书馆可以有效监督资金的使用，为决策提供数据支持，同时维护财务的合规性和透明性。

5. 风险管理

在图书馆的财务管理中，风险管理是一项至关重要的策略，旨在识别、评估和应对可能影响财务运作的潜在风险。这些风险可能涵盖经费的不稳定性、市场变化、法规变更、损失事件等多个方面。通过制定风险管理策略，图书馆可以更好地减轻潜在风险对财务运作的不利影响。

首先，风险识别和评估是风险管理的起点。图书馆需要对可能存在的各种风险进行全面的识别，包括内部和外部风险。内部风险可能涉及到财务操作的漏洞、内部控制的不足等。外部风险可能包括经济环境变化、政策法规变更、技术发展等。通过识别和评估风险，图书馆可以了解其对财务运作的潜在影响程度，从而有针对性地进行应对。其次，风险管理策略的制定是关键步骤。图书馆需要根据风险的性质和影响程度，制定相应的应对措施。例如，如果存在经费的不稳定性风险，图书馆可以考虑建立紧急备用基金，以应对财务紧张的情况。对于市场变化等外部风险，图书馆可以采取多元化的财务策略，减少对特定因素的过度依赖。此外，风险管理策略还需要明确责任和流程。图书馆需要确定谁负责监督风险的管理和应对，并确保相关流程能够迅速有效地启动。这包括风险监测、预警机制、风险事件处理等方面的规定。定期的风险评估和调整是风险管理策略的重要环节。图书馆应该定期审查风险情况，评估已采取措施的有效性，以及是否需要调整或加强现有的风险管理策略。这种持续的监控和反馈机制有助于及时识别新的风险，并确保策略的适应性和有效性。

风险管理在图书馆财务管理中不可或缺。通过识别、评估和应对各类风险，图书馆可以更好地保护财务安全，确保财务运作的稳定性和可持续性。这种积极的风险管理策略有助于提高图书馆的应变能力，应对各种不确定性，为其持续的发展提供坚实的基础。

总的来说，我国现代图书馆行政管理在多方面得到了不断完善，行政管理的创新和提升有助于图书馆更好地满足社会需求，提供更优质的服务。合理的组织结构和管理者队伍可以保障图书馆的正常运行和发展。人力资源和财务管理则直接影响着图书馆的服务质量和可持续发展。通过不断的努力，我国现代图书馆行政管理将不断适应时代变革，为用户提供更多元化、高质量的服务。

第四章

图书馆服务管理

第一节 图书馆服务的特征

图书馆作为信息资源的提供者和知识传播的中心，在服务中具有一系列独特的特征。首先，图书馆服务是以用户为中心的，旨在满足用户的信息需求和学术研究要求。其次，图书馆服务是多样化的，涵盖了图书借阅、数字资源访问、学术指导、文献检索等多个方面。同时，图书馆服务还具有开放性和公共性，为社会各界人士提供资源和服务。最后，图书馆服务是持续的，随着信息环境的变化，不断调整和创新服务内容和方式。

一、用户中心性

图书馆服务的核心是满足用户的信息需求和学术研究要求。服务以用户为中心，旨在提供与用户期望相符的资源和支持。无论是学生、教师、研究人员还是社会大众，图书馆都致力于提供个性化、有针对性的服务，以满足不同用户群体的需求。

1. 满足信息需求和学术研究要求

用户中心性是图书馆服务的核心理念，其首要目标在于满足用户的信息需求和学术研究要求。无论是学术界的研究人员、教育领域的教师、正在学习的学生，还是普通社会大众，图书馆都承诺提供恰当的资源和支持，以满足他们各自的需求。

对于学术研究人员，图书馆提供了丰富的学术文献资源，包括学术期刊、会议论文、学位论文等，以满足他们在科研过程中的信息需求。图书馆还可以通过定制化的文献检索服务，帮助研究人员获取特定领域的最新研究成果，从而支持他们的学术工作。对于教师而言，图书馆提供了教学资源，包括教科书、课件、多媒体资料等，以帮助他们更好地开展教学活动。图书馆还可以为教师提供学术指导，帮助他们了解最新的教育方法和教学技术，以提升教学质量。对于学生，图书馆是他们获取学习资料的重要场所。图书馆不仅提供了图书和期刊资源，还为学生提供学术写作指导、信息素养培训等，以帮助他们更好地进行学术研究和论文撰写。同时，图书馆也服务于广大社会大众，包括普通读者和自学者。他们可以通过图书馆获取各种类型的信息资源，从文学作品到科普读物，从历史资料到生活常识。

图书馆致力于满足不同用户群体的信息需求和学术研究要求，为他们提供合适的资源和支持。通过提供丰富多样的信息资源、学术指导和培训等方式，图书馆助力用户在各自领域获得所需知识和信息，进而推动学术研究、教育发展和文化传承。

2. 个性化定制服务

个性化定制服务是图书馆用户中心性的重要体现，通过深入了解用户的个体差异和需求，为不同用户群体提供独特的、量身定制的服务。这种服务方式能够更好地满足用户的具体需求，提升用户满意度和参与度。

首先，对于研究人员和学者，图书馆可以根据他们的研究方向和兴趣，提供高级文献检索指导。图书馆员可以协助研究人员定制复杂的检索策略，帮助他们发现最新、最相关的学术文献。此外，针对研究人员的需求，图书馆还可以提供专门的数据库访问权限，使其能够更便捷地获取专业领域的资源。对于学生群体，个性化定制服务可以包括学术写作支持。图书馆可以提供关于如何撰写学术论文、引用规范、文献管理等方面的指导，帮助学生提升写作能力。此外，图书馆还可以根据不同学科领域的课程需求，为学生提供特定的学习资源，帮助他们更好地完成学业。针对老年读者或其他特殊用户群体，图书馆也可以提供个性化的社交活动。这可以包括书友会、讲座、讨论会等，为老年读者提供与同好交流的平台。此外，为有特殊需求的用户提供无障碍访问的设施，也是个性化服务的体现。

个性化定制服务的实施需要图书馆建立健全的用户数据管理体系，保护用户隐私的前提下，收集并分析用户的需求和兴趣。这些数据可以帮助图书馆更准确地了解用户，从而设计更符合用户期望的服务项目和方案。通过提供个性化的资源、指导和活动，图书馆不仅满足用户需求，还增加了用户对图书馆的参与度和忠诚度。

3. 多层次支持和指导

用户中心性要求图书馆提供多层次的支持和指导。从信息素养培训到高级研究方法的咨询，图书馆服务应覆盖不同用户的不同需求层次。这有助于帮助用户有效地利用图书馆资源，提升他们的信息素养和学术能力。

在图书馆服务的多层次支持方面，首先是面向初学者的信息素养培训。图书馆可以开设培训课程，教授用户如何有效地进行信息检索、利用数据库、评估信息可靠性等基本技能。这有助于新手用户更好地使用图书馆资源，提高他们的信息获取和处理能力。对于中级用户，图书馆可以提供更深入的学术指导。这可能包括如何使用专业数据库进行文献检索、如何编写学术论文、如何进行参考文献管理等内容。图书馆员可以为用户提供一对一的咨询，根据用户的具体课题和研究方向，提供个性化的指导。对于高级研究人员和学者，图书馆可以提供更专业的支持。这可能包括高级文献检索技巧、研究数据管理、学术出版指导等。图书馆可以合作组织学术研讨会，邀请领域专家为用户讲解高级研究方法和技巧。除了针对不同用户层次的支持，图书馆还可以提供多层次的学术资源。从入门级图书到高级学术期刊，从通俗读物到专业论文，图书馆的资源应涵盖各种层次的信息，以满足不同用户的不同需求。

多层次支持和指导有助于提升用户的信息素养和学术能力，使他们能够更有效地获取、评估和利用信息。通过向不同层次的用户提供有针对性的培训、指导和资源，图书馆发挥了教育促进和学习支持的重要作用，推动用户在学术和职业领域的发展。

4. 持续改进和互动反馈

持续改进和互动反馈是图书馆用户中心性的关键组成部分，通过与用户保持紧密的互动和反馈机制，图书馆能够更好地理解用户需求，优化服务，提升用户满意度。

图书馆可以定期进行用户调查，以获取用户对服务质量、资源种类、设施设备等方面的看法和意见。这些调查可以帮助图书馆更深入地了解用户的期望和需求，从而针对性地进行改进和调整。此外，建议箱和意见反馈渠道也是用户表达意见的途径，图书馆应积极回应用户的反馈，展示对用户意见的重视。除了定期的反馈机制，图书馆还可以举办焦点小组讨论，邀请用户参与其中，深入探讨他们的需求和期望。通过直接的面对面交流，图书馆能够更深入地了解用户的痛点和期待，为服务改进提供更具体的方向。

持续改进和互动反馈的核心目标是增强用户的参与感和满意度。当用户感知到他们的意见被重视并被转化为实际改进时，他们更有可能与图书馆建立积极的互动关系。这不仅有助于提升用户满意度，还能够促进用户的忠诚度和口碑传播，吸引更多的用户使用图书馆的服务。持续改进和互动反馈是图书馆用户中心性的体现，通过不断倾听用户声音、优化服务内容，图书馆能够更好地满足用户的需求，增强用户体验，推动图书馆的可持续发展。多样性

图书馆服务的范围非常广泛，涵盖了图书借阅、期刊访问、多媒体资源利用、数字资源检索、学术指导、研究支持等多个方面。从传统的印刷物到数字化的在线数据库，从图书馆内的阅览到远程访问，图书馆服务的多样性旨在满足不同类型的用户和不同层次的信息需求。

二、开放性和公共性

图书馆服务是面向公众的，具有开放性和公共性。图书馆作为社会文化的资源中心，向各界人士开放，无论其社会地位、背景或目的。这种开放性使得图书馆成为知识共享的平台，为不同人群提供了平等获取信息的机会。

1. 社会共享平台

图书馆作为一个开放性的社会资源，向广大公众开放，为不同人群提供了平等获取信息、知识和文化的机会。无论一个人的社会地位、背景或目的如何，图书馆都是一个可以共同探索、学习和交流的空间。这种开放性使图书馆成为一个重要的社会共享平台，具有深远的影响和意义。在图书馆中，学术研究者可以通过各种学术资源，如学术期刊、研究报告、专业书籍等，获取最新的研究成果和前沿知识。他们可以深入探索自己的领域，从而为学术界的进步作出贡献。图书馆为研究者提供了一个安静的学习环境，以及便于文献检索和参考的设施，助力他们开展深入的学术探索。学生们也是图书馆的积极用户，他们可以在图书馆寻找课程所需的教材和参考书籍。图书馆提供了各类学习资源，如图书、电子书、学术数据库等，帮助学生更好地完成课程作业、研究项目等。此外，图书馆还经常举办学术培训和信息素养课程，帮助学生提升信息检索、阅读和写作等能力。对于教师而言，图书馆不仅提供了教学

所需的教材资源，还可以帮助教师查找和筛选优质的学习资料，提升他们的教学效果。图书馆还可以为教师提供专业发展的机会，如参加学术研讨会、教学研讨会等，帮助教师不断提升自身的教学水平。在图书馆中，职业人士可以通过各类专业书籍、行业报告、市场研究等，保持对自己领域的了解和更新。他们可以利用图书馆资源，提升自己的职业素养，从而更好地应对职场挑战。图书馆还可以为职业人士提供职业培训和技能提升的机会，助力他们在职业发展中取得更大的成功。

最重要的是，图书馆是社会大众获取信息、知识和文化的重要渠道。不论是想阅读小说、了解历史、掌握科学知识，还是获取健康生活建议，图书馆都提供了多样化的资源，满足不同人群的需求。在图书馆中，每个人都有平等的机会，不受背景和社会地位的限制，获得自由探索和学习的权利。

图书馆作为一个社会共享平台，通过开放性的特点，使得知识和文化能够自由流动，为不同人群提供平等获取信息、知识和文化的机会。图书馆的存在不仅满足个人的学习需求，也有助于促进社会的智力发展、文化传承和创新。无论是为个体的成长，还是为整个社会的进步，图书馆的开放性和公共性都具有重要的推动作用。

2. 促进知识共享

图书馆作为一个开放性的知识资源中心，在促进知识共享方面发挥着至关重要的作用。通过免费或低成本地提供丰富多样的纸质书籍和数字资源，图书馆成为了一个让知识得以传播、共享和创新的重要场所，为社会的学识水平和文化素养的提升做出了积极的贡献。

首先，图书馆的资源丰富多样，涵盖了各个领域的知识。无论是自然科学、人文社科还是艺术、文学等，图书馆都汇集了大量的书籍、期刊、报纸、杂志等资源，供社会各界人士免费或低成本地访问。这种开放性使得不同领域的知识可以被更多的人获取，促进了跨学科的知识交流和交叉融合。其次，图书馆还拥有丰富的数字资源，如电子书、在线数据库、数字期刊等。这些数字资源不仅具有更广泛的传播范围，还提供了更便捷的访问方式，使人们无须到图书馆实体空间即可获取知识。这种数字化的知识共享方式消除了时空限制，使更多的人能够受益于图书馆的资源。图书馆作为一个知识共享的场所，不仅提供了知识获取的渠道，还鼓励知识的创新和创造。通过举办讲座、研讨会、学术活动等，图书馆为学者、专家和公众提供了交流和展示研究成果的平台。这种知识的共享和碰撞有助于推动学术领域的进步，促进新的思想和观点的涌现。

图书馆的开放性还有助于提升整个社会的学识水平和文化素养。无论个人的背景和教育程度如何，每个人都有平等的机会获取知识。这有助于减少知识鸿沟，推动社会的全面发展。同时，知识的共享也能够激发人们的学习兴趣，培养自主学习的能力，促进终身学习的理念。然而，图书馆的知识共享不仅仅是资源的提供，还需要积极的推广和传播。图书馆可以通过社交媒体、网络平台、宣传活动等方式，将自己的资源和服务推广给更多的人。这有助于提高人们对图书馆的认知度，使更多人加入到知识共享的行列。

图书馆作为知识共享的场所，通过免费或低成本地提供丰富多样的资源，促进了知识的传播、共享和创新。它不仅为个人的学习需求提供了满足，也为社会的进步、文化的传承和创新注入了活力。图书馆的开放性和知识共享为社会的智力发展和文化繁荣作出了重要的贡献。

3. 知识平等和包容性

图书馆作为开放性和公共性的社会资源，创造了一个知识平等和包容性的空间，使得每个人都有机会获取相同的信息资源，参与学习、思考和创作。这种包容性和平等性的理念在图书馆的运作中得到了积极体现，为社会的不平等现象提供了一种积极的应对方式，推动了社会的社会凝聚力和整体发展。

首先，图书馆的资源和服务对所有人来说都是平等的。无论个体的背景如何，每个人都可以免费或低成本地访问图书馆的纸质书籍和数字资源，不受种族、性别、经济状况等因素的影响。这种平等性意味着，无论一个人的社会地位如何，他们都能够获取到同样的学习和知识机会，有机会扩展自己的视野，提升自己的能力。

其次，图书馆的包容性体现在其对多样性的接纳和尊重。无论是不同的文化背景、宗教信仰、性别身份，还是年龄、能力等方面的差异，图书馆都提供了资源和服务，以满足不同群体的需求。图书馆鼓励不同群体之间的交流和互动，促进理解和包容，为构建一个多元和谐的社会氛围作出贡献。

图书馆还通过举办各种文化活动、展览、讲座等，为不同人群提供了参与的机会。这些活动不仅丰富了社会文化生活，还有助于促进不同背景的人们之间的交流和互动，减少误解和偏见，增进社会的凝聚力。知识平等和包容性的理念在图书馆中得到了积极的实践，有助于减少社会不平等现象。通过为每个人提供平等获取知识的机会，图书馆在一定程度上弥补了社会资源分配不均的问题，为弱势群体提供了平等竞争的机会，推动了社会的整体发展。此外，图书馆的包容性还可以促进社会的社会凝聚力。通过提供一个平等、包容的学习和交流空间，图书馆为不同人群之间的理解和和谐创造了条件。人们可以在图书馆中相互交流、分享想法，促进社会的融合和共荣。

图书馆作为一个开放、公共的知识资源中心，在知识平等和包容性方面扮演着重要的角色。通过为所有人提供平等获取知识的机会，尊重和接纳不同背景的人群，图书馆为社会的不平等问题提供了一种积极的解决途径。同时，图书馆的包容性也有助于增强社会的社会凝聚力，构建一个更加和谐和多元的社会环境。通过这种方式，图书馆在推动社会的整体进步和发展方面发挥着不可或缺的作用。

4. 文化传承和社会参与

图书馆作为一个开放性和公共性的知识资源中心，不仅促进知识共享、知识平等和包容性，还为文化传承和社会参与提供了重要平台。通过举办各种文化活动、讲座、展览等，图书馆积极吸引更多的人参与，推动着文化的传承、创新和社会的活跃参与。

首先，图书馆举办的文化活动和展览为社会提供了了解和体验不同文化的机会。这些活动涵盖了艺术、历史、音乐、文学等各个领域，使人们可以亲身感受不同文化的魅力。通过展览和文化活动，人们可以了解到不同文化的价值观、习惯和传统，促进文化的传承和交流。其次，图书馆的讲座和演讲活动为社会提供了学习和交流的平台。专家学者、作家艺术家等通过在图书馆举办讲座，分享自己的经验、观点和知识，激发了人们的思考和创造力。这种形式的社会参与有助于推动思想的交流和创新，为社会的进步注入了新的动力。此外，图书馆还可以成为社区居民互动的场所，促进社会的社交和交流。许多图书馆设有阅读室、休息区等，为人们提供了一个安静、舒适的环境，使人们可以在这里阅读、学习、交流。社区居民可以在图书馆中相互交流、分享经验，建立起更紧密的社会联系。

图书馆还经常举办各种社区活动，如亲子阅读活动、书友会、讲故事会等，为社区居民提供了社交和娱乐的机会。这些活动不仅促进了家庭成员之间的互动，还增强了社区的凝聚力和归属感。图书馆不仅是一个知识的源泉，更是社区居民互动的场所，为社会的和谐发展图书馆的开放性和公共性为文化传承和社会参与提供了重要平台。通过举办文化活动、讲座、展览等，图书馆吸引了更多的人参与，推动了文化的传承、创新和社会的活跃参与。同时，图书馆也成为了社区居民互动的场所，促进了社会的互动和交流。通过这种方式，图书馆在促进文化传承和社会参与方面发挥了重要的作用，为社会的全面发展注入了活力。

三、持续性和适应性

图书馆服务的持续性和适应性是保证其在不断变化的信息环境中保持活力和效益的重要方面。随着社会、科技和学术领域的不断发展，图书馆需要不断地进行调整和创新，以满足用户不断变化的需求。以下是关于图书馆服务持续性和适应性的详细叙述：

1. 图书馆需要时刻关注社会和科技的变化趋势

随着信息技术的高速发展，数字化和互联网技术正对信息获取和传播方式产生着革命性的影响。在这个信息爆炸的时代，图书馆作为知识传播的中心，需要紧密关注社会和科技的变化趋势，不断地调整和创新其服务内容和方式，以满足不断变化的用户需求。这种变革要求图书馆在数字化和互联网时代中保持活力，并确保其在信息传播中继续扮演重要角色。

信息技术的飞速发展，特别是数字化和互联网技术的兴起，已经彻底改变了人们获取、传播和共享信息的方式。数字资源的无限扩展使得信息从实体的图书和期刊逐渐转向数字化的内容，用户可以随时随地通过互联网访问大量的学术研究、资讯和娱乐内容。这使得图书馆不仅需要提供传统的实体藏书，还需要引入和提供各种数字化资源，如电子书籍、学术数据库、在线期刊等，以满足用户对多样化、实时性信息的需求。在这一背景下，图书馆需要密切关注社会和科技的变化趋势，及时了解用户的信息需求和行为变化。这意味着图书馆要积极收集和分析用户的反馈和数据，了解用户偏好、兴趣和使用习惯，从而更好地满足其需求。例如，通过用户调查、网站分析、社交媒体互动等方式，图书馆可以深入了解用户在哪些领域需要更多的资源，哪些服务受到欢迎，以及他们的信息获取偏好是什么。

基于这些了解，图书馆可以调整和创新其服务内容和方式，以适应时代的变化。引入新的数字资源是其中的一个重要举措。数字图书馆和学术数据库的建设，使得用户可以在线阅读和下载全球范围内的学术著作、研究报告等。此外，开发在线学习平台也是一个重要的方向，图书馆可以提供在线课程、培训资源，帮助用户提升信息素养和学术能力。另外，推出移动应用可以更好地满足用户的移动需求，让用户可以在手机或平板电脑上随时获取所需信息。图书馆还可以通过数字资源的创新使用，开展虚拟展览、在线讲座和学术研讨会等活动，以吸引更多用户参与。这些活动不仅可以提供新颖的学术体验，还可以吸引年轻一代的用户，推动图书馆的活跃度和社会影响力。

总之，图书馆作为知识传播的中心，需要紧密关注社会和科技的变化趋势，及时了解用户的信息需求和行为变化，以调整和创新其服务内容和方式。引入新的数字资源、开发在线学习平台、推出移动应用等，都是图书馆适应时代变化的具体举措。通过这些努力，图书馆可以保持其在信息时代的核心地位，为社会的知识传播和文化发展作出积极贡献。

2. 图书馆需要持续地评估和优化现有的服务

图书馆作为信息传播和知识服务的核心机构，在信息时代的潮流下，面临着持续的挑战和机遇。为了确保其服务的高效性、质量和适应性，图书馆需要不断地评估和优化现有的服务。这一过程不仅需要图书馆密切关注社会和科技的变化趋势，还需要通过用户调查、反馈收集、数据分析等方式，全方位了解用户的需求和期望。这种持续的反馈机制有助于发现问题、解决矛盾，从而优化服务流程，提升服务的质量、效能和用户满意度。信息技术的高速发展带来了信息获取和传播方式的巨大变革，数字化和互联网技术催生了信息的爆炸式增长。这使得用户可以随时随地通过互联网获取海量的信息，从而对图书馆的服务提出了新的要求。图书馆作为知识传播的中心，需要密切关注这些变化趋势。它必须了解用户的信息需求和行为变化，以便及时调整和创新服务内容和方式。引入新的数字资源、开发在线学习平台、推出移动应用等，成为图书馆适应时代变革的切实举措。在这个过程中，用户调查和反馈收集是至关重要的环节。通过定期的用户调查，图书馆可以了解用户对现有服务的评价、意见和建议。这种调查可以涵盖从资源的充实性、服务的便捷性，到员工的专业素质等各个方面。同时，图书馆还可以设立专门的意见反馈通道，鼓励用户积极提供意见和建议，以便及时了解他们的需求和期望。

与此同时，数据分析和评估也是优化服务的关键步骤。通过分析用户访问记录、借阅数据、资源使用情况等，图书馆可以深入了解用户的行为模式和需求。这种数据驱动的方法可以帮助图书馆识别出用户的偏好和热点领域，为改进现有服务提供有力支持。此外，图书馆还可以对服务流程进行评估，发现潜在的问题和瓶颈，为改进提供指导。

制定改进措施是评估和优化的关键一环。基于用户调查和数据分析的结果，图书馆可以制定具体的改进措施，以满足用户需求。这可能涉及到资源的更新和扩充、服务流程的优化、员工培训的加强等。改进措施的制定需要根据具体情况进行量身定制，以确保能够有效地满足用户的需求。改进措施的实施和监督同样重要。一旦制定了改进计划，图书馆需要将其付诸实施，并持续监督效果。这可能需要逐步引入新的服务或资源，进行培训和指导，或者优化现有的服务流程。图书馆可以建立相应的绩效指标和评估体系，以监督改进措施的实施情况和效果。同时，图书馆需要保持开放的沟通渠道，让用户随时提供反馈，以便及时了解他们的意见和需求。然而，改进是一个持续不断的过程。图书馆需要定期回顾和评估改进措施的效果。这可以通过再次进行用户调查、分析数据，以及监听用户的反馈来实现。如果某项改进措施效果不佳，图书馆应该及时调整策略，以确保持续提升服务的质量和用户体验。

3. 图书馆还需要灵活地应对学术领域的变化

随着科技和社会的迅速发展，学术研究和知识创新的领域正在经历着深刻的变革。新的学科领域不断涌现，而传统学科也在不断演进，这使得学术界充满了无限的可能性和挑战。在这个动态的环境下，图书馆作为支持学术研究和知识传播的重要场所，必须保持灵活，并紧密关注学术领域的变化，以适应这个新的时代。

首先，图书馆需要时刻审视自身的学科覆盖范围。学术界的边界正在不断拓展，新的交叉学科领域不断涌现。在这种情况下，图书馆不能仅仅固守传统的学科分类，而是要敏锐地捕捉到新兴领域的涌现，并相应地调整自己的学科范围。这可能涉及到引入新的资源、采购新的期刊和数据库，以满足学者在新兴领域的信息需求。其次，资源采购是图书馆适应学术变化的关键一环。随着新的学科领域的兴起，相关的学术文献、数据集、研究工具等也在不断涌现。图书馆需要定期评估自身的资源，以确保能够满足研究人员和学生在不同领域的信息需求。这可能意味着需要订购新的期刊，获取新的数据库，甚至可能需要与其他图书馆进行合作，共享资源，以便提供更全面的支持。此外，图书馆还需要提供专业的学术支持。随着学术研究方法和技术的不断更新，研究人员和学生可能需要学习新的技能和知识。图书馆可以通过举办研讨会、研究培训、提供在线学术指导等方式，帮助用户掌握新的研究方法和工具。这有助于确保他们能够在新兴学科领域中保持竞争力。另外，图书馆还可以促进学科间的交流和合作。跨学科研究在当今学术界变得越来越重要，不同学科的交叉融合能够产生创新的思想和研究成果。图书馆可以成为促进这种跨学科交流的平台，举办跨学科的研讨会、讲座和展览，让学者们可以相互交流思想，分享研究成果，从而推动学术创新。在应对学术领域的变化时，图书馆还需要积极与学术界保持联系。与学者、研究机构、学术组织的合作，能够使图书馆更准确地了解学术界的最新动态和需求，从而更好地调整自己的服务和资源。这可能涉及与学者的定期会面、参与学术会议、合作研究项目等。

图书馆作为学术研究的支持者和知识传播的中心，必须保持灵活和敏感，随时准备适应学术领域的变化。通过时刻审视学科范围、灵活地调整资源采购、提供专业的学术支持、促进学科间的交流和合作，以及与学术界保持紧密联系，图书馆可以在这个充满变革和创新的时代，继续发挥其不可替代的作用，为学术研究的进步和知识创新的推动做出贡献。

4. 图书馆还需要关注用户群体的多样性和变化

在图书馆服务管理中，关注用户群体的多样性和变化是至关重要的方面。不同年龄、背景、兴趣和需求的用户在图书馆中寻求不同类型的资源和支持。为了真正实现用户中心性，图书馆需要根据不同用户群体的特点，提供个性化的服务，以满足他们独特的需求和期望。

首先，儿童和青少年是图书馆的重要用户群体之一。为了培养他们的阅读兴趣和信息素养，图书馆可以举办丰富多彩的阅读活动，如绘本故事会、阅读比赛、亲子阅读分享等。此外，也可以引入互动性强的数字资源和学习游戏，吸引他们在愉快的环境中学习和成长。老年人也是需要特别关注的用户群体。他们可能寻求社交互动、文化活动以及持续学习的机会。图书馆可以为他们设计社交活动、讲座、艺术展览等，促进社区内的交流和互动。此外，为老年人提供数字素养培训，帮助他们掌握信息技术，与时代保持连接。学生和研究人员是图书馆的核心用户群体。他们通常需要深入的学术资源和研究支持。图书馆可以提供专业的学术数据库、期刊订阅、研究方法培训等，以满足他们在学术领域的需求。此外，为了帮助学生和研究人员更好地进行文献检索和信息管理，图书馆还可以提供相关的指导和培训。职业人士也是图书馆的重要用户。他们可能需要行业研究、职业发展资源以及社交活动。图书馆可以合作推出职业培训课程、行业研讨会，为他们提供与职业相关的信息和机会。除了上述主要用户群体外，还有其他各种特殊群体，如残障人士、外来移民、少数民族等。图书馆要积极关注这些群体的需求，为他们提供无障碍的服务和包容性的环境。这可能涉及到提供无障碍设施、多语言资源、文化交流活动等。为了实现个性化的服务，图书馆需要建立多元化的资源和支持体系。这包括了丰富的书籍和期刊、数字资源、多样化的活动和培训，以及灵活的服务模式。图书馆还可以通过定期与用户进行沟通，收集反馈和建议，了解他们的需求变化，从而不断调整和优化服务内容。

图书馆作为一个面向社会大众的知识和文化中心，需要关注用户群体的多样性和变化，提供个性化的服务，满足不同用户的独特需求和期望。通过为不同用户群体设计特定的活动、资源和支持，图书馆可以实现更加包容性和多元化的服务，为社会的各个层面提供真正有意义的帮助和支持。这将使图书馆更好地履行其使命，成为社会中不可或缺的重要资源。

5. 教育和启发

作为知识的传播者和教育的促进者，图书馆在教育和启发方面扮演着重要角色。图书馆不仅仅是信息的提供者，更是一个能够培养用户信息素养、批判性思维和终身学习能力的重要场所。通过一系列的活动和服务，图书馆帮助用户在信息时代中更好地获取、评估和利用信息，实现个人和社会的教育与启发。

首先，图书馆通过学术指导和培训课程提升用户的信息素养。在信息爆炸的时代，用户需要具备良好的信息获取、筛选和评估能力。图书馆可以为用户提供关于信息搜索技巧、数据库使用方法、文献管理等方面的培训，帮助他们更有效地利用信息资源。这种培训有助于提高用户的信息素养，使他们能够更加独立地进行学术研究和自主学习。其次，图书馆通过举办读书推荐、讲座和展览等活动，促进用户的批判性思维能力和思想启发。图书馆可以推荐具有深度和广度的书籍，引导用户进行多样性的阅读。通过讲座和讨论，图书馆可以为用户提供思想碰撞的机会，激发他们的批判性思维，培养他们独立思考、分析问题的能力。此外，举办艺术展览、文化活动等也有助于拓展用户的视野，促进跨学科的交流和思想碰撞。图书馆还可以为用户提供创新和创造的空间。创新是现代社会的驱动力之一，图书馆可以为用户提供创新工作室、数字媒体实验室等设施，支持他们进行创新性的研究和项目开发。这种创新空间不仅仅是一个物理的场所，更是一个鼓励思想交流和创意碰撞的文化环境，有助于培养用户的创新能力和创业精神。

此外，图书馆还可以提供多样化的资源，帮助用户实现终身学习。在不同阶段，用户的学习需求会不断变化。图书馆可以为用户提供各类教材、学术期刊、在线课程等资源，帮助他们在不同领域进行深入学习。通过支持终身学习，图书馆帮助用户不仅在学术领域保持更新，还在职业发展和个人兴趣方面获得持续的成长。

图书馆在教育和启发方面扮演着至关重要的角色。通过学术指导、培训课程、读书推荐、讲座和展览等一系列活动，图书馆不仅提升了用户的信息素养和批判性思维能力，还培养了他们的创新能力和终身学习意识。图书馆所提供的教育和启发服务，不仅满足了个体用户的需求，也对整个社会的文化素养和创新能力产生积极影响，为社会的可持续发展做出了贡献。

第二节　图书馆用户服务管理

　　图书馆用户服务管理是确保用户获得优质服务的核心要素。通过了解用户需求、提供个性化服务和持续改进，图书馆可以更好地满足用户期望。为实现这一目标，图书馆需要建立有效的用户反馈机制，以及培训员工提供专业的学术支持。此外，数字化技术的应用也为图书馆提供了更多创新的用户服务方式，如虚拟参考咨询和在线学术指导。

一、了解用户需求

　　了解用户的需求是提供满足其期望的服务的首要步骤。图书馆需要与用户保持密切联系，通过开展调查、焦点小组讨论、定期交流等方式，深入了解他们的信息需求、学术研究要求以及对图书馆服务的期望。这些信息有助于图书馆更准确地调整服务内容和方向，以满足不同用户群体的需求。

1. 开展用户调查

　　在图书馆开展用户调查时，问卷调查是常用的方式之一。通过设计具有针对性的问题，图书馆可以了解用户对不同服务方面的看法，包括资源丰富性、服务效率、学术指导质量等。问卷可以根据不同用户群体的需求进行分层设计，以确保收集到更具体的反馈信息。同时，问卷调查还能够定量地衡量用户的满意度和不满意的方面，为图书馆提供数据支持。此外，图书馆还可以通过在线反馈表的形式收集用户的意见。在线反馈表更加灵活，用户可以自由表达对服务的看法和建议，从而提供更加详细的反馈信息。这种方式能够鼓励用户主动参与，分享自己的体验和观点，从而更准确地了解用户的需求和期望。除了定量数据，图书馆还可以通过焦点小组讨论等方式收集定性反馈。焦点小组可以让图书馆与用户面对面交流，深入了解用户的想法和体验。在这种讨论中，用户可以更自由地表达自己的需求和期望，从而提供更具体、更全面的反馈信息。这种直接交流也有助于建立图书馆与用户之间的信任和紧密联系。用户调查的价值在于，它不仅帮助图书馆把握用户的需求，还可以发现潜在的问题和瓶颈。通过分析用户反馈，图书馆可以识别出服务中可能存在的不足之处，以及用户对于特定服务的期望。这使得图书馆能够有针对性地调整服务内容、优化服务流程，从而提升用户的满意度和体验。

　　另一方面，用户调查也能够增强用户的参与感和归属感。当用户感到自己的意见被重视和采纳时，他们更有可能持续使用图书馆的服务，甚至主动推荐给其他人。这种积极参与能够建立用户与图书馆之间的紧密联系，增强用户对图书馆的认同感和忠诚度。

用户调查是图书馆用户服务管理的重要手段，它能够帮助图书馆深入了解用户需求，及时发现问题并做出调整，同时也能够促进用户的积极参与和满意度提升。通过定期开展用户调查，图书馆能够不断优化自身的服务，真正实现用户中心的服务理念，为用户提供更好的学术支持和信息服务。

2. 组织焦点小组讨论

组织焦点小组讨论是图书馆用户服务管理中的一项重要策略，它能够通过互动性的交流，更深入地了解用户的看法、需求和期望，从而帮助图书馆更准确地调整服务方向，优化服务内容，提升用户满意度。焦点小组讨论的核心在于聚集一小组代表性的用户，针对特定的主题或问题进行深入讨论。这些用户可以来自不同年龄、背景、专业领域等，以确保获得多样性的观点和意见。图书馆可以通过邀请邮件、社交媒体等方式招募参与者，确保小组的代表性和多样性。在焦点小组讨论中，图书馆可以选择具体的话题，如服务改进、新服务推出、资源采购等，让用户就这些话题展开讨论。通过开放性的问题，引导用户自由表达观点，讨论过程中可以引发更深入的交流，了解用户的需求、痛点以及对服务的期望。焦点小组讨论的优势之一在于，它能够提供更丰富的信息和细节。与传统问卷调查相比，焦点小组能够让用户更自由地表达，不受预设问题的限制，从而深入探讨问题的本质。通过参与者之间的互动，可以产生更多新颖的见解和建议，为图书馆提供更具体、更有深度的用户反馈。

在组织焦点小组讨论时，图书馆需要确保讨论过程的开放性和包容性。参与者应该感受到自己的意见被重视，互相尊重不同的观点。为了保持讨论的秩序和深度，可以设定一个有经验的主持人，引导讨论流程，确保话题不偏离主题，讨论不失控。通过组织焦点小组讨论，图书馆能够深入了解用户对于服务的看法、需求和期望，发现问题和痛点，并及时做出调整和改进。此外，焦点小组讨论还能够建立图书馆与用户之间的互信关系，增强用户的参与感和归属感。最终，图书馆能够根据用户的反馈，更精准地定制服务，为用户提供更优质的学术支持和信息服务。

3. 定期交流与沟通

定期交流和沟通是图书馆用户服务管理中的重要策略，它能够帮助图书馆深入了解用户的需求、反馈和期望，从而更好地满足他们的信息和学术支持需求。通过举办用户座谈会、讲座、研讨会等活动，以及利用现代社交媒体和电子邮件等渠道，图书馆可以与用户保持紧密的互动，建立起良好的沟通机制。

举办用户座谈会是一种直接与用户面对面交流的方式。在这种活动中，图书馆可以邀请一些用户代表参与，共同探讨关于图书馆服务的问题、建议和期望。座谈会可以针对特定主题，如数字资源的使用体验、图书馆空间的布局、学术支持需求等展开。通过亲身参与和开放的讨论，图书馆可以更深入地了解用户的真实需求，从而更精确地调整服务内容和方向。

此外，举办讲座和研讨会也是图书馆与用户交流的重要形式。这些活动可以涵盖不同的主题，如信息素养培训、学术写作技巧、文献检索方法等。通过邀请专家学者或图书馆员工担任讲师，图书馆可以为用户提供有益的学术指导和培训。这种方式不仅能够满足用户的学术需求，还能够促进知识的传播和共享，提升用户的信息素养和学术能力。

现代社交媒体和电子邮件等数字渠道也为图书馆与用户之间的交流提供了便捷的方式。通过在社交媒体平台上发布信息、参与讨论，图书馆可以与用户保持实时互动，了解他们的动态需求和反馈。此外，利用电子邮件向用户发送调查问卷、反馈表等，图书馆可以更广泛地收集用户的意见和建议，为服务改进提供依据。

通过定期交流和沟通，图书馆能够建立与用户之间的互信关系，让用户感受到自己的意见被重视。这种双向的沟通机制有助于及时捕捉用户需求的变化，发现问题和改进的机会，并将用户的反馈融入到服务的优化中。最终，图书馆能够根据用户的反馈，提供更贴近用户需求的优质服务，提升用户满意度和忠诚度。

在数字化时代，定期交流和沟通不仅是满足用户需求的手段，更是建立和维护图书馆与用户之间紧密联系的桥梁。通过充分利用各种交流渠道和形式，图书馆能够更好地适应用户的变化需求，为他们提供更加个性化、实用性的学术支持和信息服务，从而实现持续的用户满意度提升和服务优化。

4. 利用数据分析

利用数据分析是图书馆用户服务管理中的一项重要策略，它能够帮助图书馆更准确地了解用户的偏好、行为和需求，从而更好地满足他们的信息和学术支持需求。通过分析用户行为数据，图书馆可以获取有关用户借阅、检索、浏览等活动的信息，从中挖掘出有价值的见解，为服务的优化和个性化提供支持。

借阅记录是一项重要的用户行为数据，通过分析借阅记录，图书馆可以了解用户对不同类型资源的偏好。例如，哪些领域的书籍、期刊和文献被频繁借阅，哪些受欢迎的资源可以进一步扩充购买，从而更好地满足用户的学术和兴趣需求。此外，还可以发现一些用户可能潜在感兴趣的领域，为他们推荐相关资源，提升用户体验。搜索记录也是宝贵的用户行为数据来源。通过分析用户在图书馆系统中的搜索记录，图书馆可以了解用户关注的学术研究领域和具体主题。这有助于图书馆更好地收集、购买和推荐相关的学术资源，满足用户的深层次需求。同时，通过分析搜索关键词的热度和趋势，图书馆可以了解当前学术研究的热点和变化，从而及时调整资源采购和服务方向。除了借阅和搜索记录，用户在图书馆网站、移动应用等平台的浏览行为也能够提供有用的信息。通过分析用户的点击、浏览路径，图书馆可以了解用户在寻找信息时的偏好和习惯。这有助于优化图书馆网站的界面设计和信息组织，使用户更便捷地获取所需资源。数据分析不仅可以挖掘出用户的显性需求，还可以发现用户的隐性需求。通过分析多个维度的数据，如借阅、搜索、浏览等行为数据的交叉分析，图书馆可以更全面地了解用户的学术兴趣和信息需求。这为图书馆提供了更多个性化服务的可能性，如推送相关资源的建议、定制化的学术支持等。然而，数据分析并非一蹴而就，它需要图书馆建立合适的数据收集和存储机制，确保数据的准确性和隐私保护。同时，图书馆需要配备专业的数据分析人员，运用合适的分析工具和技术，将数据转化为有用的见解。只有在科学和合规的基础上，数据分析才能真正为图书馆的用户服务管理带来积极的效果。

利用数据分析是图书馆用户服务管理的一项重要策略。通过分析用户行为数据，图书馆可以更深入地了解用户的偏好、需求和行为，从而提供更准确、个性化的学术支持和信息服务。数据分析不仅有助于满足用户的实际需求，还能够发现潜在的问题和机会，从而持续优化服务，提升用户满意度和忠诚度。

二、提供个性化服务

1.图书馆可以提供高级的文献检索支持

图书馆在用户服务管理中，为研究人员提供高级的文献检索支持是至关重要的一项服务。研究人员通常需要获取最新的学术文献，以支持他们的研究工作和学术发展。图书馆通过了解研究课题的领域和方向，可以为他们筛选出相关领域的高质量文献资源，帮助他们更快速地获取所需信息，从而提升其研究效率和质量。

首先，图书馆可以为研究人员提供定制化的文献检索服务。了解研究人员的课题背景、研究方向和关键词等信息，图书馆员工可以利用专业的检索技巧，从海量的学术数据库和文献资源中筛选出与其研究相关的文献。这种定制化的服务能够帮助研究人员快速找到有关自己研究领域的最新研究成果和论文，为他们的学术工作提供有力的支持。其次，图书馆还可以为研究人员提供学术数据库的培训和使用指导。随着数字化时代的发展，学术数据库和电子资源成为了研究不可或缺的信息来源。然而，这些数据库的使用可能涉及复杂的检索策略和检索工具，研究人员可能需要一定的技能和知识来充分利用这些资源。图书馆可以定期举办培训课程，教授研究人员如何使用学术数据库进行高效的文献检索，如何利用高级检索策略获取更准确的信息，以及如何管理和保存检索结果。通过这些培训和指导，图书馆帮助研究人员更有效地利用图书馆的电子资源，提升其学术研究的质量和影响力。另外，图书馆还可以提供关于学术出版物的咨询和支持。研究人员通常需要在研究完成后将成果发表在学术期刊上，但学术出版的过程可能涉及到版权、引用规范等复杂问题。图书馆可以为研究人员提供关于学术出版的指导，解答他们在投稿、版权保护、引用规范等方面的疑问，帮助他们更顺利地完成研究成果的出版过程。

图书馆通过为研究人员提供高级的文献检索支持，帮助他们更快速地获取所需信息，从而提升其研究效率和质量。此外，为研究人员提供学术数据库的培训和使用指导，也能够帮助他们更有效地利用图书馆的电子资源，支持他们的学术研究工作。通过这些服务，图书馆不仅满足了研究人员的信息需求，还为他们的学术发展提供了有力的支持。

2. 图书馆可以提供学术写作指导和信息素养培训

图书馆在用户服务管理中，为学生提供学术写作指导和信息素养培训是极为重要的服务内容。学生作为图书馆的主要用户群体，他们需要掌握有效的学术研究方法和信息获取技巧，以便在学术环境中取得优异的成绩和研究成果。图书馆通过提供针对性的培训课程，能够帮助学生掌握必要的学术技能，提升他们的学术能力和独立研究的能力，为他们未来的学术生涯奠定坚实的基础。

首先，图书馆可以为学生提供学术写作指导。学术写作是学生在大学期间不可或缺的一项技能，但很多学生可能在写作过程中遇到困难，如如何组织论文结构、如何运用合适的语言表达等。图书馆可以组织学术写作工作坊、讲座或一对一指导，教授学生学术写作的基本规范和技巧。通过对写作风格、逻辑结构、段落组织等方面的指导，图书馆帮助学生提升论文的质量和表达能力，从而在学术界获得更好的成绩和认可。

其次，图书馆可以为学生提供信息素养培训。信息素养是指学生能够有效地获取、评估和利用信息的能力。在信息时代，信息爆炸性增长使得学生需要具备辨别真伪信息、运用合适的搜索策略、理解信息的权威性等技能。图书馆可以为学生开设信息素养课程，教授他们如何进行信息检索、如何评估信息的可靠性和可信度，以及如何合理利用引用和参考文献。通过这些培训，学生能够更好地应对学术研究中的信息获取和处理问题，提升他们的学术研究能力和信息素养。

此外，图书馆还可以针对不同年级和学科的学生设计不同的培训课程。对于新入学的本科生，可以提供基础的信息素养培训，帮助他们熟悉图书馆的资源和服务，掌握基本的检索技巧。对于研究生和高年级本科生，可以提供更深入的学术写作指导和高级信息检索技巧培训，以满足他们更高水平的学术需求。

图书馆通过为学生提供学术写作指导和信息素养培训，帮助他们掌握必要的学术技能，提升学术能力和独立研究的能力。这些培训不仅有助于学生在学术环境中取得好成绩，还为他们今后的学术和职业发展打下坚实的基础。通过这些服务，图书馆真正实现了以用户为中心的服务理念，为学生提供了有价值的学术支持和培训。

3. 重视儿童用户需求

图书馆在用户服务管理中，重视儿童用户的需求是十分重要的一环。儿童是社会的未来，他们的阅读和学习兴趣的培养对于他们的成长和发展至关重要。因此，图书馆可以通过设计趣味性的阅读活动和教育课程，为儿童创造一个寓教于乐的学习环境，激发他们的好奇心、创造力和阅读兴趣。

首先，图书馆可以举办绘本阅读活动。绘本是适合儿童阅读的重要资源，它们用生动有趣的图画和简单的文字，能够吸引儿童的注意力，培养他们的阅读兴趣。图书馆可以定期举办绘本阅读活动，邀请专业讲解员为儿童朗读绘本故事，同时引导他们参与互动，如回答问题、讨论故事情节等。这样的活动不仅能够让儿童享受阅读的乐趣，还能培养他们的听、说、读、写等多方面的语言能力。

其次，图书馆可以组织手工制作和艺术活动。儿童天性好奇，喜欢动手尝试，通过参与手工制作等活动，他们不仅能够发挥想象力和创造力，还能培养耐心和动手能力。图书馆可以提供各种材料和指导，让儿童制作手工艺品、绘画等，从而为他们创造一个具有创造性和互动性的学习环境。

此外，图书馆还可以举办科学实验和探索活动。儿童对于身边的事物和现象充满好奇，通过科学实验，他们可以亲身体验科学的乐趣，培养科学思维和观察力。图书馆可以邀请专业的科学教育人员，为儿童呈现有趣的实验和探索活动，让他们在玩耍中学习，培养探索精神和解决问题的能力。

通过以上的趣味性活动和教育课程，图书馆为儿童创造了一个丰富多彩的学习空间，不仅满足了他们的学习需求，还能培养他们的兴趣爱好和综合素质。这些活动不仅仅是为了传递知识，更是在游戏和趣味中培养儿童的多方面能力，为他们未来的学习和生活打下坚实基础。通过这些服务，图书馆充分展现了以用户为中心的理念，为儿童提供了有益且愉快的学习体验。

4. 图书馆提供一对一的虚拟参考咨询和在线学术指导

图书馆在用户服务管理中，为了满足用户的不同需求和提供更便捷的学术支持，采取了一系列创新举措，其中包括一对一的虚拟参考咨询和在线学术指导。这种虚拟化的服务方式，不仅扩展了图书馆的服务范围，还为用户提供了更加便捷和灵活的学术支持。

一对一的虚拟参考咨询是图书馆针对用户的信息需求和疑问提供的专业咨询服务。通过在线平台，用户可以随时随地与图书馆员工进行交流和咨询。无论是寻找特定领域的文献、解决资源检索问题，还是需要帮助进行文献引用和参考文献管理，用户都可以通过虚拟参考咨询获得及时的解答和支持。这种服务方式不受时间和地点的限制，使用户在进行学术研究和项目准备时能够更快速地获取所需信息，提高了他们的工作效率和学术成果质量。另一方面，图书馆还提供在线学术指导，为用户提供学术写作、信息素养等方面的培训和支持。学术写作是学生和研究人员在进行论文、研究报告等写作过程中面临的重要挑战。通过在线平台，图书馆可以为用户提供学术写作指导，包括如何构建论文结构、撰写有效的引言和结论、如何进行文献综述等。此外，图书馆还可以为用户提供信息素养培训，教授他们如何有效地检索和评估信息，提高信息获取和利用的能力。

这种在线学术指导不仅为用户提供了必要的学术技能，还通过培训和指导，帮助他们更好地理解学术规范和要求，提高学术写作的水平和质量。这种服务方式能够帮助用户在学术领域中更加自信和独立，为他们的学术研究和职业发展提供有力支持。

图书馆通过一对一的虚拟参考咨询和在线学术指导，为用户提供了便捷和高效的学术支持方式。这种创新的服务方式不仅满足了用户在信息获取和学术研究过程中的实际需求，还进一步展现了图书馆以用户为中心的服务理念。通过技术的应用，图书馆为用户提供了更加个性化、灵活和贴近实际的服务，增强了用户的满意度和使用体验。

三、持续改进

1.建立有效的用户反馈机制

建立有效的用户反馈机制是图书馆用户服务管理中至关重要的一环。通过这些机制，图书馆能够深入了解用户的需求、期望以及对服务的评价，从而不断优化和改进服务，确保用户获得最佳的体验和满意度。

用户满意度调查是定期进行的关键环节，通过设计结构完整的调查问卷，涵盖不同方面的服务内容，图书馆可以了解用户在资源充足性、服务效率、员工服务态度等方面的感受。这些调查结果有助于图书馆识别存在的问题和瓶颈，并根据用户的反馈做出相应调整和改进。建立建议箱为用户提供一个便捷的反馈渠道，让他们能够匿名或实名提出意见、建议和改进建议。这种机制能够鼓励用户积极参与，畅所欲言地表达自己的想法。图书馆需要确保建议箱的信息得到及时审查和回复，让用户感受到他们的声音得到重视，从而增强用户参与感。另一种互动式的交流方式是组织焦点小组讨论，邀请一些代表性用户参与，就特定主题或问题进行深入讨论。这种方式能够帮助图书馆发现一些隐性的需求，探索用户潜在的期待，并将这些信息纳入服务的改进计划中。在图书馆的网站或移动应用上设置在线反馈表，为用户提供一个便捷的渠道，随时提交意见、问题和建议。通过这种方式，用户不需要额外的步骤，即可与图书馆进行实时的沟通。图书馆需要确保反馈表的界面友好，让用户在提交反馈时感到舒适和方便。

通过以上反馈机制，图书馆能够收集来自不同渠道的用户反馈信息，从而更全面地了解用户的多样化需求和期望。这些反馈信息需要经过仔细的整理和分析，从中识别出共性问题和优化点。图书馆应该将这些反馈信息作为改进的依据，制定具体的行动计划，逐步优化服务内容、流程和体验。持续的用户反馈机制有助于图书馆建立与用户的紧密联系，实现用户中心的服务理念。通过不断地倾听用户声音、调整服务方向，图书馆能够适应不断变化的用户需求，保持服务的高效性、质量和创新性。这种持续的改进和优化将为图书馆树立良好的声誉，吸引更多用户的参与和信赖。

2.分析用户反馈

收集到的用户反馈信息对于图书馆的持续改进和优化至关重要。然而，这些反馈信息的有效利用需要经过系统的分析和处理，以便从中获取有价值的洞察和结论。用户反馈分析是图书馆用户服务管理中不可或缺的一环，它可以帮助图书馆更好地了解用户需求、发现问题，从而提供更贴近用户期望的服务。

首先，在分析用户反馈时，图书馆需要对收集到的反馈信息进行整理和分类。这包括将反馈内容按照不同的主题、领域或问题进行分类，以便对不同方面的反馈进行综合分析。例如，可以将反馈分为资源充足性、服务质量、员工态度等不同类别，从而更好地了解用户的关注点和需求。接着，图书馆可以对每个分类下的反馈信息进行深入的定性和定量分析。定性分析可以帮助图书馆了解用户的具体问题和体验，从中发现一些隐性的需求和问题。定量分析则可以通过对数量化的数据进行统计和分析，揭示出不同类别下的问题的频率和分布情况。这两种分析方法相结合，可以为图书馆提供更全面的反馈信息解读。此外，图书馆还可以通过比较不同时间段、不同用户群体、不同服务类型等维度下的反馈信息，找出一些趋势和模式。例如，分析特定时间段内用户反馈的变化趋势，可以帮助图书馆发现是否有季节性或周期性的问题出现。比较不同用户群体的反馈，可以了解不同用户群体的需求差异，从而针对性地进行改进。

在分析用户反馈时，图书馆还应该注重定性分析和定量分析的结合，以获得更丰富的信息。例如，对于一些频繁出现的问题，可以通过定量分析获得数据支持，然后通过定性分析深入了解问题的背后原因和影响。通过综合这些分析结果，图书馆可以制定相应的改进计划和行动方案。

最终，图书馆应该将用户反馈分析的结果转化为实际的改进措施。这可能涉及到调整服务流程、加强员工培训、优化资源分配等方面的改进。同时，图书馆还可以将反馈分析结果与其他数据（如用户使用数据、借阅数据等）进行关联，从而更好地理解问题的根本原因，并采取有针对性的措施。

用户反馈分析是图书馆持续改进的关键环节。通过系统的分析过程，图书馆可以深入了解用户需求和期望，发现问题和瓶颈，并制定相应的改进计划。这种循环的反馈和改进机制将帮助图书馆不断提升服务质量，适应用户的变化需求，保持服务的时效性和有效性。

3. 调整和优化服务流程

基于用户反馈和分析结果，图书馆应当积极采取行动，调整和优化其服务流程，以确保用户获得更加高效、便捷和满意的服务体验。服务流程的调整和优化可以涉及多个方面，从资源管理到用户互动，都有可能对用户体验产生积极的影响。

首先，图书馆可以考虑优化资源管理流程，确保用户能够方便地获取所需的资源。这可能包括更好地管理馆藏，及时更新资源信息，提供清晰的分类和标识，以便用户能够迅速找到所需的图书、期刊、电子资源等。此外，优化借阅和还书流程，引入自助借还设备，可以减少用户等待时间，提升效率。

其次，服务流程的调整也需要关注用户互动环节。图书馆可以加强培训员工，提升他们的专业知识和沟通能力，以更好地回答用户咨询，提供准确的指导。针对不同用户群体，培训员工提供差异化的服务，如针对研究人员的高级检索培训，针对儿童的亲子阅读指导等。

此外，数字化技术的应用也可以为图书馆的服务流程带来创新。引入自助服务终端、移动应用等，可以让用户更方便地查询馆藏、预约资源、延长借阅期限等。虚拟参考咨询和在线学术指导平台，可以为用户提供24/7的咨询服务，满足他们在不同时间和地点的需求。

另一方面，图书馆还可以考虑引入用户友好的空间设计和布局，以提升用户体验。舒适的座位、良好的照明、便捷的电源插座等，都可以使用户在图书馆内获得更好的学习和阅读环境。同时，针对儿童用户，设计具有趣味性和互动性的阅读角落，可以激发他们的学习兴趣。与此同时，图书馆还应当优化用户服务流程中的沟通与反馈机制。用户可以通过在线渠道提交建议和问题，图书馆要确保及时响应并采纳合理的建议。建立一个反馈闭环，将用户的反馈转化为实际的改进举措，不仅能够增强用户的参与感，还能够持续地改进服务质量。

总体而言，调整和优化服务流程是图书馆持续改进的重要手段之一。通过根据用户反馈和分析结果进行有针对性的改进，图书馆可以提供更加满意、便捷和高效的服务，增强用户体验，提升用户忠诚度。这种不断优化的服务流程将使图书馆保持与用户需求的紧密契合，从而保持服务的时效性和有效性。

4. 创新服务方式

随着社会的不断变化和科技的迅速发展，图书馆作为知识传播和信息服务的重要场所，必须不断创新服务方式，以满足不断变化的用户需求和技术环境。持续的改进意味着图书馆需要积极寻求新的方法和途径，以适应日益多样化的用户群体和他们不断变化的期望。

一种创新的方式是引入新的数字化工具和技术，以提升用户体验和访问便利性。举例来说，图书馆可以开发个性化推荐系统，基于用户的阅读历史和兴趣，为他们精准推荐图书、期刊和资源。此外，引入虚拟现实和增强现实技术，可以为用户创造更加沉浸式的学习和阅读体验，将知识呈现得更加生动有趣。在线交互平台也是创新的重要方向。图书馆可以建设在线社区，让用户可以在其中讨论、分享和合作。这种平台可以促进知识交流，帮助用户解决问题，并且可以跨越地域限制，将不同地区的用户连接起来。此外，举办网络讲座、在线研讨会等活动，可以让用户在不同地点参与学习和讨论，提升图书馆的影响力。创意活动也是丰富服务方式的一种手段。图书馆可以定期举办创意工作坊、艺术展览、主题阅读活动等，吸引更多用户的参与。这不仅可以为用户提供知识的获取，还可以培养他们的创造力和审美能力。

图书馆作为一个重要的文化和知识中心，需要保持与时俱进，不断创新服务方式，以适应快速变化的社会和技术环境。通过引入数字化工具、在线交互平台和创意活动，图书馆可以为用户提供更多元化、便利的服务体验，促进知识的传播和共享，满足用户多样化的需求。这种持续的创新精神将使图书馆在未来继续发挥重要作用。

5. 定期评估和监测

为确保图书馆的持续改进能够实现预期效果，定期评估和监测是至关重要的环节。这一循环过程可以帮助图书馆在变化不断的环境中保持敏锐的洞察力，以及对用户需求的深刻理解。

首先，图书馆需要设定明确的评估指标和目标，以便在改进措施实施后进行客观的衡量。这些指标可以涵盖用户访问量、借阅率、参与活动的人数等各方面。通过收集这些数据，图书馆可以量化改进举措的影响，从而判断其是否取得了预期的成果。其次，用户反馈和满意度调查是评估过程中的关键要素。图书馆可以定期开展调查，了解用户对服务改进的看法和建议。这些调查可以通过在线问卷、焦点小组讨论等方式进行，以确保获取全面而深入的信息。用户的反馈可以揭示出改进的潜在问题，以及他们对服务变化的反应。收集到的数据和用户反馈应该经过仔细分析和解读。图书馆可以将数据与先前设定的指标进行对比，从而确定哪些方面取得了进展，哪些方面需要进一步优化。同时，对用户反馈进行归类和整理，以识别出重复出现的问题或建议，这有助于集中精力解决最具影响力的问题。

最后，基于评估结果和用户反馈，图书馆需要采取具体的行动。这可能涉及调整已经实施的改进措施，加大某些方面的投入，或者探索新的创新方案。关键是要保持灵活性，能够根据评估结果做出适时的调整，确保图书馆持续朝着更优质的方向发展。

定期评估和监测是图书馆持续改进的基石。通过明确的指标、用户反馈和数据分析，图书馆可以不断优化服务，满足用户的需求，保持其在知识传播和信息服务领域的领先地位。

四、数字化技术的应用

数字化技术的发展为图书馆提供了更多创新的用户服务方式。虚拟参考咨询是其中之一，通过在线聊天、电子邮件等方式，用户可以随时向图书馆咨询问题，获得及时的解答和指导。此外，图书馆还可以开设在线学术指导课程，通过网络培训帮助用户掌握信息检索技巧、学术写作方法等，提升他们的学术能力。数字化技术的应用能够扩展图书馆的服务范围，使用户能够更便捷地获取支持和资源。

1. 虚拟参考咨询

虚拟参考咨询是数字化技术在图书馆领域的一项重要创新，为用户提供了便捷、及时的信息支持和问题解答渠道。通过在线聊天、电子邮件等方式，用户可以在不必亲临图书馆的情况下，随时随地向图书馆提出各种问题，从查找资源到解决疑问，实现了实时互动和远程服务。

这种虚拟参考咨询的实时交流模式，为用户提供了一种高度灵活的途径，使得他们无须受制于地理位置和开馆时间。用户可以根据自己的时间安排，通过在线平台与图书馆的专业人员进行交流。无论是在家中、办公室，甚至在旅途中，用户都能轻松获取所需的信息和帮助。

此外，虚拟参考咨询也促进了图书馆与用户之间的紧密联系。通过在线交流，图书馆员工能够更好地了解用户的需求，以便提供更为精准的帮助。这种双向的互动也有助于建立更加积极的用户体验，增强用户对图书馆的满意度。虚拟参考咨询通过在线聊天、电子邮件等方式为用户提供及时、灵活的信息咨询和问题解答服务。这种实时交流模式不仅提高了用户获取信息和解决问题的效率，也增进了图书馆与用户之间的互动和合作，在数字化时代，虚拟参考咨询成为了图书馆为用户提供优质服务的重要手段之一。

2. 在线学术指导课程

在数字化时代，图书馆通过利用数字化技术，开设在线学术指导课程，为用户提供了更为便捷和高效的学术支持和培训机会。这些课程覆盖了广泛的学术技能，包括信息检索技巧、学术写作方法、文献管理工具的使用等方面。

通过在线学术指导课程，图书馆可以更好地满足用户在学术研究和学习过程中的需求。首先，信息检索技巧是学术成功的关键。图书馆可以教授用户如何使用图书馆数据库、在线期刊以及学术搜索引擎来获取所需信息。这包括搜索关键词的选择、筛选结果、评估资源质量等内容，使用户能够更有效地进行文献检索。

另外，文献管理工具的使用在现代学术研究中也变得越来越重要。图书馆可以向用户介绍各种文献管理工具，如引用管理软件，以帮助他们有效地整理和管理文献资料。在线学术指导课程的优势还在于其灵活性和可个性化定制的特点。用户可以根据自己的需求和进度选择参加适合自己的课程。无论是在校学生、研究人员，还是其他学术从业者，都可以通过这些课程提升自己在学术领域的技能和素养。

数字化技术为图书馆提供了举办在线学术指导课程的宝贵机会。通过这些课程，图书馆能够更针对性地为用户提供信息检索、学术写作和文献管理等方面的支持，帮助他们在学术研究中取得更好的成果。在线学术指导课程的推出不仅丰富了图书馆的服务内容，也有助于提升用户在学术领域的能力。

3. 数字化资源库

数字化资源库是现代图书馆的一项重要举措，旨在将传统纸质资源转化为数字形式，为用户提供更广泛、更灵活的信息获取渠道。这种数字化转型允许图书馆构建一个广泛而多样的数字内容集合，其中包括但不限于电子书、学术期刊、数据库、在线教程等。这些数字资源的存储和访问途径完全摆脱了传统图书馆空间的限制，用户可以通过图书馆的网站远程访问这些资源，无论是在白天还是夜晚，无论身处何地，都能够获得所需信息。

数字化资源库的核心优势之一是其对学术研究的促进。研究人员和学者可以方便地访问各种学术期刊、论文和研究报告，无须亲临图书馆。这加速了研究的进程，使学者能够更迅速地获取必要的文献资料，进而推动学术界的知识创新。此外，学术数据库的数字化也使得数据分析和跨领域研究更加容易，有助于发现新的知识联系。

对于自主学习者而言，数字化资源库提供了极大的便利。在线教程、视频课程和电子书籍等资源可以根据个人兴趣和需求进行筛选和访问。学习者不再受制于传统图书馆的开放时间和地理位置，而是能够在自己的节奏下进行学习。这种自由度使得远程教育和自主学习成为可能，促进了终身学习的理念。然而，数字化资源库也面临一些挑战。首先是数字化的技术和设施需求。图书馆需要投入大量资源来扫描、存储和维护数字资源，以及确保其安全性和可访问性。其次，数字化资源库也需要强大的信息管理系统来确保资源的分类、检索和更新。此外，数字资源的版权问题也需要谨慎处理，以遵守相关法律法规。

数字化资源库是现代图书馆的一个重要趋势，为用户提供了更灵活、更便利的信息获取途径。通过数字化转型，图书馆不仅能够满足学术研究和自主学习者的需求，还能够更好地适应数字化时代的信息传播方式，促进知识的传播和共享。然而，实现这一目标需要克服一系列技术、管理和法律挑战，需要持续的投入和创新。

4. 虚拟展览和活动

借助数字化技术，图书馆在丰富用户体验和知识传播方面拥有了全新的可能性。虚拟展览、在线讲座以及互动研讨会等活动为用户提供了一种灵活、便捷的方式来参与文化和学术交流，以及与专家、学者互动的机会。

虚拟展览是一个引人入胜的创意，通过数字化平台，图书馆可以呈现多种主题的展览，从艺术作品到历史文化，甚至是科学技术。用户可以在网上浏览展览的图片、视频和解说，深入了解展览内容，无须受制于时间和地点的限制。这种虚拟体验为广大用户提供了深入文化探索的机会，同时也为那些由于地理位置等原因无法亲临展览现场的人们创造了便利。

在线讲座和研讨会则是实现知识共享和学术交流的重要方式。图书馆可以通过网络直播平台邀请专家、学者、作家等领域内的权威人士，进行在线讲座和演讲。用户可以在家中或办公室里通过电脑或移动设备参与，与讲者互动、提问，获取新的见解和知识。这不仅拓展了用户的知识领域，还加强了知识传播的跨地域性和互动性。除了传统的讲座形式，图书馆还可以组织在线研讨会，为用户提供更深入的学术交流机会。研讨会通常涉及特定领域的专题讨论，参与者可以就研究问题、学术观点以及相关话题进行深入探讨。通过互动平台，用户可以分享自己的见解，与其他研讨会成员进行互动讨论，从而促进知识的共享和学术思考的碰撞。

虚拟展览、在线讲座和研讨会等数字化活动为图书馆带来了全新的文化和学术交流方式。这些活动不仅丰富了用户的知识体验，还突破了时间和地域的限制，使知识的传播和交流更加多样化、灵活化。然而，在实施这些活动时，图书馆需要考虑技术平台的可靠性、用户体验的优化，以及与专家、学者的合作与沟通，确保活动的质量和效果。

5. 社交媒体和博客

通过社交媒体平台和博客，图书馆能够实现与用户更加紧密的互动，建立起开放、透明且有趣的沟通渠道。这些数字化工具为图书馆提供了机会，能够迅速传播信息，推广资源，建立社区，以及鼓励用户参与。

社交媒体平台是连接图书馆与用户之间的重要桥梁。通过平台如 Facebook、Twitter、Instagram 和 LinkedIn，图书馆可以分享各类信息，包括新上架的书籍、数据库更新、展览通知、活动安排等。通过发布有趣的内容，如书评、阅读建议、知识小贴士等，图书馆不仅能够提供有价值的信息，还能够引发用户的兴趣，促使他们积极参与。博客是另一个极具潜力的工具，图书馆可以借助博客平台分享更为深入和详细的内容。通过撰写文章，图书馆可以介绍特定主题的资源、深度解读特定事件或问题，以及提供阅读推荐等。博客不仅展示了图书馆的专业知识和深度思考，还能够与用户展开更深入的交流，促进知识共享和思想碰撞。这些数字化工具不仅用于信息传递，也是与用户互动的重要手段。图书馆可以利用社交媒体平台的评论、点赞和分享功能，与用户进行直接的互动。用户可以提出问题、表达意见，甚至分享他们的阅读体验。这种互动性有助于建立更紧密的社区感，增进用户对图书馆的归属感和忠诚度。

此外，社交媒体和博客还能够为图书馆的活动宣传提供强大的支持。通过发布活动信息、更新和照片，图书馆可以吸引更多的参与者，扩大活动的影响力。在线活动也可以通过社交媒体平台进行直播，吸引更多的观众，扩展活动的覆盖范围。

社交媒体平台和博客是图书馆与用户互动的重要渠道，通过这些数字化工具，图书馆能够与用户更加紧密地联系，分享有价值的信息、推广资源、促进社区合作，以及增进用户对图书馆的参与感和忠诚度。然而，在利用这些工具时，图书馆需要注意内容的质量、互动的频率，以及与用户的积极沟通，以确保有效的沟通和互动效果。

图书馆服务管理的主要内容

图书馆服务管理涵盖了一系列内容，旨在优化图书馆的服务效能。其中，服务质量的管理是关键。通过设定服务标准、监测服务质量、解决用户反馈，图书馆可以提供一致且高水平的服务。另外，服务创新也是不可忽视的。图书馆需要关注用户需求的变化，推出新的服务模式和工具，以适应时代发展。同时，资源的合理配置也是重要方面，确保资源的充分利用和最大价值的发挥。

1. 服务质量管理

服务质量管理在图书馆运营中具有重要地位，它不仅影响用户的满意度，还关系到图书馆的声誉和效益。为了确保提供一致且高水平的服务，图书馆采取了一系列措施和方法，如制定服务标准、监测评估、用户反馈和持续改进等。

首先，图书馆需要明确的服务标准和准则。这些标准可以涵盖服务态度、响应时间、资源提供等各个方面。通过制定明确的标准，图书馆员工能够理解期望的服务水平，从而在服务过程中保持一致性。服务标准的设定不仅指导员工的行为，也为用户提供了明确的期望值。其次，图书馆进行监测和评估，以确保服务质量的持续改进。这可以通过定期的服务质量评估和内部审核来实现。图书馆可以建立监测指标，如借阅率、使用频率、用户满意度等，以评估服务的表现。这些指标可以帮助图书馆追踪服务的变化趋势，并及时发现问题。用户反馈是服务质量管理的重要来源。图书馆可以鼓励用户提供反馈意见，包括积极的赞扬和建设性的批评。用户的反馈可以帮助图书馆了解用户的需求、期望和体验，从而针对性地进行改进。此外，图书馆还可以设置意见箱、在线调查等方式，主动收集用户的意见和建议。用户满意度调查是评估服务质量的重要手段之一。通过定期开展用户满意度调查，图书馆可以了解用户对各项服务的满意程度，从而找到改进的方向。这种调查可以包括多个方面，如资源的可用性、员工的服务态度、设施的舒适度等。

最后，图书馆需要持续改进，以适应用户需求和时代变化。根据用户反馈和调查结果，图书馆可以制定改进计划，优化服务流程、提升服务质量。持续改进的理念可以帮助图书馆不断提升用户体验，确保服务始终符合用户期望。

综合而言，图书馆的服务质量管理涵盖了服务标准制定、监测评估、用户反馈和持续改进等多个方面。通过这些措施，图书馆能够提供一致的高水平服务，满足用户需求，提升用户满意度，增强图书馆的影响力和可持续发展。

2. 服务创新与持续改进

服务创新与持续改进对于图书馆来说至关重要。随着社会和技术的不断演变，图书馆需要保持灵活性，以适应用户需求的变化。

首先，图书馆可以通过引入新的数字化服务来创新。电子书借阅、在线学习平台、虚拟导览等数字化服务能够满足用户对便捷访问和多样化资源的需求。这不仅扩展了用户的获取途径，也使图书馆更具现代化和前瞻性。其次，探索新的合作伙伴关系是服务创新的关键之一。与学校、社区组织、文化机构等合作，可以为图书馆带来更多资源和丰富的活动。合作伙伴关系可以帮助图书馆打破传统界限，创造更具吸引力和综合性的服务体验。重新设计图书馆空间也是创新的一部分。通过创意的布局、家具选择和设施安排，图书馆可以创造出适应多功能需求的空间。这种重新设计可以创造更有活力和互动性的环境，提升用户的舒适感和参与度。关注行业趋势和用户行为对于持续改进至关重要。图书馆可以通过数据分析、市场研究和用户反馈，了解用户的新需求和兴趣。这有助于图书馆预测用户的需求变化，从而更有针对性地推出新的服务和资源。

提供个性化服务是服务创新的一部分。借助用户数据和技术工具，图书馆可以为每个用户定制推荐资源和建议，提升用户体验。这种个性化服务能够更好地满足用户的独特需求，加强用户与图书馆的连接。最后，推广新的学习方式也是创新的策略之一。引入在线课程、虚拟研讨会、工作坊等新的学习方式，可以吸引更多用户参与，提升用户的学习体验和知识获取途径。

服务创新与持续改进是图书馆不断发展的驱动力。通过引入新的数字化服务、探索合作伙伴关系、重新设计空间，关注用户行为和趋势，提供个性化服务，以及推广新的学习方式，图书馆能够适应变化，持续提供丰富多样的服务，满足用户的多样化需求，增强其在知识社会中的影响力。

3. 资源管理和配置

资源管理和配置在图书馆运营中扮演着重要的角色，确保图书馆能够有效地满足用户的信息需求，提供丰富多样的资源。以下是资源管理和配置的关键内容：

首先，图书馆需要进行资源采购和订阅。这涵盖了纸质图书、电子图书、期刊、数据库等多种资源类型。图书馆需要根据用户需求、学科研究方向和预算等因素，制定采购计划。与供应商协商并选择合适的订阅服务，以确保所购资源的质量和适用性。其次，资源的分类和编目是有效管理资源的重要环节。通过正确的分类和编目，图书馆可以建立清晰的索引体系，使用户能够更快地找到所需资源。分类和编目也有助于图书馆员工更好地管理和维护资源，提高资源利用率。资源的数字化处理也是重要的管理步骤之一。图书馆可以将纸质文献、影音资料等进行数字化处理，以提供在线访问和下载。数字化资源不仅提升了资源的可访问性，还延长了其使用寿命，方便用户随时随地获取所需信息。在资源管理中，图书馆需要优化资源的选择和购置，确保资源的多样性和实用性。通过了解用户的需求和兴趣，图书馆可以精准地采购与之匹配的资源，从而提升用户体验。有效的资源管理也需要考虑资源的充分利用。这包括推广资源的使用，为用户提供资源的培训和指导，鼓励用户积极参与借阅和检索。通过提高资源的使用率，图书馆可以实现资源的最大价值发挥。最后，资源管理需要与预算分配相结合，确保资源的购置和维护是可持续的。图书馆需要在满足用户需求的同时，合理规划资源的开支，以实现资源管理的长期平衡。

资源管理和配置是图书馆运营中不可或缺的一部分。通过优化资源的选择和购置、分类编目、数字化处理，以及推广资源的使用，图书馆可以满足用户的信息需求，提供高质量的服务，同时也需要考虑资源管理与预算之间的平衡，以保持长期的可持续性。

4. 用户培训与支持

首先，图书馆需要开展各类培训活动，以提升用户的信息检索和利用能力。这可以包括针对不同群体的培训课程，如学生、研究者、教师等。培训内容可以涵盖有效的搜索技巧、数据库的使用方法、文献管理工具等，帮助用户更快地找到所需信息。

数据库使用指导也是用户培训的一部分。图书馆可以为用户提供数据库的访问方法、检索策略和高级搜索技巧的指导。这有助于用户更有效地利用各类数据库，获取准确和全面的信息。图书馆还可以提供学术写作辅导，帮助用户提升论文写作和研究报告的能力。这包括引用规范、文献整理技巧、学术写作结构等方面的指导，使用户能够更好地表达自己的观点和研究成果。为用户提供及时的技术支持也是至关重要的。图书馆可以设立帮助台或在线支持渠道，回答用户在资源使用过程中遇到的问题。这可以涉及访问问题、账户设置、下载困难等各种技术方面的支持。此外，图书馆还可以开设工作坊和培训课程，涵盖信息素养、学术研究方法、科研伦理等内容。这有助于提升用户的综合素质，使他们在学术和职业领域更加自信和熟练。

用户培训和支持的目标是帮助用户更好地利用图书馆资源，提升他们的信息素养和学术能力。通过提供搜索技能、数据库使用指导、学术写作辅导等培训，以及及时的技术支持，图书馆可以促进用户的学术成长和自主学习，为他们提供更好的学习和研究体验。

5. 社区合作与参与

社区合作与参与是图书馆与周边社区建立联系、促进互动的重要手段。通过与其他机构、学校以及社区组织合作，图书馆能够丰富服务内容，更好地满足社区居民的信息需求，促进社区的发展和共享。

图书馆可以组织各类社区活动，如读书俱乐部、讲座、展览等，以吸引社区居民参与。这些活动可以围绕当地的文化、历史、教育等主题展开，增加社区居民对图书馆的兴趣和参与度。与学校合作是社区合作的重要方向之一。图书馆可以与学校建立合作关系，为学生提供学术资源支持、研究指导、信息素养培训等。这种合作不仅有助于学校的教育目标实现，也增强了图书馆在教育领域的影响力。合作展览和演讲也是社区合作的一种形式。图书馆可以与艺术机构、社会团体等合作，举办主题展览、讲座和工作坊，为社区居民提供文化和学术交流的平台。这有助于丰富社区的文化生活，促进多元化的知识传播。与社区居民积极互动，了解他们的需求和兴趣，是建立紧密联系的关键。图书馆可以通过开展用户调研、听取意见和建议，更好地了解社区居民的期望，从而更精准地提供服务和资源。通过社交媒体、博客等在线平台，图书馆可以与社区居民进行更加直接的互动。分享图书馆的活动信息、推荐阅读、资源介绍等内容，可以增进与社区居民之间的交流和合作。社区合作与参与不仅能够扩展图书馆的服务范围，还有助于图书馆更好地了解社区的需求，提供更有针对性的服务和活动。通过组织社区活动、合作展览、演讲等，与学校和社区居民建立紧密联系，图书馆能够促进社区的发展，提升知识传播的效率和影响力。

第四节　图书馆服务管理的要求

　　图书馆服务管理要求高效的组织和协调。图书馆需要建立明确的服务流程和标准操作，确保各项服务有序进行。此外，图书馆应充分培训员工，提升他们的专业素质和服务技能，以更好地满足用户需求。服务管理还需要注重用户隐私和数据安全，确保用户信息得到妥善保护。最终，图书馆应不断进行自我评估和改进，以适应不断变化的用户需求和信息环境。

一、建立明确的服务流程和标准操作

　　图书馆需要制定清晰的服务流程和操作标准，确保各项服务能够有序进行。这包括借还流程、资源查询、技术支持等方面的操作步骤，以减少混乱和误操作，提升服务效率。

1. 借还流程的明确性

　　借还流程的明确性对于图书馆的运作和用户体验至关重要。在图书馆的服务中，从用户借阅图书到归还流程的每个步骤都需要被清晰地定义和界定。这种明确性确保了用户和图书馆工作人员之间的顺畅沟通，避免了混淆和误操作。

　　首先，图书馆应该确立用户办理借阅手续的流程。这包括用户提交借阅登记表、出示有效的借书证或身份证明，以及确认用户信息的步骤。通过明确的流程，用户能够准确知晓所需的文件和信息，从而减少了不必要的疑虑和时间浪费。

　　其次，图书馆需要明确规定借阅资源的期限和续借规定。这种明确性使用户能够清楚了解他们所借资源的应归还日期，以及如何进行续借。这有助于用户合理规划借阅资源的使用时间，同时减少了因期限不明导致的逾期情况。

　　逾期归还的罚款标准和处理流程也需要明确规定。用户需要清楚了解逾期罚款的金额和逾期期限，以及如何缴纳罚款。这不仅可以鼓励用户按时归还资源，还有助于维护图书馆资源的流通效率和秩序。同时，图书馆还应当建立明确的预约和借阅请求流程。用户需要了解如何提交预约或借阅请求，以及在收到通知后如何办理借阅手续。这种明确性确保了资源的借还流程的明确性是图书馆服务的基础，它使用户能够更好地理解借还规则，减少了混淆和误操作的可能性。这种明确性不仅提升了用户体验，也有助于图书馆资源的有效管理，从而提高了服务效率和用户满意度。

2.资源查询和检索流程的规范化

首先，明确搜索关键词的选择。图书馆可以向用户提供指导，帮助他们选择适当的搜索关键词以获得更准确的检索结果。这有助于用户在信息海量的情况下更快地找到相关资源。其次，规范检索结果的筛选。图书馆可以制定筛选标准，帮助用户缩小搜索结果范围。这可以包括资源类型、出版年份、作者、主题等方面的筛选条件，使用户能够更精确地找到满足自己需求的资源。操作标准也应当涵盖资源访问途径的指引。图书馆可以明确告知用户如何访问所需资源，包括在线查阅、借阅流程、数字资源的访问方式等。这种明确性有助于用户在获得搜索结果后迅速获取资源。此外，引导用户使用图书馆目录和数据库查询工具也是关键步骤。图书馆应当提供用户培训和指南，教导他们如何有效地使用这些工具进行资源查询。这有助于用户提升信息检索技能，更好地利用图书馆的资源。

资源查询和检索流程的规范化使用户能够更轻松地找到所需信息。通过明确搜索关键词、规范检索结果的筛选、提供资源访问途径指引以及培训用户使用查询工具，图书馆可以提供更优质的搜索体验，帮助用户更快地获取准确的信息。

3.技术支持和问题解决流程的规范性

为了提供及时有效的技术支持，图书馆需要建立明确的技术支持渠道。这可以包括帮助台、在线聊天、电子邮件联系等多种方式，以确保用户能够便捷地寻求帮助。用户需要清楚地知道如何联系技术支持部门，以便在遇到问题时及时获取帮助。

在建立技术支持渠道的同时，图书馆应当规定问题处理的时限和方法。用户在提交问题后，应当知道什么时候可以期待回复以及问题解决的预期时间。这种明确性有助于用户安心等待，并提升对图书馆技术支持的信任度。操作标准在技术支持和问题解决流程中扮演重要角色。其中，用户提交问题后的响应时间是关键因素。图书馆应当设定合理的时间范围内给予用户回复，以表明对用户问题的重视。此外，问题解决流程也需要被规范化，确保每个问题都能够得到妥善处理并获得解决。常见问题的解答也应当包括在操作标准中。图书馆可以整理和归纳常见的技术问题和疑惑，为用户提供简洁明了的解答。这有助于用户快速自助解决一些常见问题，减少了不必要的技术支持请求。

建立技术支持和问题解决流程的规范性是为了提供更好的用户体验。通过明确技术支持渠道、规定问题处理时限、制定操作标准和提供常见问题解答，图书馆可以确保用户在使用过程中能够获得及时帮助，从而增强用户满意度和信任感。

4.服务质量监控和持续改进机制

当图书馆建立了明确的服务流程和操作标准后，服务质量的监控和持续改进就成为保障服务效果的重要机制。这一机制旨在确保服务流程的顺利运行，并在不断变化的用户需求下持续优化服务质量。为实现这一目标，图书馆可以采取多种策略：

首先，定期进行服务质量评估。通过内部审查、自我评估以及外部专业评估，图书馆可以检查服务流程的执行情况，验证操作标准的贯彻情况。这有助于确认服务质量的一致性和有效性，及时发现不足之处。用户反馈的收集也是提升服务质量的关键手段。图书馆可以积极征求用户意见和建议，或通过调查问卷等方式获取用户看法。这些反馈可以揭示用户体验中的问题和改进点，引导图书馆在实际操作中进行相应的调整。数据分析在监控和改进中也扮演重要角色。图书馆可以利用数据分析工具，监测服务流程的各个环节。通过数据分析，图书馆能够识别出流程的瓶颈，分析用户行为和需求变化，以此为依据进行优化。

持续改进的目标是适应变化，不断提升服务水平。发现问题后，图书馆应当采取措施解决。同时，图书馆需要根据用户需求的变化进行调整。持续创新也是持续改进的一部分，图书馆可以尝试引入新的技术、服务方式或合作模式，以适应不断变化的用户期望。

服务质量监控和持续改进机制是图书馆服务管理的核心。通过定期评估、用户反馈收集、数据分析以及持续改进措施，图书馆能够保障服务流程的顺利运行，并不断提升服务质量，以满足用户需求并提供更出色的服务体验。

二、提供员工培训

图书馆员工需要具备专业素质和良好的服务技能。为员工提供培训，使他们熟悉图书馆的资源和服务，能够准确地回答用户的问题，指导用户使用资源，提升用户体验。

1. 专业知识培训

图书馆员工在提供卓越的用户服务方面扮演着关键角色，而为他们提供专业知识培训是确保他们胜任工作的基石。在这个培训中，员工需要熟悉各类资源，包括纸质图书、电子资源以及数据库等。这一过程旨在让他们对图书馆的资源体系有深入的理解，从而能够更好地辅助用户，满足他们的信息需求。在专业知识培训中，资源的分类和编目是关键部分。员工需要学习如何将图书馆的资源按照主题、类型等进行分类，以便更好地组织和呈现给用户。同时，他们还需要了解资源编目的原则，从而能够理解和解释编目记录，为用户提供相关资源的信息。此外，培训还会涉及到资源的检索技巧。员工将学习如何使用图书馆的检索工具和数据库，以快速而准确地找到用户所需的资源。这包括了选择合适的关键词、运用高级检索技巧以及理解检索结果的含义。通过掌握这些技能，员工能够为用户提供有针对性的资源推荐和搜索建议。培训也会强调员工在资源解释和指导方面的角色。他们需要能够解释资源的特点、内容和访问方式，为用户提供有关资源的详细信息。此外，员工还需要指导用户如何在图书馆的资源库中进行有效的查找，以满足他们的学术、研究或兴趣需求。

专业知识培训使得图书馆员工能够深入了解图书馆的各类资源，包括纸质图书、电子资源和数据库等。通过掌握资源的分类、编目、检索技巧以及资源解释和指导的方法，员工能够更好地回应用户的需求，为他们提供高质量的服务体验。这种培训不仅有助于提升用户满意度，也为图书馆在信息社会中的重要角色提供了坚实的基础。

2. 服务态度和沟通技能

员工的服务态度和沟通技能是确保图书馆提供卓越用户体验的重要组成部分。在员工培训中，强调和培养优秀的服务态度和沟通技能，可以为用户建立良好的印象，提升用户满意度。服务态度不仅仅是友好和礼貌，还涉及到员工对用户需求的关注和尊重。培训可以着重强调积极主动的服务态度，让员工能够主动询问用户的需求，理解他们的问题，并提供针对性的帮助。这种积极的态度可以为用户提供舒适和愉快的体验，增加他们对图书馆的信任和依赖。沟通技能在用户服务中扮演着关键角色。员工需要能够清晰而有序地传递信息，以便用户能够理解并获得帮助。培训可以教授员工如何用简洁明了的语言解释复杂的概念，避免使用专业术语，确保用户理解。另外，培训还可以帮助员工学会如何适应不同用户的需求，采用不同的沟通方式，以满足不同用户的习惯和要求。在沟通中，倾听也是至关重要的一环。培训可以帮助员工学习倾听技巧，即如何认真聆听用户的问题和需求，避免打断，并在回应时能够针对性地回应他们的问题。这种倾听能力可以让用户感受到被重视，从而增加他们对服务的满意度。另外，问题解决能力也是培训的重点之一。员工需要学会如何有效地解决用户遇到的问题，提供合适的解决方案。培训可以模拟各种情境，让员工学习如何在不同的情况下应对问题，找到最佳解决方案，并在解决过程中保持友好和专业。

服务态度和沟通技能是图书馆员工培训的核心内容。通过培养积极的服务态度、优秀的沟通技能、倾听能力以及问题解决能力，员工可以为用户提供更高质量的服务体验，建立良好的用户关系，并提升用户满意度。这种培训不仅有助于塑造图书馆的积极形象，也能够在竞争激烈的信息服务领域中脱颖而出。

3. 技术应用培训

随着数字化服务的迅速发展，技术应用培训对于图书馆员工而言变得愈发重要。这类培训的目标是使员工掌握与数字化服务相关的技术工具和应用，以便他们能够为用户提供准确的技术支持，从而提升用户体验。

在技术应用培训中，图书馆管理系统是一个关键领域。员工需要了解该系统的各项功能，包括资源管理、借还流程、预约服务等。通过培训，员工可以学会如何有效地使用这些功能，从而能够为用户提供顺畅的图书馆使用体验。此外，培训还可以涵盖数据库查询工具的使用。数据库是图书馆数字资源的重要组成部分，员工需要学会如何进行高效的数据库检索。通过培训，他们可以了解不同数据库的特点、搜索策略、检索语法等，从而能够为用户提供针对性的数据库资源推荐和使用指导。数字资源访问也是技术应用培训的重要内容。员工需要学会如何访问和浏览电子书、学术期刊、在线数据库等数字资源。这包括了掌握访问平台、使用访问权限、下载和打印资源等技能，以确保用户能够顺利获取所需信息。培训还可以涉及到常见的技术问题解决方法。员工需要学会如何应对用户在使用数字资源和技术工具时可能遇到的问题，从简单的登录问题到复杂的数据库访问故障。培训可以为员工提供问题排查和解决的策略，以确保用户在遇到问题时能够及时获得帮助。

技术应用培训是为了使图书馆员工能够适应数字化服务的发展，掌握相关的技术工具和应用。通过学习图书馆管理系统、数据库查询工具、数字资源访问等技能，员工可以为用户提供准确的技术支持，促进用户体验的提升。这种培训不仅有助于提升员工的专业素质，也能够让图书馆在数字化时代中继续为用户提供更加便利和高质量的服务。

4. 用户培训技巧

用户培训技巧是图书馆员工的重要素养，通过这类培训，员工可以更好地传授用户如何有效地利用图书馆资源，提升他们的信息素养和资源使用能力。在用户培训技巧的培训中，涵盖的内容广泛且多样，旨在帮助员工成为用户信息素养的引导者。

首先，搜索技能是用户培训的关键部分。员工需要学会如何引导用户进行有效的信息检索，包括如何选择合适的关键词、如何使用搜索引擎、图书馆目录和数据库进行检索，以及如何筛选出准确和可靠的信息。通过培训，员工可以向用户传授搜索技巧，帮助他们在信息海量中找到真正有价值的资源。此外，数据库使用指导也是用户培训技巧的重要组成部分。员工需要了解不同数据库的特点、内容和检索方式，以便能够为用户提供准确的数据库选择建议，并教导他们如何使用高级检索技巧来获取更精准的信息。这种培训可以帮助用户更好地利用图书馆的数字资源，满足其学术和研究需求。另一个重要的培训领域是学术写作辅导。员工可以通过培训掌握如何向用户提供学术写作方面的建议和指导，包括如何引用参考文献、如何撰写研究论文、报告等。这有助于帮助用户提升学术写作能力，从而在学术领域取得更好的成绩和表现。培训还可以涵盖信息素养的教育，使员工能够向用户传授如何辨别信息的真实性、评估来源的可信度以及如何避免抄袭等方面的知识。这有助于培养用户的信息素养，使他们能够更加独立地进行信息检索和使用。

用户培训技巧的培训旨在使图书馆员工能够向用户传授有关搜索技能、数据库使用、学术写作辅导和信息素养方面的知识和技能。通过这样的培训，员工可以成为用户信息素养的引导者，帮助用户更好地利用图书馆资源，提升他们的信息获取和利用能力。这种培训不仅有助于增强图书馆的专业形象，还能够为用户提供更全面的支持和指导。

5. 持续学习和发展

在不断演变的信息时代，图书馆员工的持续学习和发展至关重要。培训不应仅仅局限于一次性的经验，而应成为一个持续不断的过程，以确保员工能够适应新的资源、技术和用户需求的变化。图书馆可以通过提供持续的专业发展计划，帮助员工不断提升专业素养，更新知识，从而为用户提供更好的服务。

专业发展计划的核心是为员工提供多样化的培训机会。研讨会、培训课程、学术会议等都是培养员工专业知识和技能的有效途径。研讨会可以让员工与同行交流，了解行业最新趋势和最佳实践。培训课程则可以帮助员工深入学习特定领域的知识，提升技能。参加学术会议能够拓展员工的学术视野，了解前沿研究和创新。除了传统的培训方式，图书馆还可以鼓励员工参与在线学习平台，这些平台提供了丰富的在线课程，涵盖了多个领域。员工可以根据自己的兴趣和需求，在灵活的时间内进行学习，提升自己的知识储备。在专业发展计划中，重要的一点是制定个性化的发展路径。员工的兴趣和能力各不相同，因此应根据个人情况制定培训计划，使其更加符合员工的发展需求。这有助于员工更加积极地参与培训，提升效果。

持续学习也需要鼓励员工从实践中不断总结经验和教训。定期的反思和交流会有助于员工发现自己在工作中的不足之处，从而更好地调整学习方向和培训内容。持续学习和发展是图书馆员工的职业要求和责任。通过提供多样化的培训机会，建立个性化的发展路径，鼓励实践总结，图书馆可以保持员工的专业素养和知识更新，为用户提供更高质量的服务。这种持续的学习文化不仅有助于员工个人的成长，也能够为图书馆在信息服务领域中的优势地位提供支持。

三、注重用户隐私和数据安全

在数字化时代，用户隐私和数据安全是极为重要的。图书馆需要建立严格的隐私保护措施，确保用户的个人信息不被泄露或滥用。合规处理用户数据，采取数据加密和安全存储措施，是保护用户权益的必要步骤。

1. 建立严格的隐私保护政策

图书馆应制定明确的隐私保护政策，明确规定如何收集、使用、存储和共享用户的个人信息。这个政策需要简明扼要地向用户解释图书馆的数据处理实践，以及用户可以期待的隐私保护措施。在数字化时代，隐私保护已成为图书馆服务管理中至关重要的一环。为了确保用户的个人信息不被滥用或泄露，图书馆需要制定严格的隐私保护政策。这个政策不仅是对用户隐私的承诺，也是建立信任关系、维护用户权益的重要措施。

图书馆的隐私保护政策应该包含明确的准则和规定，涵盖从个人信息的收集、使用、存储到共享的整个过程。首先，政策应详细说明何种类型的个人信息会被收集，包括姓名、联系方式、借阅记录等。用户应清楚地知道哪些信息会被收集，以便做出知情的决策。其次，政策应描述这些个人信息将如何被使用。这可能包括向用户提供定制化的服务、发送通知或更新、进行统计分析等。用户需要了解他们的个人信息将如何为他们提供更好的服务，从而形成合理的期望。在隐私保护政策中，图书馆应明确说明个人信息的存储方式和期限。这包括使用安全的技术手段来保护数据，避免数据遭到未授权访问或泄露。同时，政策应说明数据的存储期限，以及在数据不再需要的情况下将如何进行安全销毁。共享个人信息也需要受到严格的限制。政策应描述个人信息在何种情况下可能会被共享，例如与合作伙伴合作时，以及在法律要求的情况下。同时，政策应强调图书馆将会采取措施来确保共享数据的安全性和合法性。除了简明扼要地解释数据处理实践，隐私保护政策还应该向用户提供联系方式，以便用户就隐私问题或疑虑进行咨询和反馈。这有助于建立透明的沟通渠道，增强用户对于个人信息安全的信心。

综合来看，建立严格的隐私保护政策是图书馆在数字化时代中的一项重要举措。通过明确规定个人信息的收集、使用、存储和共享原则，图书馆能够为用户提供一个安全可信赖的信息环境。这不仅有助于保护用户的隐私权，还能够在用户中建立良好的信任关系，为图书馆提供更加稳固的基础。

2. 合规处理用户数据

在数字化时代，图书馆作为信息服务的提供者，处理用户数据时必须严格遵循相关法律法规，特别是涉及用户隐私保护的法律要求。合规处理用户数据不仅是维护用户权益的基本原则，也是图书馆服务管理的重要一环，以下将对此进行详细探讨。

首要的是遵循相关法律法规，尤其是个人隐私保护方面的法律。例如，在国内，中国的《个人信息保护法》规定了个人信息的收集、使用、处理和保护原则，图书馆应确保所有数据处理行为符合法律要求。在国际范围，如欧洲的《通用数据保护条例》（GDPR）也规定了数据处理的合规性要求。图书馆需要详细了解并遵循这些法规，确保在数据处理过程中不会侵犯用户的隐私权。

其次，图书馆应确保数据处理过程的透明性和合法性。这意味着在收集用户数据之前，应向用户明确说明数据收集的目的、范围和使用方式。用户应该能够知晓自己的数据将如何被利用，以便做出知情的决策。图书馆还应该确保数据的处理符合合法的目的，不得擅自将用户数据用于与原先目的不符的用途。另一重要方面是获得用户的明确同意。在收集敏感个人信息或涉及隐私的情况下，图书馆需要获得用户的明确同意，确保数据的合法性和合规性。用户同意应该是自由意愿的，没有任何强制性质。图书馆应当提供明确的同意机制，确保用户可以选择是否同意自己的数据被收集和使用。

数据安全也是合规处理的重要环节。图书馆需要采取适当的技术和组织措施，保障数据的安全性。这包括使用加密技术、限制数据访问权限、确保数据存储安全等。在数据传输、存储和处理环节，图书馆应制定安全策略，防范数据泄露和被非法访问的风险。

最后，图书馆应建立内部的合规监控机制。这包括定期对数据处理过程进行审查，确保数据处理的合法性和合规性。如果发现违反合规要求的情况，图书馆应及时采取措施进行纠正，并采取预防措施避免类似问题再次发生。

合规处理用户数据是图书馆服务管理的重要环节。图书馆需要遵循相关法律法规，确保数据处理合法合规，保护用户隐私权。通过确保数据处理透明、获得用户同意、保障数据安全、建立内部监控机制等措施，图书馆可以为用户提供安全可信赖的数字化服务，维护用户权益，同时树立图书馆的良好形象。

3. 数据加密和安全存储

图书馆需要采取数据加密和安全存储措施，以保障用户数据的安全性。加密可以有效防止未经授权的访问，而安全存储可以防范数据泄露风险。为确保用户数据的安全性，图书馆在数字化服务管理中必须采取有效的数据加密和安全存储措施。这两项措施在保护用户隐私和防范数据泄露方面具有重要作用。

数据加密是一种将数据转换为不易被理解的形式的安全技术。在传输和存储数据时，图书馆可以采用加密技术，确保数据只有在授权的条件下才能被解密。通常使用的加密方法包括对称加密和非对称加密。对称加密使用相同的密钥进行加密和解密，而非对称加密使用公钥和私钥进行加密和解密，更加安全。通过数据加密，即使数据被非法获取，也难以解读，有效地降低了数据被窃取的风险。安全存储是指将数据存储在安全的环境中，以防范数据泄露的风险。图书馆应采用物理安全措施和技术手段来保障存储设备的安全性。对于数字化资源，图书馆可以选择使用安全的云存储服务，这些服务通常采用多层次的安全措施，包括数据备份、访问控制、身份验证等。此外，定期对存储设备进行安全审计和漏洞扫描也是防范风险的关键环节。在数据加密和安全存储方面，图书馆应该制定明确的政策和标准，确保数据处理的一致性和可控性。同时，培训员工，使他们了解数据加密和安全存储的重要性，知道如何正确使用加密技术和存储设备。图书馆还应定期进行风险评估，发现潜在的安全威胁，并采取相应的措施进行修复。除了技术层面的措施，图书馆还需要注重用户教育。用户应该了解图书馆采取了哪些安全措施来保护他们的数据，从而增加他们的信任感。图书馆可以在网站上提供关于数据安全的信息，向用户解释数据加密和安全存储的原理，以及图书馆如何确保用户隐私的保护。

综合而言，数据加密和安全存储是图书馆保护用户数据安全的重要手段。通过采用适当的加密技术和安全存储措施，图书馆可以有效地防范数据泄露风险，保障用户隐私和权益。这不仅体现了图书馆对用户信息的尊重，也增强了用户对数字化服务的信任感，为图书馆提供可靠的服务基础。

4. 访问控制和权限管理

在数字化时代，保护用户隐私和数据安全成为图书馆不可或缺的任务。为了达到这一目标，图书馆必须建立健全的访问控制和权限管理机制，以限制只有授权人员才能访问特定的用户数据，从而减少数据泄露的风险。

访问控制是一种关键的安全措施，通过设立严格的访问规则，确保只有经过授权的人员才能获取敏感信息。在图书馆的数字化服务中，访问控制可以应用于多个方面，包括图书馆管理系统、数据库、用户信息等。通过分配不同的访问权限，图书馆可以实现用户数据的分层保护。例如，只有经过授权的管理员才能访问用户的详细信息，而普通员工只能查看基本的用户信息。

权限管理是访问控制的一部分，它关注如何合理分配各类用户的权限，使其只能访问与其职责相关的数据和功能。图书馆可以设定不同的用户角色，如管理员、工作人员、用户等，为每个角色分配相应的权限。这有助于降低数据被滥用或泄露的风险，确保数据的安全性和完整性。例如，管理员可以有更高级别的权限，能够进行用户数据的编辑和管理，而用户只能访问自己的个人信息和借阅记录。

在建立访问控制和权限管理机制时，图书馆需要注意以下方面：首先，制定明确的规则和政策，详细说明谁有权访问哪些数据，以及在什么情况下可以进行访问。其次，采用强大的身份验证措施，确保只有合法的用户才能访问系统和数据。多因素身份验证是一种有效的方式，可以结合密码、指纹、令牌等多种方式进行验证。此外，建立审计机制，记录每次数据访问的情况，以便追踪和监控数据的使用情况，发现异常行为。定期审查和更新权限是必不可少的步骤，随着员工职责的变化或者业务需求的调整，及时调整权限设置，保证数据访问的合理性。最后，员工培训也是非常重要的一环。员工需要了解如何正确使用权限和处理用户数据，避免数据被误操作或滥用。

访问控制和权限管理是保护用户隐私和数据安全的重要措施。通过建立严格的机制和规则，限制只有授权人员才能访问特定的用户数据，图书馆可以降低数据泄露的风险，为用户提供安全可靠的数字化服务环境。这将有助于增强用户的信任，提升图书馆的声誉，并为数字化服务的持续发展奠定坚实的基础。

5. 定期安全审查

图书馆应定期进行安全审查，检查用户数据的处理和存储过程是否存在潜在的安全风险。通过对安全漏洞的定期评估和修复，确保用户数据始终处于安全状态。

定期的安全审查是确保图书馆数字化服务的用户数据安全性的重要环节。通过对用户数据的处理和存储过程进行定期检查，可以及早发现潜在的安全风险，并采取相应的措施进行修复和加固，以保障用户数据的隐私和安全。安全审查的目的在于识别和纠正可能存在的安全漏洞和风险，以防止潜在的数据泄露、滥用或恶意攻击。这需要图书馆采用系统性的方法，从数据的采集、存储、传输等各个环节进行全面的检查。

首先，对用户数据的收集和存储过程进行审查。图书馆需要评估用户数据收集的合法性和必要性，确保只收集必要的数据，同时采取措施保护用户的个人信息，如数据加密和安全存储。其次，对数据库和系统的访问权限进行审查。确保只有授权人员才能访问特定的用户数据，避免未经授权的人员获取敏感信息。权限的设定和管理需要定期审查和更新，以适应员工变动和业务需求的变化。此外，审查数据传输和通信过程中的安全性。图书馆需要确保数据在传输过程中进行加密，防止数据被窃取或篡改。采用安全的通信协议，如 HTTPS，可以有效提升数据传输的安全性。另外，审查系统的漏洞和弱点。图书馆应当定期对系统进行漏洞扫描和安全测试，以发现潜在的安全漏洞。任何发现的漏洞都应迅速进行修复，以防止被黑客利用进行攻击。定期的安全审查需要由专业的安全团队或机构进行，他们可以运用专业的工具和技术来评估系统的安全性。同时，图书馆内部的员工也应参与其中，他们了解系统的具体运行情况，可以提供有价值的反馈和建议。

定期的安全审查对于保障图书馆数字化服务的用户数据安全至关重要。通过对数据处理和存储过程的全面检查，及早发现和修复安全风险，图书馆可以为用户提供一个安全可靠的数字化环境，增强用户信任和满意度，促进数字化服务的可持续发展。

四、持续自我评估和改进

图书馆服务管理需要定期进行自我评估，了解服务的效果和用户满意度。根据用户反馈和数据分析，图书馆可以识别问题和改进的机会，不断优化服务，适应用户需求的变化。

1. 定期自我评估的必要性

图书馆作为信息和知识资源的提供者，其服务管理的有效性和用户满意度是决定其成功与否的重要因素。随着数字化时代的来临，图书馆的服务方式和用户期望也在不断变化，因此定期进行自我评估变得尤为重要。这种自我评估可以为图书馆提供深入了解其服务状况的机会，从而更好地满足用户需求、解决问题并提升整体服务质量。

首先，定期自我评估有助于识别当前服务中存在的问题和瓶颈。通过客观地审视各项服务流程、资源配置、用户体验等方面，图书馆能够发现潜在的障碍，从而及时采取措施加以解决。这种问题的识别能够避免问题进一步扩大，保障服务的顺畅进行。

其次，自我评估可以为改进提供有力的基础。图书馆通过收集用户的反馈意见、数据分析等手段，能够准确了解用户的需求和期望。这种了解为图书馆制定有针对性的改进计划提供了方向，使其能够更加有效地满足用户的需求，提升用户体验。

此外，定期自我评估也能够促使图书馆不断保持适应性。随着社会、技术和用户行为的变化，图书馆需要不断调整自身的服务策略以适应新的情况。自我评估可以使图书馆紧跟时代发展的步伐，及时作出必要的调整和改进。最重要的是，定期自我评估能够提升图书馆的用户满意度。通过关注用户的反馈和需求，图书馆能够更好地满足用户的期望，增强用户对图书馆的信任和忠诚度。用户满意度的提升不仅能够吸引更多的用户，还有助于维持良好的声誉和形象。

定期自我评估在图书馆服务管理中的重要性不容忽视。通过识别问题、提供改进基础、保持适应性以及提升用户满意度，图书馆能够在不断变化的环境中持续发展，并为用户提供更优质的服务体验。这种持续改进的精神将有助于图书馆在数字化时代取得更大的成功。

2. 用户反馈的价值

在图书馆服务管理中，用户反馈的价值无法被低估。作为图书馆的最终受益者，用户的反馈意见能够提供宝贵的信息，直接反映出服务的优点和不足，从而为图书馆的持续改进和提升用户满意度提供有力的指导。

首先，用户反馈是了解用户需求的窗口。用户的反馈能够揭示出他们的期望、偏好和关注点。通过分析用户的意见和建议，图书馆能够更深入地了解用户的需求，把握用户群体的动态变化。例如，如果多名用户提到对某一特定主题的资源需求，图书馆可以相应地采购相关资源，以满足广大用户的学习和研究需求。其次，用户反馈能够帮助图书馆调整服务策略。随着社会和科技的变化，用户的需求和习惯也在不断发展。通过听取用户的意见，图书馆可以及时调整服务策略，以更好地适应用户的期望。例如，如果用户普遍反映电子书借阅流程复杂，图书馆可以优化借阅流程，提升用户的使用便利性。此外，用户反馈有助于发现服务中的问题和不足。用户通常会直接指出他们在使用过程中遇到的问题，包括技术故障、资源不足等。通过及时解决这些问题，图书馆能够提升用户体验，减少用户在使用过程中的困扰。例如，如果用户反馈图书馆网站加载速度缓慢，图书馆可以进行技术优化，提高网站的访问速度。最重要的是，用户反馈有助于建立良好的用户关系。当用户感觉自己的反馈被重视和采纳时，他们更有可能建立起与图书馆的积极互动关系。用户知道他们的声音被听到，会更加愿意继续使用图书馆的服务，并且愿意与图书馆合作改进服务。

用户反馈在图书馆服务管理中的价值不可忽视。通过收集用户的意见和建议，图书馆能够了解用户的需求变化，调整服务策略，发现问题和不足，建立良好的用户关系。这种持续关注用户反馈的做法将有助于图书馆提供更加贴近用户需求的优质服务。

3. 数据分析的洞察力

在图书馆服务管理中，数据分析的洞察力是一种强大的工具，可以为图书馆提供深入的了解和有针对性的改进。通过分析各类数据，如借阅数据、访问统计、用户行为等，图书馆可以获取关于服务效果和用户需求的宝贵信息，从而更好地满足用户的期望并优化资源配置与服务策略。

首先，数据分析可以揭示使用趋势和热门资源。通过对借阅数据和访问统计的分析，图书馆可以了解哪些资源受到用户的欢迎，哪些领域的需求较高。这种了解可以指导图书馆在购置资源时做出更明智的决策，确保所提供的资源能够真正满足用户的学术和知识需求。

其次，数据分析有助于识别用户行为和需求变化。通过分析用户的搜索关键词、浏览记录等，图书馆可以了解用户在什么时间段、什么地点对特定主题感兴趣，进而调整服务策略和资源推荐。这种个性化的服务可以增强用户体验，提升用户满意度。数据分析可以提供资源配置的参考依据。通过分析不同资源的使用率和借阅频率，图书馆可以合理安排资源的购置和更新计划，避免资源闲置或过度投入。这有助于优化资源利用，提高资源的使用效率。

另外，数据分析还可以帮助图书馆发现用户行为的规律。例如，通过分析用户的借阅历史，图书馆可以了解用户的学科偏好和学术研究方向，从而为用户提供更加精准的推荐和服务。这种个性化的服务能够深化图书馆与用户的关系，增强用户的忠诚度。数据分析可以提供评估服务效果的依据。通过分析用户满意度调查数据和服务使用数据，图书馆可以了解用户对不同服务的评价和反馈。这种信息有助于图书馆发现哪些服务得到用户认可，哪些需要改进，从而持续提升服务质量。

数据分析的洞察力在图书馆服务管理中具有重要意义。通过分析借阅数据、访问统计、用户行为等信息，图书馆可以深入了解用户需求和行为，优化资源配置和服务策略，提高用户满意度，持续改进服务质量，从而为用户提供更加优质的服务体验。这种数据驱动的管理方法将有助于图书馆在数字化时代取得更大的成功。

4. 问题识别和改进机会

自我评估在图书馆服务管理中具有至关重要的作用，它有助于识别问题和改进的机会，从而不断提高服务质量，适应用户的需求和期望。通过用户反馈和数据分析，图书馆能够深入了解用户的体验和需求，发现问题所在，并采取有针对性的措施进行改进。

首先，用户反馈是问题识别和改进的重要来源。用户作为服务的直接受益者，他们的反馈意见能够直接揭示服务存在的问题和不足之处。通过用户提交的投诉、建议和意见，图书馆可以及时了解用户在使用过程中遇到的困难，例如资源获取难、服务流程复杂等。这些反馈为图书馆提供了明确的问题线索，促使图书馆采取措施改进相关的服务环节。

其次，数据分析也为问题识别提供了有力的工具。通过分析借阅数据、访问统计、用户行为等，图书馆可以识别出用户的使用模式和趋势。例如，如果某一资源的借阅率降低，图书馆可以进一步探究原因，是否是因为资源不够吸引人或者借阅流程存在问题。这种数据驱动的分析能够帮助图书馆快速定位问题，为改进提供方向。自我评估还有助于发现潜在的改进机会。通过深入分析服务流程和操作标准，图书馆可以发现是否存在冗余步骤、繁琐的程序等问题。在发现这些问题的基础上，图书馆可以优化服务流程，简化操作，提升效率。此外，自我评估还可以揭示服务创新的机会，即通过引入新的技术、服务模式等来提升用户体验。

最后，自我评估是持续改进的关键环节。一旦问题和改进机会被识别出来，图书馆需要采取积极的措施进行改进。这可能包括更新操作标准、优化服务流程、增加资源投入等。同时，图书馆需要跟踪改进措施的效果，通过再次的自我评估来验证改进的成效，不断调整和优化，以达到持续改进的目标。

自我评估对于问题识别和改进机会的发现至关重要。通过用户反馈、数据分析和对服务流程的审视，图书馆可以及时发现存在的问题，找到改进的机会，并采取相应措施不断提高服务质量，以满足用户的期望和需求。这种持续的自我评估和改进循环将有助于图书馆在竞争激烈的环境中不断发展壮大。

5. 图书馆服务管理的根本目标是为用户提供优质的服务体验

持续优化服务体验是图书馆的使命，这需要通过定期的自我评估、用户反馈的收集以及数据分析等手段来实现。通过这些努力，图书馆可以不断改进服务，适应用户需求的变化，提升用户的满意度和忠诚度。

定期的自我评估是实现持续优化的关键。图书馆可以制定明确的评估计划，定期对服务流程、操作标准、资源配置等方面进行审视。这种评估应该是全面的，涵盖用户接触的各个环节，从借阅流程到资源查询，从技术支持到用户培训。通过这种全面的评估，图书馆能够发现服务中的短板和不足之处，从而有针对性地采取改进措施。用户反馈的收集也是优化服务体验的重要途径。图书馆可以积极收集用户的意见、建议和投诉，无论是通过在线调查、建议箱还是与用户的直接互动。这些反馈可以帮助图书馆了解用户对服务的看法，发现问题和改进的机会。图书馆应该鼓励用户提供真实的反馈，以便更好地定位服务中的问题。

数据分析在持续优化中也具有重要作用。通过分析借阅数据、访问统计、用户行为等，图书馆可以了解用户的使用习惯和偏好。例如，某些资源可能在特定的时间段或地点更受欢迎，图书馆可以根据这些数据调整资源的安排。此外，数据分析还可以帮助图书馆预测用户需求的变化，从而提前做好准备。持续优化服务体验需要图书馆持续关注用户需求的变化。随着社会、技术和学术环境的不断演变，用户的需求也会发生变化。因此，图书馆应该保持与用户的沟通，了解他们的期望和需求。这可以通过定期的用户调查、座谈会、焦点小组讨论等形式实现。通过与用户保持密切联系，图书馆可以更准确地把握用户的需求变化，并调整服务策略和资源配置。

持续优化服务体验是图书馆服务管理的核心目标。通过定期的自我评估、用户反馈的收集、数据分析以及与用户的密切互动，图书馆可以不断改进服务，适应用户需求的变化，提升用户的满意度和忠诚度。这种持续的优化过程将使图书馆在竞争激烈的环境中不断壮大，为用户提供更加优质的服务体验。

第五章

现代图书馆数字化建设与管理

第一节 | 图书馆自动化系统的建设与管理

一、自动化系统的定义和重要性

1. 自动化系统的概念与特点

自动化系统作为现代组织和机构的关键支持工具，在提高效率、减少人为错误、优化资源利用等方面发挥着重要作用。自动化系统的概念和特点在各个领域都得到了广泛应用，包括工业、商业、医疗、交通等。自动化系统是一种通过计算机技术和先进的控制技术，将人的操作和决策转化为自动执行的过程的系统。其核心目标是实现对任务和流程的自动控制和管理，从而提高效率、降低成本，同时减少了人为因素引发的错误风险。

自动化系统具有几个显著的特点，首先是高度的可编程性和灵活性。这意味着系统可以根据特定的任务和需求进行定制化的编程，以适应不同的业务流程和操作要求。其次，自动化系统具备高度的自动化程度，能够在无人操作或少人操作的情况下完成任务。这种自动执行的特性不仅提高了效率，还减少了人力资源的投入。另外，自动化系统通常具有高度的精确性和一致性，可以保证任务的准确执行，避免了人为操作引发的误差。

此外，自动化系统还具备实时性和迅速响应的特点。它们能够快速地获取和处理数据，实时地进行控制和决策，以满足需求的变化。同时，自动化系统通常支持远程监控和管理，使得操作人员可以通过网络远程访问和控制系统，无须实际到达现场。这种远程管理的能力增强了操作的灵活性和便捷性。

在图书馆和信息管理领域，自动化系统的应用也日益显著。图书馆可以利用自动化系统管理图书、资源、借还流程等。这些系统能够自动记录图书的流通情况，提供在线查询和预约服务，从而提高了图书馆资源的利用效率。此外，自动化系统还可以用于数字化资源的管理和存储，支持电子资源的检索和访问，为用户提供更加便捷的信息获取方式。

自动化系统作为一种强大的工具，在不同领域都发挥着重要作用。它们通过自动化的控制和执行，提高了工作效率、降低了人为错误的风险，同时也提供了更加灵活和便捷的服务。在图书馆领域，自动化系统的应用有助于优化资源管理、提供更好的用户体验，为图书馆服务的提升提供了有力的支持。

2. 自动化系统对图书馆的重要性

自动化系统在现代图书馆中具有极其重要的地位和作用。随着信息技术的迅速发展，图书馆不再局限于传统的纸质资源管理，而是涵盖了数字化资源、多媒体资料、在线服务等多个领域。在这个背景下，自动化系统为图书馆带来了巨大的变革和提升，对于提供高效、便捷、多样化的服务发挥着不可替代的作用。

首先，自动化系统提升了图书馆资源的管理和利用效率。传统的图书馆工作包括了繁琐的图书编目、借还流程、资源整理等，耗费大量人力和时间。而自动化系统能够实现自动的流程控制和数据管理，大大减轻了工作人员的负担，同时缩短了用户等待时间。图书馆资源的检索、借还、预约等操作变得更加便捷，用户能够更快速地获取所需信息，提高了资源的利用率。

其次，自动化系统改善了用户体验和服务质量。通过自动化的图书馆管理系统，用户可以在网上查询图书馆的资源情况，预约所需图书，进行在线续借等操作。这种24/7的服务模式打破了时间和空间的限制，使用户可以随时随地享受图书馆的服务。此外，自动化系统也能够提供个性化的推荐服务，根据用户的兴趣和需求推荐相关资源，提升了用户的满意度。

另外，自动化系统促进了图书馆的数字化转型。随着数字化时代的来临，图书馆需要更好地管理和提供电子资源，如电子书、学术期刊、在线数据库等。自动化系统能够支持电子资源的存储、分类、检索，使用户能够方便地获取和利用这些数字化资源。这有助于图书馆更好地满足用户的多样化需求，推动图书馆向数字化、智能化方向发展。

此外，自动化系统也为图书馆的数据分析和决策提供了有力支持。通过对借阅数据、访问统计等信息的分析，图书馆可以了解用户的阅读偏好、热门资源、使用趋势等，从而调整资源配置、优化服务策略。这种基于数据的决策能够更准确地满足用户的需求，提升了图书馆的整体运营效果。

自动化系统在现代图书馆中的重要性不可低估。它们通过提升资源管理效率、改善用户体验、促进数字化转型以及支持数据驱动的决策，为图书馆的服务提供了全面的支持和优化。自动化系统不仅提高了图书馆的运营效率，更重要的是，它们让图书馆能够更好地满足用户的多样化需求，不断适应时代的变革和发展。

3. 自动化系统的实际应用

自动化系统在图书馆中得到了广泛的实际应用，涵盖了多个方面，从资源管理到用户服务，从数据分析到信息安全，都有着深远的影响和积极的效果。

首先，自动化系统在图书馆的资源管理中发挥了重要作用。图书馆拥有大量的纸质图书、电子资源和多媒体资料，传统的手工管理往往效率低下且易出错。通过自动化系统，图书馆可以实现图书的自动编目、自动借还、自动归还等操作，大大提高了资源管理的效率和准确性。同时，自动化系统还能够自动生成资源的统计数据，为图书馆的决策提供了有力支持。

其次，自动化系统改善了用户的服务体验。用户可以通过自动化系统在线查询图书馆的资源情况，预约所需图书，进行自助借还等操作，无须前往图书馆现场。这不仅节省了用户的时间，还提供了更便捷的服务方式。此外，自动化系统能够实现个性化的推荐服务，根据用户的阅读历史和兴趣推荐相关资源，提升了用户的满意度和参与度。

另一方面，自动化系统在图书馆的数字化转型中发挥了重要作用。图书馆需要管理和提供大量的电子资源，如电子书、期刊、数据库等。自动化系统可以支持电子资源的存储、检索和访问，使用户能够方便地获取这些数字化资料。这有助于图书馆更好地满足用户的多样化需求，同时推动了图书馆的数字化服务发展。

此外，自动化系统还支持了图书馆的数据分析和决策。通过分析用户的借阅记录、访问数据等信息，图书馆可以了解用户的行为模式和阅读偏好，从而调整资源配置和服务策略。这种基于数据的决策使图书馆能够更准确地满足用户需求，提升整体服务质量。

最重要的是，自动化系统加强了图书馆的信息安全保障。自动化系统可以通过访问控制和权限管理机制，确保只有授权人员能够访问敏感数据，防范数据泄露和滥用的风险。同时，自动化系统也能够实现数据的加密存储和传输，保护用户的隐私和个人信息。

自动化系统在图书馆中的实际应用涵盖了资源管理、用户服务、数字化转型、数据分析和信息安全等多个领域。它们通过提高效率、改善用户体验、支持决策和保障信息安全，为图书馆的发展和服务提供了坚实的基础和重要的支持。自动化系统不仅实现了图书馆的现代化，更为用户提供了更便捷、多样化的服务，与时俱进地满足了用户的需求。

4. 自动化系统的挑战与发展趋势

随着科技的不断进步，自动化系统在图书馆中得到了广泛应用，但也面临着一些挑战和需求不断变化的发展趋势。

首先，自动化系统的复杂性和成本是一个挑战。引入和维护自动化系统需要大量的投资，包括硬件、软件、培训等方面的成本。此外，系统的建设和运维过程也可能面临技术难题和复杂性，需要专业的人才来支持。因此，图书馆需要权衡投入和回报，确保自动化系统的实施是经济可行的。其次，自动化系统的更新和适应性也是一个挑战。随着技术的发展，系统可能会迅速过时，需要不断地进行更新和升级。同时，图书馆的服务需求和用户行为也在不断变化，系统需要具备足够的适应性，以满足不断变化的需求。这需要图书馆具备敏捷的运作机制，以便快速响应新的挑战和变化。另一方面，数据安全和隐私保护是自动化系统面临的重要问题。随着用户数据的不断增加，系统必须确保用户信息的安全性，防止数据泄露和滥用。图书馆需要采取严格的数据加密、访问控制和权限管理等措施，保障用户的隐私权益。在自动化系统的发展趋势方面，首先，智能化和个性化服务将是一个重要的方向。随着人工智能和大数据技术的应用，图书馆可以实现更智能化的资源推荐、服务预测等功能，根据用户的兴趣和需求提供个性化的服务体验。其次，跨平台和移动化的趋势将持续增强。随着移动设备的普及，用户对于随时随地获取信息和服务的需求也在增加。图书馆可以借助自动化系统，开发移动应用、响应式网站等，使用户可以方便地在不同平台上访问图书馆的资源和服务。另一方面，数字化服务和虚拟体验也会越来越重要。随着数字资源的丰富和虚拟现实技术的发展，图书馆可以通过自动化系统提供更多的在线资源、虚拟展览、远程讲座等，为用户创造更丰富的学习和文化体验。最重要的是，用户参与和反馈的角色将变得更加突出。图书馆将倾听用户的需求和意见，通过用户反馈和参与，不断优化自动化系统的功能和服务，以更好地满足用户的期望。

自动化系统在图书馆中具有重要的意义和广阔的应用前景。虽然面临着挑战，但通过克服技术难题、保障数据安全和隐私等措施，自动化系统可以为图书馆提供高效、便捷、个性化的服务，与时俱进地满足用户需求，为图书馆的发展注入新的活力。

二、系统选型与实施

1. 需求分析与目标明确

首先，图书馆需要深入了解自身的服务模式和运作流程。这包括借还流程、资源查询、用户注册等方面。通过对现有流程的分析，图书馆可以识别出哪些环节可以被自动化，从而提高效率和便利性。

其次，对图书馆所拥有的资源进行全面的梳理。图书馆的资源种类可能包括纸质图书、电子资源、多媒体资料等。了解资源的数量、种类和使用情况，可以帮助确定系统所需的检索和分类功能，以及如何更好地满足用户需求。

用户群体也是需求分析的重要部分。不同类型的用户可能有不同的需求和偏好，因此了解用户的特点和期望，有助于确定系统界面设计、交互方式以及提供的功能。例如，学生用户可能更关注学术资源的查询和借阅，而研究员可能需要更高级的检索功能。同时，需求分析也要考虑图书馆的发展目标。是否希望通过自动化系统来推动数字化转型，提供更多的在线资源？是否计划拓展社区合作，举办虚拟展览和活动？这些目标将直接影响系统功能的设计和实施计划。最后，需求分析需要综合考虑用户期望和图书馆的资源和运作情况，制定出一个全面的需求清单。这个清单可以包括系统的基本功能，如借还流程、资源查询、在线预约等，也可以包括更高级的功能，如个性化推荐、社交互动等。此外，需求分析还应考虑系统的安全性、稳定性和可扩展性等方面。

明确自身的需求和目标后，图书馆可以更有针对性地选择合适的自动化系统，设计出符合实际情况的解决方案。这将为后续的系统选型和实施提供有力的指导，确保引入的自动化系统能够真正满足图书馆的需求，并为用户提供更优质的服务体验。

2. 技术选型与方案设计

在引入自动化系统时，技术选型和方案设计是确保系统成功实施的重要步骤。根据图书馆的需求和目标，进行适当的技术选型，考虑到系统的规模、复杂度、预算等因素，是确保系统能够达到预期效果的关键。

首先，技术选型需要基于图书馆的实际情况，选择适合的硬件和软件技术。这涉及到数据库管理系统、应用开发平台、服务器架构等方面的选择。考虑到图书馆可能需要处理大量的数据和用户请求，选取稳定、高效的技术平台至关重要。在进行技术选型的过程中，还需要考虑系统的可扩展性和适应性。图书馆的服务需求可能会随着时间推移而变化，因此选择能够灵活扩展和适应新需求的技术是必要的。此外，技术选型还要考虑系统的安全性，确保用户数据和图书馆的机密信息得到充分的保护。在确定技术选型之后，接下来是系统方案的设计。方案设计是为了确保所选技术能够以合理的方式组合在一起，实现图书馆的需求和目标。这包括了系统的整体架构、各个功能模块的设计、用户界面的布局等方面。在设计系统架构时，需要考虑各个模块之间的交互和通信方式，以确保系统的协调运行。同时，还要考虑系统的可靠性和稳定性，确保系统在高负载情况下能够保持正常运行。功能模块的设计需要根据需求进行详细规划。这包括了借还流程、资源查询、用户管理、数据分析等功能的设计。每个功能模块都需要清晰的功能规格和交互设计，以确保用户能够方便地使用系统并达到预期效果。用户界面的设计也是方案设计的重要部分。界面设计应考虑用户的使用习惯和体验，确保界面简洁明了、易于操作。图书馆可能需要为不同类型的用户设计不同的界面，以满足不同用户群体的需求。

在技术选型和方案设计阶段，充分的技术评估和规划是必不可少的。图书馆需要与技术团队紧密合作，确保所选技术和方案能够实现预期的效果，满足图书馆的需求和目标。这一阶段的工作将为后续的系统实施和上线奠定坚实的基础，确保自动化系统能够成功地为图书馆的用户提供更优质的服务。

3. 实施计划制定

在引入自动化系统之前，制定详细的实施计划是确保顺利过渡的关键一步。这个计划将系统的引入分解成不同的阶段，每个阶段都有明确的时间表、任务分配和里程碑，以确保整个过程有条不紊地进行。

首先，实施计划需要明确系统引入的时间范围和目标。确定开始和结束的日期，并明确每个阶段的预期成果。这有助于团队明确目标，以及制定合理的时间表。其次，根据系统的特点和图书馆的实际情况，将系统实施划分为不同的阶段。每个阶段应有清晰的任务和目标，以确保实施的逐步推进。例如，可以将系统测试、数据迁移、培训等不同阶段分开进行。在每个阶段内，需要明确任务的分工和责任。指定项目团队的成员，明确他们的角色和职责，确保每个任务得到适当的关注和执行。同时，可以制定阶段性的里程碑，用于评估项目的进展情况。随着系统的引入，员工和用户可能会面临新的变化和挑战。因此，沟通和培训计划也是实施计划的重要组成部分。制定清晰的沟通策略，向员工和用户解释系统的好处、变化和影响，以减少他们的不适感和阻力。培训计划是帮助员工和用户适应新系统的关键。根据系统的功能和使用方法，制定培训课程和材料，确保他们能够熟练使用系统。培训可以包括系统操作指导、常见问题解答等，以提供全面的支持。实施计划还需要考虑风险管理。在实施过程中可能会遇到各种问题，如技术故障、数据丢失等。制定相应的风险应对策略，以及问题解决方案，确保在问题发生时能够迅速应对并解决。最后，实施计划的成功需要持续的监督和评估。在每个阶段结束后，对实施的进展进行评估，检查是否达到了预期的目标。根据评估结果，进行必要的调整和优化，确保实施计划能够顺利达到预期效果。

制定详细的实施计划是确保自动化系统引入成功的关键一步。通过明确的时间表、任务分配、沟通和培训计划，以及风险管理策略，图书馆能够有效地引入新系统，提升服务效率和用户体验。

4. 系统部署与测试

系统部署与测试是引入自动化系统的关键步骤，它将设计好的系统方案转化为实际的应用环境，以确保系统能够稳定运行并满足预期要求。

在系统部署阶段，首先需要进行系统的安装和配置。根据之前的技术选型和方案设计，将硬件设备和软件组件部署到相应的环境中。这包括服务器的安装、网络的配置、数据库的设置等。通过仔细的部署，确保系统能够正常运行并满足性能要求。同时，数据迁移也是部署阶段的重要任务之一。将现有的数据从旧系统迁移到新系统中，确保数据的完整性和一致性。这可能涉及到数据格式的转换、数据清洗和验证等工作，以确保新系统能够正常使用现有的数据。在系统部署完成后，进行全面的测试是至关重要的。功能测试旨在验证系统的各项功能是否按照设计要求正常运行。性能测试则用于评估系统在实际使用情况下的性能表现，包括响应时间、并发访问能力等。此外，还需要进行安全测试，以确保系统的安全性，防止潜在的安全漏洞和风险。在测试过程中，如果发现问题或缺陷，需要及时进行修复和调整。这可能涉及到系统代码的修改、配置参数的调整等。通过不断的测试和修复，确保系统能够稳定运行，并在实际应用中表现出色。除了功能、性能和安全测试，还需要进行用户验收测试。在这一阶段，图书馆的员工和用户将实际使用系统，验证系统是否满足他们的需求。收集用户的反馈和意见，用于进一步的优化和改进。

系统部署与测试是自动化系统引入过程中不可或缺的环节。通过仔细的部署、全面的测试以及及时的问题修复，确保系统能够稳定运行、满足预期要求，并为后续的推广和使用打下坚实的基础。

5. 培训与持续支持

在自动化系统实施完成后，图书馆需要着重关注培训与持续支持，以确保系统能够顺利运行并为用户提供优质的服务体验。

首先，针对系统的操作和使用，图书馆需要为员工提供相关培训。这包括系统的各项功能、操作流程、数据输入和查询方法等方面的培训。通过培训，员工可以熟悉系统的各项操作，能够准确地回答用户的问题，指导用户使用系统，从而提升用户体验。除了操作培训，还需要针对技术支持和维护人员进行专业培训。他们需要了解系统的架构和技术细节，以便在出现故障或问题时能够及时诊断和修复。通过培训，确保技术人员能够高效地维护系统的稳定性和可用性。在系统投入使用后，建立持续的技术支持和维护机制是至关重要的。图书馆需要设立相应的支持渠道，如帮助台、在线聊天、电话等，以便用户在使用过程中遇到问题时能够及时得到解答和支持。同时，建立问题解决的流程和时限，确保问题能够得到及时的处理和解决。定期的监测和评估是持续支持的重要组成部分。图书馆可以通过用户反馈、数据分析等手段，了解系统的运行情况和用户满意度。发现问题和改进的机会，可以针对性地进行调整和优化。这可以帮助图书馆保持系统的良好状态，适应用户需求的变化。此外，定期的系统维护和升级也是必不可少的。随着技术的发展和用户需求的变化，系统可能需要进行功能增强、性能优化、安全升级等。定期的维护和升级可以确保系统始终保持在一个稳定、安全和高效的状态。

培训与持续支持是自动化系统实施后的关键环节。通过为员工提供培训，建立技术支持机制，定期监测和评估系统，以及进行系统维护和升级，图书馆可以确保系统能够持续稳定地运行，为用户提供优质的服务体验。

三、数据管理与整合

1. 数据收集与录入

数据收集与录入是图书馆自动化系统中不可或缺的重要环节。随着数字化时代的到来，图书馆需要处理大量的信息和数据，从馆藏资源到用户信息，再到借阅记录和访问统计，每一个数据都对图书馆的运营和决策产生着重要影响。

首先，图书馆资源的信息是核心内容之一。在自动化系统中，图书馆可以将纸质图书、电子资源、多媒体资料等各种资源的详细信息进行录入，包括书名、作者、出版社、ISBN号等。通过建立统一的资源数据库，图书馆能够实现资源的分类、检索和管理，使用户能够更轻松地找到所需的资料。其次，用户信息的收集和管理也至关重要。通过自动化系统，图书馆可以建立用户档案，包括个人信息、借阅记录、兴趣偏好等。这有助于为用户提供个性化的服务，例如推荐适合的图书、提供定制化的信息资源等。此外，用户信息的收集也可以为图书馆的市场营销活动提供依据，吸引更多用户参与。借阅记录和访问统计则是图书馆运营和服务评估的重要依据。通过记录用户的借阅情况和资源的访问次数，图书馆可以了解哪些资源受欢迎，哪些服务受欢迎，从而调整资源的采购和服务的策略。这也有助于图书馆了解用户的阅读习惯和需求变化，以适应不断变化的环境。自动化系统的应用使数据的录入变得更加高效和准确。相比传统的手工录入方式，自动化系统可以通过扫描条码、自动填充等功能，极大地降低了错误的发生率，提升了数据录入的效率。这对于图书馆的资源管理和服务提供具有积极的影响。

数据收集与录入是图书馆自动化系统中的关键一步，它涵盖了图书馆资源信息、用户信息、借阅记录和访问统计等多个方面。通过自动化系统的支持，图书馆能够更加高效、准确地管理和利用这些数据，从而提升服务质量，满足用户需求，实现图书馆的现代化管理。

2. 数据组织与分类

数据组织与分类是在图书馆自动化系统中极其重要的环节，它确保图书馆内各类数据能够高效地存储、管理、检索和呈现。随着信息的爆炸性增长，图书馆不仅需要收集大量的数据，还需要确保这些数据能够被用户和管理人员轻松获取，为他们提供准确、及时的信息支持。

首先，数据的组织和分类有助于实现高效的数据检索。通过将各类资源进行分类，建立清晰的分类体系，图书馆用户能够更轻松地找到所需的资源。例如，图书、期刊、电子资源等可以按照学科领域或内容进行分类，以满足用户不同领域的信息需求。通过建立系统化的分类目录，用户可以更加快速地定位所需信息，提高了信息的获取效率。其次，数据组织与分类有助于图书馆管理人员更好地了解馆藏情况，实现资源的优化配置。通过对数据进行分类和编目，图书馆能够清楚地了解馆藏中各类资源的数量、分布、流通情况等。这样的信息对于图书馆的资源采购、更新和调整具有重要指导作用。例如，如果某一领域的资源被广泛借阅，图书馆可以增加相应领域的采购预算，以满足用户需求。此外，数据组织和分类还有助于实现数字化服务的拓展。随着电子资源和数字化信息的增加，图书馆可以将这些资源按照主题、类型等进行分类，方便用户在线获取。通过建立数字资源的分类目录，用户可以在网络上便捷地检索和使用电子图书、期刊、数据库等资源，无论是学术研究还是自主学习都得到了极大的便利。

数据组织与分类在图书馆自动化系统中的地位不可忽视。它不仅有助于用户更方便地获取所需信息，提升了用户满意度，同时也为图书馆管理人员提供了更好的资源管理工具，从而优化了资源配置和服务质量。通过建立系统化的分类体系和目录，图书馆能够适应信息时代的挑战，为用户提供现代化、智能化的服务，推动图书馆服务的不断创新和发展。

3. 数据存储与保护

在当今信息时代，数据的安全存储和保护已经成为组织如图书馆不可或缺的重要任务。数据作为珍贵的资产，包含了大量用户的个人信息、知识产权和机密信息，必须得到适当的关注和保护。为了确保数据的机密性、完整性以及可用性，图书馆需要采取一系列的措施来预防数据泄露、损坏或未经授权的访问。

首先，图书馆应当建立严格的访问控制机制，以限制数据的访问权限。通过为不同的用户分配不同的权限级别，可以确保只有授权人员才能够访问特定的数据内容。这可以通过身份验证、访问令牌和多因素认证等方式来实现，从而防止未经授权的人员获取敏感数据。其次，加密技术是保护数据机密性的重要手段之一。图书馆可以采用强大的加密算法对数据进行加密，使其在存储和传输过程中变得无法被理解和解读。这意味着即使数据被盗取，攻击者也无法轻易获取其中的实际内容，从而保护了用户隐私和机密信息。此外，数据备份和灾难恢复计划也是数据保护的重要组成部分。图书馆应当定期对数据进行备份，确保数据的复制品存储在不同的地点,以防止硬件故障、自然灾害或人为错误导致的数据丢失。灾难恢复计划则应该明确指导在发生意外情况时,如何迅速地从备份中恢复数据,以最小化数据不可用的时间。另一方面,图书馆也应该实施数据完整性保护措施。数据的完整性是指数据在存储和传输过程中没有被篡改或损坏。通过使用数字签名、校验和数据验证技术,图书馆可以监测数据是否被篡改,确保用户获取的信息是原始、完整的数据。员工培训也是确保数据安全的关键。图书馆工作人员应该受到关于数据保护最佳实践、安全操作和识别潜在威胁的培训。他们需要了解社会工程学攻击、恶意软件和钓鱼等常见威胁,以便能够识别和应对各种安全风险。

数据存储和保护是图书馆管理中不可或缺的重要环节。通过采取严格的访问控制、加密技术、数据备份和恢复计划,以及完整性保护措施,图书馆可以有效地保护数据的机密性、完整性和可用性。此外,持续的员工培训和安全意识活动可以提高工作人员对数据安全重要性的认识,进一步加强整个组织的数据安全防护能力。综上所述,数据安全存储和保护不仅仅是一项技术任务,更是图书馆使命的重要体现,关乎着用户信任和信息社会的可持续发展。

4. 数据整合与分析

在当今数字化时代,数据整合与分析已成为图书馆管理和服务提供的重要一环。自动化系统的引入使得图书馆能够将各类数据汇集到一个统一的平台上,从而为数据的综合分析和有效利用创造了机会。通过深入分析数据,图书馆能够深入洞察用户的借阅喜好、资源的使用情况等关键信息,这为更加精准地提供服务和资源打下了坚实基础。

首先,数据整合为图书馆提供了一个全面了解用户行为的机会。图书馆内部的自动化系统能够收集关于用户借阅、检索、阅读等方面的数据,同时还能够获取到外部数据如社交媒体互动、用户反馈等。将这些数据整合在一起,图书馆可以得知用户对不同类型资源的兴趣、倾向,甚至是阅读的深度和频率。这些信息有助于图书馆了解用户的需求和趋势,从而更好地满足他们的期望。其次,数据分析为图书馆提供了洞察资源利用情况的途径。通过分析数据,图书馆可以了解哪些资源受到欢迎,哪些资源很少被使用。这有助于图书馆更加有针对性地采购、维护和展示资源。例如,如果某一类资源的使用频率较高,图书馆可以考虑增加相关资源的数量,以满足用户的需求。另一方面,如果某些资源的使用率较低,图书馆可以考虑调整展示位置、推广策略或剔除过时资源,以优化资源配置。数据分析还为图书馆的决策提供了依据。通过对数据进行深入分析,图书馆可以发现用户行为和趋势的变化,从而做出更加明智的管理和服务决策。例如,如果数据显示某一类资源的使用在逐年增加,图书馆可以考虑在该领域投入更多的资源和推广活动。反之,如果某一类资源的使用量逐渐下降,图书馆可以思考如何更新或替代这些资源,以保持与用户需求的匹配。数据整合与分析也能够增强图书馆的用户体验。通过分析用户的行为和反馈,图书馆可以定制个性化的服务和建议,提高用户满意度。例如,如果某位用户经常借阅特定主题的书籍,图书馆可以向其推荐相关的新书上架信息或讲座活动,以满足其特定的兴趣。

数据分析还有助于图书馆评估服务的有效性。通过监测用户行为和反馈，图书馆可以了解服务是否达到了预期的效果。这有助于图书馆进行持续的改进和优化，以确保提供高质量的服务和资源。

数据整合与分析在图书馆管理中扮演着至关重要的角色。通过深入分析用户行为、资源利用情况和服务效果，图书馆可以更好地理解用户需求，优化资源配置，提升用户体验，并支持决策的制定。这使得图书馆能够更加精准地满足用户的需求，不断创新和进化，以适应不断变化的信息时代。数据的综合分析和利用不仅仅是图书馆发展的机遇，更是应对挑战、实现目标的必要手段。

5. 数据共享与利用

在数字化时代，自动化系统的应用为图书馆的数据共享与利用创造了前所未有的机会。这一进步不仅促进了图书馆内外部数据的互通互联，还提升了用户的参与感和体验，进一步加强了图书馆作为知识传播和服务中心的地位。

首先，自动化系统使得图书馆能够与其他机构、学校等合作伙伴进行数据共享。通过建立数据接口和标准，不同机构可以在保护隐私和安全的前提下共享资源信息、读者信息、阅读习惯等。例如，图书馆可以与学校合作，将学生的借阅情况与学习成绩相关联，从而更好地了解学生的学术需求，为他们提供个性化的阅读建议和资源支持。这种数据共享不仅有助于优化资源配置，还能够更好地满足用户的多样化需求。其次，图书馆还可以将部分数据开放给用户，增加用户的参与感和体验。通过提供访问统计、资源推荐、热门书籍排行等数据，图书馆可以让用户更好地了解自己的阅读行为和喜好。用户可以根据这些数据做出更加明智的阅读选择，同时也能够感受到图书馆的关注和关心。此外，开放数据还为用户提供了自主探索和学习的机会，促进了知识的传播和共享。另一方面，图书馆内部的数据共享也能够促进服务的整合和协同。通过将不同部门的数据整合在一起，图书馆可以更好地了解用户需求，提供更加一体化的服务。例如，借阅数据可以与用户反馈数据结合，帮助图书馆了解用户对资源的满意度和建议，从而优化资源采购和服务改进。数据共享还可以促进知识的跨学科交流，鼓励合作和创新。数据共享还可以为图书馆的决策提供数据支持。通过分析共享的数据，图书馆可以了解资源的使用趋势、用户的需求变化等关键信息，从而为决策提供数据支持。例如，通过分析共享的借阅数据，图书馆可以预测哪些资源可能会受到更多的需求，从而有针对性地采购这些资源，为用户提供更好的服务。

自动化系统为图书馆的数据共享与利用带来了丰富的机会。通过与其他机构合作共享数据，图书馆可以实现资源的互通互联，更好地满足用户需求。通过开放数据给用户，图书馆增强了用户的参与感和体验，促进了知识的传播。同时，图书馆内部数据的共享也促进了服务的整合和协同，为决策提供了数据支持。这些举措不仅有助于图书馆更好地发挥其作为知识传播和服务中心的功能，也有助于促进社会的信息共享和知识创新。数据的共享与利用已经成为图书馆不可忽视的重要任务，为其未来的发展带来了新的可能性。

四、用户培训与支持

1. 信息素养培训

在信息社会中，信息素养的重要性愈发凸显，而图书馆作为知识传播和学习的中心，扮演着培养用户信息素养的关键角色。信息素养培训是图书馆的一项重要任务，旨在帮助用户掌握搜索技巧、信息评估、引用规范等基本的信息获取和处理技能。通过这些培训活动，图书馆可以为用户提供在信息爆炸时代中获取准确、可靠信息的能力，同时也有助于防范虚假信息和不当引用等问题。

搜索技巧是信息素养的基石之一。在互联网时代，大量信息在我们的指尖可得，但如何有效地检索所需信息却是一门重要的技能。图书馆可以举办搜索技巧培训，教授用户如何使用不同的搜索引擎、数据库和目录，以及如何构建关键词、使用筛选器和限定条件，从而找到更精准的信息资源。这将帮助用户在海量信息中迅速定位所需内容，提高信息获取的效率。

信息评估是信息素养的核心能力。在信息时代，用户面临着大量信息，但并不是所有信息都准确可靠。图书馆可以通过信息素养培训，教导用户如何评估信息的来源、可信度、权威性等因素。培训可以教授用户识别偏见、虚假信息和误导性内容的方法，从而让他们能够更好地辨别真实可靠的信息，做出明智的决策。

引用规范是学术诚信的重要组成部分。在学术研究和写作中，正确引用来源是维护学术诚信的必要条件。通过信息素养培训，图书馆可以向用户介绍不同引用风格（如 APA、MLA、Chicago 等），并解释为什么引用是重要的。这有助于用户避免不当抄袭，学会在自己的研究和写作中正确引用他人的成果，同时也促进了学术交流的透明度和可信度。

防范虚假信息和不当引用是信息素养的应用之一。在社交媒体和互联网上，虚假信息和不当引用等问题时有发生。图书馆可以通过信息素养培训，教导用户如何辨别虚假新闻、谣言和不准确的数据。此外，还可以强调用户在社交媒体上分享信息时的责任，鼓励他们不仅要分享有价值的信息，还要正确引用和注明来源，从而维护信息的准确性和可信度。

信息素养培训的持续性是确保效果的关键。信息技术不断发展，新的信息资源和搜索工具不断涌现。因此，图书馆应当定期更新信息素养培训内容，以适应不断变化的信息环境。持续性的培训可以帮助用户跟上最新的信息获取技能，保持信息素养的敏锐度。

信息素养培训是图书馆不可或缺的重要任务。通过帮助用户掌握搜索技巧、信息评估、引用规范等基本的信息获取和处理技能，图书馆可以提高用户在信息时代中的信息素养，使他们能够更好地利用信息资源，做出明智的决策，并保持学术诚信。信息素养培训不仅有助于用户个体的成长，也促进了整个社会的信息素养水平的提升，从而推动了知识社会的可持续发展。

2.资源使用培训

资源使用培训是图书馆为用户提供的重要服务之一，它有助于帮助用户更有效地利用图书馆的丰富资源，包括图书、期刊、数据库、电子书等。这样的培训活动能够使用户更加熟悉资源的获取途径、检索方法以及利用技巧，从而提升他们的学术研究和学习能力。以下将重点阐述资源使用培训的意义、内容和实施方式。

首先，资源使用培训的意义在于让用户充分了解和掌握图书馆的资源，使其能够高效地满足学术和信息需求。图书馆拥有大量的藏书和电子资源，但用户若不熟悉如何获取和使用这些资源，很难发挥资源的最大价值。资源使用培训可以教授用户如何使用图书馆网站、图书馆目录系统和数据库，以及如何利用检索工具进行精确的信息检索，从而帮助用户找到所需的资料和信息。其次，资源使用培训的内容应当针对不同类型的资源进行详细介绍和演示。对于图书，用户可以学习如何在图书馆目录系统中搜索并定位书籍，以及如何理解书籍的编目信息。对于期刊，培训可以涵盖如何使用期刊数据库搜索特定领域的文章，以及如何获取全文。对于电子书和数据库，培训可以介绍如何通过图书馆网站访问这些资源，以及如何利用高级搜索和筛选功能来精准地获取所需内容。资源使用培训还应当强调如何正确利用引文。引用是学术研究不可或缺的一部分，可以帮助用户验证信息的来源，阐述观点的依据，同时也是维护学术诚信的方式之一。培训可以教授用户如何查找引文规范，如何根据不同的引用风格（如 APA、MLA 等）编写参考文献，以及如何避免不当引用和抄袭。资源使用培训还可以涵盖如何获取全文。在某些情况下，用户可能只能找到文献的摘要或部分内容，而无法获取全文。培训可以教授用户如何利用图书馆提供的获取途径，如在线访问期刊数据库、申请文献传递服务等，来获取完整的文献内容。为了有效实施资源使用培训，图书馆可以采取多种方式。首先，可以组织定期的培训课程，邀请专业讲师或图书馆员工为用户进行详细的讲解和演示。其次，可以在图书馆网站上提供在线教程和视频，让用户可以随时随地学习资源使用技能。此外，还可以为个人或小组提供个性化的咨询服务，根据用户的需求和兴趣，提供定制化的培训。

资源使用培训是图书馆提供的关键服务之一，它有助于用户更好地利用图书馆的丰富资源，提升他们的学术研究和学习能力。通过教授搜索技巧、获取全文、利用引文等技能，资源使用培训不仅帮助用户更高效地获取信息，还促进了学术诚信和信息素养的培养。图书馆可以通过不同的培训方式，确保用户充分了解资源的获取和利用方法，从而更好地支持他们的学术和研究活动。

3.数字工具培训

随着数字化的浪潮不断涌现，数字工具在学术研究、信息管理和知识传播领域扮演着越来越重要的角色。图书馆作为信息服务的中心，除了提供资源获取和信息素养培训外，还可以为用户提供数字工具培训，如参考管理软件、在线协作工具和数据可视化工具等。这些培训旨在帮助用户更高效地管理信息、合作研究和展示成果，从而更好地适应数字化时代的挑战和机遇。

参考管理软件培训：在学术研究中，正确管理和引用参考文献是必不可少的一环。图书馆可以为用户提供参考管理软件（如 EndNote、Zotero、Mendeley 等）的培训，教导用户如何导入文献、创建引文、生成参考文献列表等功能。这样的培训有助于用户更好地管理自己的研究文献库，提高写作效率，同时也避免了繁琐的手工引用。

在线协作工具培训：在科研过程中，合作是不可或缺的。在线协作工具（如 Google Docs、Microsoft Teams、Slack 等）能够帮助用户实现跨地域、跨时区的协作。图书馆可以为用户提供这些工具的培训，教授如何创建共享文档、实时协同编辑、交流沟通等功能。这有助于用户更好地合作撰写论文、策划项目，提高团队的协作效率。

数据可视化工具培训：数据可视化在展示和传达复杂信息方面具有重要作用。图书馆可以为用户提供数据可视化工具的培训，教授如何使用工具（如 Tableau、Power BI、D3.js 等）将数据转化为图表、图形、地图等形式，从而更好地解释和展示研究成果。这有助于用户更生动地呈现研究数据，让信息更具吸引力和可理解性。

科研平台培训：一些学术出版商和科研机构提供各种科研平台，用于发表论文、查找研究合作机会等。图书馆可以为用户提供这些平台的培训，教导用户如何注册账户、提交论文、查找合作伙伴等操作。这样的培训有助于用户更好地利用科研平台，拓展学术影响力和合作机会。

数字工具培训的形式多样。图书馆可以组织面对面的培训课程，邀请专业讲师进行详细的介绍和演示。此外，也可以提供在线教程、视频教程和教学文档，让用户可以根据自己的时间和节奏进行学习。同时，个性化的咨询服务也非常重要，根据用户的需求和兴趣，提供定制化的培训指导，确保用户能够真正掌握所需的数字工具技能。

数字工具培训是图书馆在数字化时代的重要任务之一。通过教授参考管理软件、在线协作工具、数据可视化工具等技能，图书馆可以帮助用户更好地管理信息、合作研究和展示成果。这有助于用户在学术和研究领域中更具竞争力，也有助于提升整个社会的数字素养水平。图书馆可以通过不同的培训方式，确保用户能够熟练地利用数字工具，从而更好地应对当今信息社会的挑战。

4. 学术写作支持

在学术研究和知识传播的领域，学术写作是一项至关重要的技能。图书馆作为知识资源的守门人，除了提供资源获取和信息素养培训外，还可以为用户提供学术写作支持，涵盖文献引用、论文结构、语言规范等方面的指导。这些支持活动旨在帮助用户提升学术写作水平，更好地表达和传达研究成果，从而促进学术交流和成果的有效传播。

文献引用指导：图书馆可以为用户提供关于文献引用的指导，教授不同引用风格（如 APA、MLA、Chicago 等）的使用规范。培训可以包括如何识别文献引用的要素，如何编写引文和参考文献，以及如何根据不同资源类型进行引用。这有助于用户在撰写论文和研究报告时，遵循学术诚信原则，正确引用他人的成果。论文结构指导：合理的论文结构能够帮助研究成果更好地组织和呈现。图书馆可以为用户提供有关论文结构的指导，如如何编写引言、方法、结果、讨论和结论等部分。培训还可以教授如何确保逻辑清晰、段落衔接流畅，从而使论文的结构更具吸引力和可读性。语言规范指导：学术写作需要使用准确、规范的语言表达。图书馆可以提供语言规范的指导，帮助用户避免常见的语法错误、拼写错误和用词不当等问题。此外，还可以教授如何选择恰当的学术词汇、避免使用不正式的表达方式，以确保文章的语言表达符合学术写作的要求。写作流程和技巧指导：学术写作是一个复杂的过程，需要一定的技巧和方法。图书馆可以为用户提供关于写作流程和技巧的指导，如如何设定写作计划、如何克服写作障碍、如何编辑和润色文章等。这有助于用户更高效地进行学术写作，减少拖延和失落感，从而更好地完成研究项目。个性化写作指导：每位研究者的写作需求和风格都可能不同。图书馆可以为用户提供个性化的写作指导，根据用户的研究领域和写作需求，提供针对性的建议和指导。个性化的指导能够帮助用户更好地解决具体问题，提升学术写作的质量和效果。

为了有效实施学术写作支持，图书馆可以采取多种方式。首先，可以组织面对面的写作指导课程，邀请专业写作指导师或图书馆员工为用户提供实时的指导和反馈。其次，可以在图书馆网站上提供写作指南、样例文章和写作资源，供用户参考和学习。同时，个性化的咨询服务也非常重要，根据用户的写作项目，提供定制化的写作指导，确保用户能够解决具体的写作问题。

学术写作支持是图书馆为用户提供的关键服务之一。通过提供文献引用、论文结构、语言规范等方面的指导，图书馆可以帮助用户更好地表达和传达研究成果，促进学术交流和成果的有效传播。这有助于用户在学术研究中更具竞争力，同时也有助于提升整个社会的学术素养水平。图书馆可以通过不同的培训方式，确保用户能够掌握学术写作的技能，从而更好地应对学术和研究活动的挑战。

5. 个性化咨询服务

个性化咨询服务是图书馆为用户提供的重要服务之一，它旨在帮助用户解决特定的信息需求和问题，以满足他们在学术研究和学习过程中的个性化需求。通过预约或在线交流等方式，用户可以得到针对性的指导，从而更好地利用图书馆的丰富资源和多样化的服务。

预约咨询服务：图书馆可以设置预约制度，让用户可以提前预约图书馆员的咨询时间，以便得到个性化的指导。在预约咨询时，用户可以详细描述自己的信息需求和问题，让图书馆员事先准备相关资源和答案，从而在咨询过程中更高效地解决用户的困惑。

在线咨询服务：图书馆可以通过在线聊天、电子邮件或社交媒体等渠道，为用户提供即时的咨询服务。在线咨询可以让用户随时随地向图书馆员提问，解决在使用图书馆资源和服务时遇到的问题。这种方式尤其适合忙碌的用户，能够在不受时间和地点限制的情况下获取帮助。

参与式咨询：图书馆还可以采取参与式的咨询方式，鼓励用户积极参与并分享自己的经验。例如，可以组织用户反馈会议或小组讨论，让用户提出建议和意见，从而改进图书馆的服务和资源。这种参与式的咨询可以更好地满足用户的需求，让用户感受到他们对图书馆发展的影响力。

学科指导：针对不同学科领域的用户，图书馆可以提供专门的学科指导咨询。这种服务可以由具有专业背景和经验的图书馆员提供，帮助用户找到特定领域的相关资源、数据库和研究方法。学科指导可以帮助用户更深入地了解自己领域的信息资源和研究工具。

技术支持：对于使用图书馆网站、数据库、参考管理软件等技术工具时遇到的问题，图书馆可以提供技术支持咨询。用户可以咨询有关登录、检索、下载、访问权限等技术问题，图书馆员可以为他们提供详细的操作指导和解决方案。

个性化咨询服务的优势在于它能够根据用户的具体情况提供针对性的帮助，解决他们在使用图书馆资源和服务过程中的疑问和问题。通过个性化的交流，图书馆可以更好地理解用户的需求，为他们提供更具体、更有效的支持。

为了实施个性化咨询服务，图书馆可以采取多种方式。首先，可以设置专门的咨询服务窗口，让用户可以直接前往图书馆咨询台进行面对面交流。其次，可以在图书馆网站上提供咨询预约系统，让用户可以根据自己的时间安排预约咨询时间。同时，也可以通过在线聊天、电子邮件等方式提供即时的咨询服务。

个性化咨询服务是图书馆为用户提供的重要服务之一。通过预约或在线交流等方式，用户可以得到针对性的指导，更好地利用图书馆的资源和服务。这有助于用户解决特定的信息需求和问题，提升他们的学术研究和学习效果。图书馆可以通过不同的咨询方式，确保用户能够得到及时、准确的个性化支持，从而更好地满足他们多样化的学术和信息需求。

第二节 数字图书馆的建设与管理

一、数字图书馆概述

1. 数字资源的丰富性

数字资源的丰富性是数字图书馆的一个重要特点，它以数字化技术为基础，将各种形式的信息资源转化为电子格式，从而使用户能够在互联网上随时随地访问这些资源。这种丰富性不仅丰富了图书馆的藏书，还为用户提供了更广泛的信息获取渠道，满足了不同学科领域的需求。

首先，数字化技术使得图书馆可以将大量的图书、期刊、报纸等传统文献资源进行数字化处理，形成电子书籍、电子期刊等电子资源。这些资源不仅可以与实体图书馆的藏书并行存在，还具有可检索、可复制、可在线阅读等优势，为用户提供了更便捷的访问方式。

其次，数字图书馆还收集并提供了丰富多样的非文字类资源，如音频、视频、图片、地图等。这些资源在各个学科领域都具有重要价值，能够更直观地呈现信息，丰富了用户的学习和研究体验。例如，学者可以通过观看视频讲座、听取学术讲座、浏览数字化图片等方式获取知识和信息。

此外，数字图书馆还致力于数字化保存和传播文化遗产。许多历史文献、珍贵手稿、古老地图等被数字化处理后，得以保存在数字图书馆中，让用户可以追溯历史、研究文化演变，为保护和传承文化遗产做出了重要贡献。

数字资源的丰富性不仅体现在数量上，还体现在多样性上。数字图书馆收录了来自不同国家、不同语种、不同学科领域的资源，为用户提供了更全面的信息源。这使得用户可以跨越地域和文化限制，获取多元化的知识和信息。

数字资源的丰富性对于学术研究、教育和文化传播都具有重要意义。研究者可以更广泛地获取相关文献，拓展研究视野，促进学术交流。教育工作者可以借助数字资源为教学提供多样化的案例和素材，丰富课堂教学。同时，数字图书馆的数字化文化遗产资源也为文化传播和历史研究提供了珍贵资源。

数字资源的丰富性是数字图书馆的重要特点，它通过数字化技术转化各种形式的信息资源为电子格式，为用户提供了更广泛、更便捷的信息获取渠道。这种丰富性不仅增加了图书馆的藏书价值，还拓展了用户的知识视野，满足了不同学科领域的需求，为学术研究、教育和文化传播带来了新的可能性。全球范围的访问

数字图书馆的资源在网络上进行存储和传播，使用户无须前往实体图书馆，即可通过互联网获取信息。这意味着用户可以跨越地域限制，访问来自世界各地的信息资源，拓展了他们的知识和视野。

2. 多样化的服务

当谈及数字图书馆的服务范围时，其多样性成为一个引人注目的特点。数字图书馆不仅以数字资源为基础，更通过一系列在线服务满足广泛的用户需求。这些服务的多样性旨在为用户提供更加便捷、高效的信息获取和交流方式，以满足不同用户群体的独特需求。

首先，数字图书馆通过强大的在线检索功能，使用户能够轻松地通过关键词、主题、作者等信息快速定位所需资源。这种检索方式不仅节省了用户的时间，还能够满足他们的即时信息需求，从而促进学术研究和学习的进行。其次，数字图书馆通过电子邮件咨询为用户提供了与图书馆员的便捷沟通途径。用户可以在遇到资源获取、引用规范、文献检索等问题时，通过电子邮件与图书馆员进行交流，获得专业的指导和解答。在线聊天服务是数字图书馆另一个重要的支持方式，用户可以在图书馆网站上即时与图书馆员进行交流，解决问题，获得帮助。这种实时交流方式消除了等待邮件回复的不便，为用户提供了及时的支持。虚拟参观是数字图书馆创新的一部分，通过虚拟现实技术，用户可以仿佛置身于实体图书馆的环境中，浏览书架、阅览区等，获得与实际访问相似的体验。同时，数字图书馆也为用户提供了在线导览功能，帮助用户更好地了解数字图书馆的服务和资源。这种用户友好的导览方式使得用户可以更快地适应数字图书馆的界面和功能，提高使用效率。

此外，数字图书馆通过数据库培训，帮助用户掌握如何使用特定的数据库进行检索和利用。这种培训有助于用户更加高效地利用各种学术数据库，找到与其研究课题相关的文献。资源推荐是数字图书馆个性化服务的一部分，基于用户的兴趣和历史记录，为他们推荐适合的资源。这种个性化推荐有助于用户更快地发现与他们研究领域相关的资料。数字素养培训是数字图书馆的又一关键服务，教导用户如何进行有效的信息检索、资源评估和引用规范等。这有助于提升用户在信息时代的信息获取和利用能力。

数字图书馆不仅提供丰富的数字资源，更通过在线服务为用户创造了多样化的体验。无论是在线检索、电子邮件咨询、在线聊天还是虚拟参观等，这些服务为用户提供了更灵活、高效的信息获取和交流方式。数字图书馆通过多样化的服务，不仅提升了用户的满意度，还加强了图书馆与用户之间的互动，促进了知识的传播与共享。

3. 可持续发展

数字图书馆的可持续发展是其在数字化时代的又一个显著特点，它通过数字化技术的应用，实现了信息资源的长期保存和可持续利用。这种持续性不仅有助于保护和传承文化遗产，还为未来的学术研究和学习提供了可靠的信息基础。

数字图书馆的数字化技术使得信息资源从传统的纸质形式转化为电子格式，存储在服务器和云端中。相比于实体文献，数字资源不易受到自然灾害、物质老化等因素的影响，更能够长期保存。数字化的存储方式还消除了空间限制，不再需要大量的实体存储空间，进一步确保了信息资源的可持续存储。数字图书馆通过数字化技术，建立了高效的管理系统。数字资源可以根据需求进行备份、迁移和恢复，确保数据的安全性和完整性。同时，数字化的存储方式也使得资源的管理更加灵活，可以随时进行更新、编辑和维护，确保信息资源始终保持最新和准确。数字图书馆在可持续发展方面还具备文化遗产保护的重要作用。许多文化遗产，如古籍手抄本、珍贵手稿等，经过数字化处理后得以保存，避免了时间和自然环境对其造成的破坏。这为后代传承文化遗产提供了宝贵的资源，让更多人可以从中受益。此外，数字图书馆还通过数字化技术推动了信息资源的共享和合作。数字资源可以通过网络轻松共享，不再受到地域限制，实现了全球范围内的知识流通。这种共享方式促进了不同地区、不同文化之间的互动与合作，推动了知识和文化的交流。数字图书馆的可持续发展还得益于数字技术的不断进步。随着科技的发展，数字化技术不断更新换代，旧的数字资源可以进行迁移和更新，以适应新的技术环境，延续其价值。同时，数字技术的进步也为数字图书馆的发展带来了更多创新和可能性，使得数字图书馆能够不断适应时代变化，保持可持续的发展动力。

数字图书馆通过数字化技术的应用，实现了信息资源的长期保存和可持续利用。数字资源的抗自然灾害性、高效管理性以及对文化遗产的保护作用，为未来的学术研究、学习和文化传承提供了可靠的支持。数字图书馆在信息时代的持续发展中，将继续发挥其重要作用，为人类社会的进步和发展作出贡献。

4. 创新的信息获取体验

数字图书馆在信息获取体验方面积极探索创新，通过应用新技术和个性化服务，为用户提供更加丰富、便捷、个性化的信息获取体验。以下是数字图书馆创新信息获取体验的几个重要方面：

首先，数字图书馆采用虚拟现实技术，为用户创造出身临其境的体验。通过虚拟现实技术，用户可以像在实体图书馆一样，自由漫游图书馆的各个角落，浏览书架、阅览区，甚至与其他虚拟用户交流。这种沉浸式的体验让用户仿佛真实存在于图书馆的环境中，增强了信息获取的趣味性和互动性。其次，数字图书馆通过分析用户的兴趣和行为，为他们提供个性化的资源推荐和学术支持。通过收集用户的搜索历史、下载记录以及阅读习惯，数字图书馆可以了解用户的需求，从而向他们推荐与其兴趣相关的资源。这种个性化推荐不仅节省了用户的时间，还使他们更容易找到所需的信息。数字图书馆还注重提供多样化的信息展示方式。除了传统的文字检索，数字图书馆还可以采用图表、图片、视频等多种形式，将信息呈现给用户。这有助于满足不同用户的学习习惯和信息获取方式，提供更全面、多元的信息资源。

数字图书馆还致力于将社交互动融入信息获取体验中。通过社交媒体平台，图书馆可以与用户进行互动，分享资源、提供服务，回答用户的问题，增加用户与图书馆之间的联系和参与感。这种互动促进了知识的交流和共享，丰富了用户的信息获取体验。

创新的信息获取体验还体现在数字图书馆的用户界面和功能设计上。数字图书馆致力于打造用户友好的界面，使用户可以轻松地浏览、检索、阅读和下载资源。同时，数字图书馆还不断改进功能，为用户提供更高效的搜索、筛选、引用等工具，使他们能够更快速地获取所需信息。

数字图书馆通过创新手段，为用户提供更好的信息获取体验。虚拟现实技术、个性化推荐、多样化的信息展示方式、社交互动以及用户界面和功能设计的优化，都使得用户能够以更轻松、有趣、便捷的方式获取所需的知识和信息。数字图书馆在不断追求创新的同时，也为用户提供了更加愉悦和丰富的学术和知识体验。

二、数字资源采集与管理

1. 多渠道采集

数字图书馆的数字资源采集与管理是保障其信息丰富性和多样性的重要环节。在这个过程中，多渠道采集显得尤为重要。多渠道采集意味着数字图书馆从不同的来源获取数字资源，包括购买订阅、合作伙伴提供、捐赠和自主创作等途径。这种多元化的采集策略旨在确保数字图书馆的资源库丰富多样，满足不同用户群体的需求。

首先，购买订阅是一种常见的数字资源采集方式。通过购买订阅，数字图书馆可以获得权威的学术期刊、数据库等资源的使用权，为用户提供及时更新的学术信息。其次，与合作伙伴建立合作关系是另一种重要的渠道。这样的合作可以帮助数字图书馆获取特定领域的独家信息资源，满足用户对深度信息的需求。

捐赠也是数字图书馆获取珍贵文化遗产资源的关键途径。个人和机构的捐赠使得数字图书馆能够获取珍贵的文献、手稿、照片等资源，丰富了数字图书馆的文化遗产。最后，数字图书馆还可以通过自主创作来充实其资源库。自主创作可以涵盖图书、课程教材、研究报告等，为用户提供更多元化的知识内容。

多渠道采集的优势在于能够从不同的渠道获取多种资源，丰富了数字图书馆的藏品。这有助于满足不同用户的需求，提供更广泛、深入的信息支持。然而，多渠道采集也带来了管理和维护的挑战，需要数字图书馆建立有效的资源组织、分类和维护机制，确保资源的质量和可用性。

多渠道采集是数字图书馆数字资源采集与管理的核心策略之一。通过购买订阅、合作伙伴提供、捐赠和自主创作等多种方式的结合，数字图书馆能够确保其资源丰富多样，为用户提供更丰富的信息获取体验。这种多元化的采集方式使得数字图书馆能够在学术、研究和文化领域持续发展，为用户和社会创造更大的价值。

2. 有效组织与分类

对于数字图书馆而言，有效的资源组织与分类是确保用户能够高效检索和使用数字资源的关键环节。采集来的各种数字资源，如果不经过系统的组织和分类，将难以为用户提供便捷的信息获取体验。因此，数字图书馆采用清晰的分类体系、丰富的元数据描述以及标准的主题词汇和索引术语等方法，来实现资源的有序管理和精准检索。

建立清晰的分类体系是资源组织的基础。数字图书馆需要根据资源的主题、学科、类型等因素，设计出具有层次结构的分类体系。通过合理的分类，用户可以在大量资源中迅速找到与其需求相关的内容。例如，可以将资源分为人文科学、自然科学、社会科学等大类，再进一步细分为各个具体的学科领域，使得用户可以按需检索。

为每个资源添加适当的元数据是关键。元数据是描述资源特征和内容的信息，包括标题、作者、出版年份、摘要等。通过丰富的元数据描述，用户可以更准确地了解资源的内容和特点，从而决定是否进一步查阅。元数据也有助于资源的搜索和检索，用户可以通过关键词、作者名等信息快速找到相关资源。

此外，使用标准的主题词汇和索引术语有助于提高资源的可检索性。数字图书馆可以采用国际通用的主题词汇，如国际标准书目号（ISBN）、国际标准刊号（ISSN）等，来标注和索引资源。这样的标准化标识符和词汇可以使资源跨平台、跨系统地被检索，提供更广泛的可访问性。

通过良好的资源组织和分类，数字图书馆可以为用户提供更高效的信息获取体验。用户可以在庞杂的数字资源中快速找到所需的信息，无须耗费大量时间和精力。此外，有效的资源组织还有助于发现资源之间的关联性，帮助用户更全面地了解相关领域的知识。

资源组织与分类在数字图书馆中具有重要作用。通过清晰的分类体系、丰富的元数据描述以及标准的主题词汇和索引术语，数字图书馆可以为用户提供更便捷、高效的资源访问途径，提升信息获取的质量和效率。这种精细化的管理方式为数字图书馆的信息服务提供了坚实的基础，满足用户对多样化知识的需求。

3. 数字资源存储与维护

在数字图书馆中，数字资源的存储和维护是确保这些资源可持续利用的关键环节。有效的存储和维护策略能够保障数字资源的安全性、完整性和稳定性，为用户提供持久的、可靠的访问体验。

选择合适的存储技术和设备是数字资源存储的基础。数字图书馆需要考虑资源的规模、种类以及长期保存的需求，选择适合的存储设备，如服务器、云存储等。云存储作为一种灵活的选择，可以根据需求进行扩展，同时提供了高可用性和容灾能力，以应对突发情况。数字资源的安全性至关重要。数字图书馆需要采取安全措施，确保资源不受恶意攻击、病毒感染或非法访问的影响。这包括防火墙设置、数据加密、访问控制等措施，以保护数字资源的机密性和完整性。此外，定期的安全审计和漏洞修复也是确保数字资源安全的重要手段。

定期的维护工作对于数字资源的长期保存和可用性至关重要。其中，资源的备份是一项基础性工作，可以在意外数据丢失时恢复资源。通过定期的备份，数字图书馆可以确保即使出现硬件故障或人为失误，也能够快速恢复数据。同时，资源的修复和更新也是必要的工作。随着技术的发展和格式的变化，数字资源可能会出现不兼容或损坏的情况，因此需要定期检查和修复资源，保障其正常使用。

另一个重要的维护工作是格式转换。数字资源可能使用不同的文件格式，而某些格式可能在未来变得不再兼容或受支持。为了确保数字资源的长期可访问性，数字图书馆需要定期将资源转换为较为稳定和普遍支持的格式。这有助于避免因格式变化而导致的资源不可访问问题。

数字资源的存储和维护是数字图书馆不可或缺的环节。选择合适的存储技术和设备、确保资源的安全性、定期的备份、修复、更新和格式转换等维护工作，都是保障数字资源长期保存和可持续利用的关键步骤。数字图书馆通过科学的管理和维护策略，为用户提供稳定、可靠的数字资源访问，支持学术研究、学习和文化传承的持续发展。

4. 版权管理与授权

在数字图书馆的数字资源采集与管理过程中，版权管理与授权问题是一项极为重要的考虑因素。数字资源的合法使用需要遵循严格的版权法律法规，数字图书馆必须确保所采集的资源具有合法的版权授权，以便为用户提供合法、可信的信息资源。

版权管理涉及数字资源的权利归属和使用权限。数字图书馆需要明确了解每个资源的版权归属，即资源的创作者或版权持有人。这有助于确保采集的资源在合法的范围内使用，并避免侵犯他人的知识产权。此外，数字图书馆需要明确资源的使用权限，即可以提供资源的哪些使用方式（如阅读、下载、分享等），以及是否需要支付费用或获得授权。

授权是解决版权问题的关键方法之一。数字图书馆需要与内容提供商、出版商、创作者等进行合作，获取适当的授权和许可。这可能涉及到购买数字资源的使用权、订阅数据库、签署合作协议等。通过正式的合同和授权，数字图书馆可以获得合法使用数字资源的权利，并为用户提供合规的信息服务。

数字图书馆还需要关注开放获取资源的版权问题。开放获取资源通常具有更灵活的版权授权，但也需要遵循特定的开放许可协议，如创作共用许可（Creative Commons licenses）。这些许可协议明确了资源可以被如何使用，用户需要遵守相应的使用规定。版权管理与授权问题在数字图书馆中是复杂且关键的环节，其合法性直接影响到数字资源的使用和传播。数字图书馆需要建立专门的版权管理体系，明确采集、存储和使用数字资源的规则和标准。同时，数字图书馆还需教育用户关于版权法律法规和资源使用的合法性，以提高用户的版权意识。版权管理与授权是数字图书馆数字资源采集与管理不可或缺的一部分。通过与内容提供商、出版商等合作，获得合适的授权和许可，数字图书馆能够提供合法、可靠的数字资源，为用户提供高质量的信息服务，同时也维护了知识产权的合法权益。

三、版权与许可管理

1. 明确版权法律法规

在数字图书馆进行数字资源的采集与管理之前，明确国家和国际上的版权法律法规是一个至关重要的步骤。版权法律是保护创作者和版权持有人权益的法律框架，它确保创作成果得到合法的保护和使用。对于数字图书馆而言，了解并遵循这些法律规定，有助于确保数字资源的合法性，避免侵权风险，以及维护知识产权的权益。

首先，著作权法是保护文学、艺术和科学作品的法律体系。在数字图书馆中，许多数字资源都涵盖了文学、艺术和科学等方面的内容，因此著作权法律规定对这些资源具有直接适用性。著作权法规定了创作作品的权利，包括复制权、发行权、表演权等，以及这些权利的时限和限制。数字图书馆需要了解这些权利的范围，以便在采集、存储和提供资源时遵循合法的使用规定。

其次，数字著作权法则更具针对性，专门涵盖了数字环境下的版权问题。数字著作权法强调了数字资源的复制、传播、展示等行为在网络环境下的特殊性。它规定了数字环境下的版权管理措施、技术保护手段，以及数字资源的合理使用原则。数字图书馆需要理解这些规定，确保数字资源的数字环境下的合法使用。

数字图书馆还需要关注国际上的版权法律法规，特别是相关的国际公约和条约，如《世界知识产权组织版权条约》（WIPO Copyright Treaty）等。这些国际法律框架规定了数字环境下的版权保护标准，对于跨境数字资源的采集和使用具有指导意义。

明确版权法律法规对于数字图书馆的数字资源采集与管理至关重要。通过了解国家和国际上的版权法律框架，数字图书馆可以确保所采集的数字资源在合法范围内使用，避免侵权风险，以及维护知识产权的权益。这也体现了数字图书馆对法律合规的高度重视，为用户提供合法、可靠的数字资源服务。

2. 获取合法授权与许可

在数字图书馆的数字资源采集与管理过程中，获取合法的授权与许可是确保数字资源合法使用的关键步骤。为了保障数字资源的版权合规性，数字图书馆需要与内容提供商、出版商、创作者等进行合作，获取资源的合法使用权限，以便为用户提供合规的信息服务。

合作与购买订阅：数字图书馆可以与内容提供商或出版商建立合作关系，购买订阅服务或获得资源的使用授权。这种合作方式可以让数字图书馆获得特定领域的专业资源，以及稳定的访问权限。通过购买订阅，数字图书馆可以获得一定期限内的访问权，从而提供给用户合法的资源使用途径。

签署合同与许可协议：数字图书馆可以与内容提供商、出版商等签署合同或许可协议，明确资源的使用范围、期限和条件。合同或协议中可以规定资源的具体使用方式，如是否允许下载、打印、转载等，以及是否需要支付费用。这种明确的许可协议有助于双方在法律框架内合规地开展合作。

遵循开放许可协议：对于开放获取资源，数字图书馆需要遵循相应的开放许可协议，如创作共用许可（Creative Commons licenses）。这些协议明确了资源可以被如何使用，以及用户需要遵守的使用规定。通过遵循开放许可协议，数字图书馆可以确保开放获取资源的合法使用，同时也支持知识的共享和传播。

审查合规性：在获得资源的授权和许可后，数字图书馆需要审查资源的合规性。这可能包括审核资源是否符合合同中规定的使用范围，是否遵循开放许可协议等。通过审查，数字图书馆可以确保所提供的资源在合法范围内使用，避免版权纠纷和侵权风险。

获取合法的授权与许可是数字图书馆数字资源管理的基础。通过与内容提供商、出版商等合作，购买订阅、签署合同或许可协议，遵循开放许可协议等方式，数字图书馆可以获得资源的合法使用权限，为用户提供合规的信息服务。这种合法的合作关系不仅维护了知识产权的权益，也为数字图书馆提供了多样化且合法的数字资源。

3. 遵循开放许可协议

开放获取资源在数字图书馆中发挥着重要的作用，它们为用户提供了更广泛的知识获取渠道，同时也促进了知识的共享和传播。为了确保开放获取资源的合法使用，数字图书馆需要遵循相应的开放许可协议，其中最常见的就是创作共用许可（Creative Commons licenses）。

创作共用许可是一种灵活的许可协议体系，它允许创作者为其作品选择不同的许可条款，以适应不同的使用需求。创作共用许可包括多个不同的许可类型，每种类型都明确了资源可以被如何使用，以及用户需要遵守的规定。以下是创作共用许可的一些常见类型：

署名（BY）：这是最基本的创作共用许可，要求用户在使用资源时进行署名，即注明原作者的姓名。这有助于保护创作者的权益，同时也为用户提供了使用资源的合法途径。

非商业性使用（NC）：这种许可类型要求用户在使用资源时不能从中获得商业利益，即不能进行商业性的销售或盈利活动。这种许可适用于非商业性的教育、研究、个人使用等情况。

相同方式共享（SA）：这种许可要求用户在使用资源时，如果对资源进行了修改、演绎或创作衍生作品，必须采用相同的创作共用许可协议进行共享。这有助于保持资源的开放性和共享性。

禁止演绎（ND）：这种许可类型要求用户在使用资源时不能进行修改、演绎或创作衍生作品。资源必须以原始状态进行共享。

数字图书馆需要深入了解不同创作共用许可类型的具体要求，以确保开放获取资源的合法使用。这可能涉及到在数字图书馆的平台上明确显示许可类型和规定，以便用户在使用资源时能够了解到何种使用是允许的，何种是被限制的。数字图书馆还应提供有关创作共用许可的信息，教育用户遵守相应的规定，促进资源的合法共享和传播。

遵循开放许可协议是数字图书馆确保开放获取资源合法使用的关键措施之一。了解不同创作共用许可类型的要求，确保用户在使用资源时遵守相应的规定，不仅保护了创作者的权益，也促进了知识的共享和传播。通过有效的开放许可管理，数字图书馆为用户提供了合法、可靠的开放获取资源服务。

4. 维护版权意识与教育

在数字图书馆的数字资源采集与管理过程中，维护版权意识与开展版权教育是促进合法使用和保护知识产权的重要举措。通过教育用户，提高他们对版权法律法规的认识和理解，数字图书馆可以帮助用户更加谨慎地使用数字资源，遵守合法的使用规定，以及增强他们的版权意识。

提供版权宣传材料：数字图书馆可以准备版权宣传材料，将版权相关的知识以简明易懂的方式呈现给用户。这些宣传材料可以包括版权基本知识、常见违规行为、合法使用的案例等内容，帮助用户了解版权的重要性和合法使用的原则。

举办版权讲座和研讨会：数字图书馆可以举办版权讲座、研讨会等活动，邀请法律专家、知识产权专家等进行演讲，分享关于版权法律法规、合法使用方法以及侵权案例等方面的知识。这样的活动可以加深用户对版权问题的认识，解答疑问，促进知识的传播。

开展版权培训：数字图书馆可以针对特定用户群体，如研究人员、学生、教师等，开展专门的版权培训课程。培训课程可以涵盖版权法律基础、数字资源使用规范、开放获取资源的合法使用等内容，帮助用户更好地理解版权法律法规，避免侵权行为。

数字资源使用指南：数字图书馆可以为用户提供数字资源使用指南，明确资源的合法使用方式和限制。指南可以详细解释版权法律规定，介绍开放获取资源的许可协议，以及用户在使用数字资源时需要注意的事项。这样的指南可以成为用户的参考工具，帮助他们合法地使用数字资源。

在线教育资源：数字图书馆可以在其网站或平台上提供在线教育资源，如版权教育视频、在线课程等。这些资源可以随时随地地帮助用户学习关于版权的知识，提高他们的版权意识。

通过维护版权意识与开展版权教育，数字图书馆可以有效地帮助用户理解版权法律法规，遵守合法使用的原则，减少不当使用和侵权的风险。合法使用数字资源不仅有助于保护创作者的权益，也为数字图书馆提供了更加可靠的资源服务，增强了其在知识传播领域的影响力。

四、用户体验与导航

1. 用户界面设计

数字图书馆的用户界面设计至关重要，它直接影响着用户在平台上的体验和互动。一个成功的用户界面应该注重以下几个方面，以确保用户能够迅速找到所需的信息和资源，从而提升整体的用户体验。

用户界面设计应该简洁明了，避免过多的复杂元素和干扰。清晰的页面布局能够让用户更容易理解和操作，减少混淆和困惑。标签和导航栏的选择应当考虑用户的习惯和信息需求。使用易于理解的词汇和术语，合理的分类和标签能够帮助用户快速定位所需内容。友好的用户界面是提升用户体验的关键。元素的大小、颜色和排版应考虑到易读性和视觉吸引力，以及在不同设备上的可操作性。保持一致的设计风格有助于创建统一的视觉品牌，用户能够在不同页面中轻松切换，降低混淆的可能性。

响应式设计是必要的，以确保用户在不同设备上都能够获得一致的体验，提高平台的访问便捷性。提供易于访问的帮助与支持，如常见问题解答、用户指南、联系方式等，可以帮助用户在遇到问题时快速获得帮助，提升用户满意度。数字图书馆的用户界面设计应当注重简洁性、直观性和友好性。通过合理的布局、标签和导航，以及保持一致的设计风格，数字图书馆可以为用户提供更好的信息获取体验，提升其对平台的满意度和参与度。搜索与检索功能

强大的搜索与检索功能是数字图书馆的核心。提供高效的搜索引擎、多样的检索方式（关键词、主题、作者等），以及精确的搜索结果过滤和排序功能，可以帮助用户快速找到他们需要的资源。

2. 个性化推荐

数字图书馆通过个性化推荐功能，可以为用户提供更加定制化的信息服务，从而增强用户的满意度和参与度。基于用户的兴趣和行为数据，数字图书馆可以运用智能算法和数据分析技术，为用户推荐与其信息需求相关的资源，实现精准的个性化推荐。

个性化推荐的关键在于分析和理解用户的兴趣。通过监测用户的借阅记录、搜索历史、收藏夹内容等，数字图书馆可以获取有关用户兴趣的数据，建立用户画像，从而了解用户可能感兴趣的主题、领域和类型。

基于这些数据，数字图书馆可以采用不同的推荐算法，如协同过滤、内容推荐、深度学习等，为用户生成个性化的推荐列表。例如，针对用户的历史借阅记录，可以通过协同过滤算法找到具有相似借阅行为的其他用户，然后将这些用户喜欢的资源推荐给该用户。此外，也可以根据资源的元数据，比如标签、主题词等，进行内容推荐，将与用户兴趣相关的资源推荐给他们。

个性化推荐不仅可以提高用户发现新资源的机会，还能够增强用户的使用体验。用户可以更快速地找到他们可能感兴趣的内容，节省搜索时间，提高信息获取的效率。同时，个性化推荐也能够引导用户探索更广泛的主题领域，丰富他们的知识层面。

然而，个性化推荐也需要注意用户隐私和数据安全。数字图书馆应当明确告知用户数据的收集和使用目的，并提供用户控制个性化推荐功能的选项。保护用户的隐私是个性化推荐实施过程中不可忽视的重要环节。

通过个性化推荐功能，数字图书馆可以为用户提供更加符合其兴趣和需求的资源，提升用户体验和满意度。同时，数字图书馆需要在推荐过程中保护用户隐私，确保数据的安全和合法使用。这种智能化的信息服务模式有助于数字图书馆不断满足用户的期望，提升其在知识传播领域的影响力。

3. 用户反馈与支持

为了确保用户在数字图书馆平台上获得优质的体验和支持，建立有效的用户反馈机制至关重要。通过提供多样化的反馈渠道，如在线聊天、电子邮件等，用户能够方便地表达问题、提出意见或获取帮助。数字图书馆应当积极响应这些反馈，尽早解决用户的问题，提供及时的用户支持。

响应用户反馈的速度和质量是关键。及时回复用户的问题不仅能够传递图书馆对用户的关注，还能够避免用户因等待而感到不满。解决用户问题需要专业知识和技能，图书馆的支持团队应当具备相关的培训和背景，能够提供准确的信息和指导。

通过用户反馈，数字图书馆不仅能够解决特定问题，还可以发现系统性的改进机会。分析用户的反馈意见和建议，可以揭示出平台存在的潜在问题或瓶颈。这种信息有助于数字图书馆进行持续的改进和优化，以满足用户日益增长的期望和需求。

用户支持不仅是问题解决的过程，也是建立用户信任和满意度的重要途径。通过积极的用户反馈机制，数字图书馆可以建立与用户的有效沟通渠道，了解他们的需求，解决他们的问题，提供更加个性化的服务。这有助于增强用户的参与感和忠诚度，进而提升数字图书馆的可用性和影响力。

4. 游览与导航工具

数字图书馆应当通过游览与导航工具，帮助用户更加方便地浏览和使用平台上的各类资源。提供清晰的导航工具是确保用户能够准确找到所需信息的关键。

主题分类是一种常见的导航工具，通过将资源按照不同的主题或领域分类，用户可以快速地浏览到与其兴趣相关的内容。标签云则可以通过将资源标签展示为关键词云图，让用户一目了然地看到热门关键词，从而更好地理解资源的主题和内容。这些导航工具使用户能够有针对性地浏览资源，节省时间，提高效率。热门资源推荐也是一种有效的导航方式。根据用户的借阅历史、搜索行为等，系统可以推荐热门或与用户兴趣相关的资源。这种个性化的推荐能够引导用户发现新的资源，丰富其知识层面。此外，为用户提供虚拟参观和导览工具也能够增强用户对数字图书馆的了解。虚拟参观可以通过虚拟现实技术，将用户带入数字图书馆的虚拟环境，让他们感受到仿佛置身实体图书馆的体验。导览视频则可以通过视频展示数字图书馆的布局、资源分布等信息，帮助用户更好地掌握平台的结构。

通过这些游览与导航工具，数字图书馆能够提供更加友好和直观的用户体验。用户可以更轻松地浏览资源，找到所需内容，增加他们在平台上的停留时间。这有助于提高用户的参与度和满意度，同时也为数字图书馆的知识传播目标提供了有力的支持。

第三节　图书馆特色数据库的建设与管理

一、特色数据库的意义

1. 满足特定信息需求

特色数据库在数字图书馆中扮演着重要的角色，其价值在于满足特定信息需求，为用户提供更加专业和深入的内容。这类数据库通常专注于特定的领域、学科或主题，因此能够满足那些对特定信息有高度需求的用户。

在广泛的信息资源中，用户可能会因为信息的分散性和广度而感到困惑，难以找到精准的答案。而特色数据库的存在填补了这一空白，它们将大量关于特定主题的权威、详尽和精准的信息集中在一个平台上，让用户能够更加便捷地获取所需的信息。

对于研究人员、学者和专业人士来说，特色数据库是他们深入探索特定领域所需的宝贵资源。例如，在医学领域，医生和研究人员可能需要查找最新的临床试验结果、疾病诊断方法等。特色医学数据库可以为他们提供及时的、可信的数据，支持他们在临床实践和研究中作出准确的决策。

同样，在法律领域，律师和法学研究者可能需要查阅特定法规、案例判例等。特色法律数据库汇集了大量的法律文献，帮助他们更快速地找到相关信息，从而在法律实践和研究中更具效率。

特色数据库的存在还有助于满足个人兴趣和爱好。对于一些特定领域的爱好者，他们可能渴望深入了解更多关于自己感兴趣的主题。特色数据库为他们提供了深度的资源，帮助他们扩展知识边界，从而更好地满足个人好奇心。

特色数据库的价值在于其能够满足用户在特定领域的高度信息需求。通过提供专业、详尽和精准的内容，这些数据库成为用户在数字图书馆中获取权威信息的重要途径，支持着学术研究、专业实践和个人兴趣的发展。

2. 促进深入研究

特色数据库在学术界的重要性体现在其能够为研究人员提供深入研究所需的数据和资料。学术研究往往需要丰富的信息资源，以支持和论证研究的观点、结论和发现。特色数据库的存在满足了这一需求，为研究人员提供了深度和专业性的内容，从而促进学术研究的深入探索和发展。

研究人员在进行深入研究时，常常需要查阅大量的文献、数据和资料。特色数据库的内容通常经过专业筛选和整理，涵盖了特定领域或主题的核心信息。这使得研究人员能够更迅速地找到相关资源，减少了他们在广泛信息中的搜索时间，使更多时间用于分析和研究。

特色数据库的专业性和深度也有助于研究人员进行跨领域的研究。有些研究问题涉及多个学科领域的知识，而特色数据库通常涵盖了这些交叉领域的内容。研究人员可以从不同领域的资源中获取信息，进行多维度的分析和研究，从而产生更具创新性的研究成果。特色数据库还可以为研究人员提供最新的、前沿的信息。许多领域的研究都需要紧跟最新的发展动态，以把握研究的前沿。特色数据库通常会及时更新内容，包括最新的研究成果、数据、报告等，使研究人员能够在学术界保持竞争优势。

特色数据库作为深入研究的重要工具，为研究人员提供了丰富、专业和深度的信息资源。它们有助于研究人员更高效地查找和获取所需信息，促进跨学科的合作与创新，为学术研究的深入探索提供了有力支持。

3. 推动跨学科研究

特色数据库在推动跨学科研究方面发挥着重要作用，它们涵盖多个学科领域的内容，为研究者提供了丰富的跨学科信息资源。这种特性为解决复杂问题和产生创新的研究成果提供了有力支持。

跨学科研究强调不同学科领域之间的融合和交叉，以解决现实生活中的复杂问题。特色数据库常常覆盖多个学科的核心内容，使得研究者能够在一个平台上获取来自不同领域的数据、文献、报告等信息。例如，生态学研究需要融合生物学、地理学、气象学等多个学科的知识，特色数据库可以为研究者提供这些学科领域的关键信息，促进生态问题的综合分析和解决。特色数据库还能够帮助研究者发现新的研究视角和交叉点。在传统的学科界限下，研究者可能难以获得不同领域的信息，而特色数据库的跨学科性质可以为他们打开新的研究方向。通过探索不同领域的数据和知识，研究者可以发现领域之间的联系和互补，从而产生创新的研究思路。此外，特色数据库还促进了跨学科合作。研究者在不同领域中合作，汇集各自的专业知识，可以更好地解决复杂问题。特色数据库为跨学科合作提供了共享平台，使得不同领域的研究者能够共同访问和利用资源，促进合作交流，共同推进研究进展。

特色数据库通过涵盖多个学科领域的内容，为研究者提供了跨学科的信息资源，有助于推动跨学科研究的开展。它们为解决复杂问题、发现新的研究视角和促进跨学科合作提供了重要支持，推动了学术界的创新和进步。

4. 提升学术产出质量

特色数据库在提升学术产出质量方面发挥着重要作用，其丰富内容和专业性为研究者提供了高质量的引用材料，从而增强了学术研究的可信度和影响力。

学术研究的质量与所引用的文献和数据的可靠性直接相关。特色数据库通常汇集了特定领域的核心文献、数据、报告等内容，这些资源经过专业的筛选和审查，具有较高的权威性和可信度。研究者可以引用这些数据库中的资料，为自己的研究工作提供坚实的支持和佐证。

特色数据库的数据和资料不仅具有可信度，还通常涵盖了丰富的细节和深入的分析。研究者可以通过引用这些数据和资料，展示其研究的基础和深度，进一步加强其研究成果的可信性。例如，在医学研究中，引用临床试验结果和医学数据库中的数据可以为研究结论提供坚实的依据，从而增加研究的影响力。

此外，特色数据库的引用还有助于与其他研究者进行交流和对话。学术界重视对前人研究的批判性分析和继承，通过引用特色数据库中的文献，研究者可以参与到学术讨论中，为自己的研究立场提供更多支持。

特色数据库为研究者提供了高质量的引用材料，帮助他们在学术研究中提升产出的质量。这些数据库的权威性、详尽性和专业性，为研究工作提供了可靠的支持和佐证，提高了学术研究的可信度和影响力，推动了学术界的进步和发展。

二、数据库内容采集与维护

1. 内容采集

在构建特色数据库时，内容采集是确保数据库丰富性和准确性的关键步骤。这一过程涉及多种途径和策略，旨在获取特定主题领域内的高质量信息资源。以下将就内容采集的重要性以及不同途径进行详细叙述。

内容采集对于特色数据库的建设具有首要意义。特色数据库旨在深入探讨特定领域的专业性问题，为用户提供深度和广度兼具的信息资源。而内容的丰富性和准确性则直接影响数据库的价值和可信度。通过有效的内容采集，特色数据库能够满足用户的特定信息需求，支持研究和决策的深入展开。内容采集可以通过多种途径进行。其中一项关键策略是与专业领域的合作伙伴建立合作关系。合作伙伴可能是学术机构、研究中心、行业协会等，它们在特定领域内具有丰富的资源和信息。与合作伙伴合作可以获得独家信息，例如行业报告、调研数据、会议论文等，这些资源通常难以从其他渠道获取，为特色数据库增加了独特的价值。此外，订阅权威的学术期刊和出版物也是内容采集的重要途径之一。通过订阅学术期刊，特色数据库可以获取最新的研究成果、学术论文和评论，保持与学术前沿的同步。这些期刊通常由权威出版社出版，内容经过严格的同行评审，具有较高的学术可信度。开放获取资源也是内容采集的重要来源之一。在开放获取运动的推动下，越来越多的研究成果和数据以开放的方式向公众提供。特色数据库可以从开放获取的数据库、知识库、研究机构的存储库等获取资源，丰富数据库的内容。这不仅增加了数据库的可用资源，也为用户提供了更多免费获取信息的机会。

此外，建立专门的数据采集团队也是有效的采集策略之一。数据采集团队可以负责定期从互联网上搜索、收集与特色领域相关的信息。这可以通过使用网络爬虫、数据库查询等技术实现，确保数据库始终保持更新和丰富。

内容采集是特色数据库建设的基础和关键环节。通过与合作伙伴合作、订阅权威期刊、获取开放资源以及设立数据采集团队等策略，特色数据库可以获得丰富、权威的信息资源，为用户提供有价值的内容，满足他们在特定领域的深入需求。有效的内容采集策略有助于确保数据库的专业性和权威性，提升其在学术界和专业领域的影响力。

2. 筛选和整理

在建设特色数据库时，内容的筛选和整理是确保数据库质量和可用性的重要环节。这一过程旨在保证数据库中的信息质量、准确性和专业性，使用户能够方便地检索和利用所需信息。

筛选内容的重要性不可忽视。特色数据库通常聚焦于特定领域或主题，因此所采集的内容必须具备一定的权威性和学术价值。筛选的目标是排除那些信息来源不可靠、内容不准确或者与主题无关的信息。这需要建立明确的筛选标准，比如考虑作者的资质和声誉、出版物的来源、研究方法的可信度等。通过筛选，可以确保数据库中的信息质量，为用户提供有价值的内容资源。

整理内容的步骤和方法同样不可或缺。整理包括对采集到的内容进行分类、标签化、元数据添加等操作，以便用户能够更方便地检索和使用信息。分类可以按照主题、领域、时间等维度进行，将内容进行有效组织。标签化是为内容添加关键词标签，以便用户能够通过关键词搜索获取相关信息。元数据是描述内容的基本信息，如标题、作者、出版时间等，可以帮助用户更好地了解资源的属性。

整理内容的优势不仅在于提供更好的检索体验，还在于提升数据库的专业性和可信度。良好的整理能够帮助用户更快速地找到所需信息，减少浏览时间，提高工作效率。同时，整理也有助于维护数据库的可用性，确保内容的及时性和准确性。用户在使用数据库时，可以更加依赖其内容的准确性和可信度，从而增强其信任感。

自动化技术的应用在内容筛选和整理中也发挥了重要作用。利用自然语言处理技术，可以自动分析和判别文本的权威性和相关性。自动化标签化和元数据添加技术能够提高整理效率，减轻人工工作负担。然而，尽管自动化技术可以提高效率，但人工审核和干预仍然不可或缺，以确保内容的质量和准确性。

内容的筛选和整理是构建特色数据库不可或缺的环节。通过制定明确的筛选标准，确保采集内容的权威性和学术价值；通过分类、标签化和元数据添加，提高数据库的可用性和检索效率。同时，自动化技术也可以在筛选和整理过程中发挥作用，但人工审核和干预仍然具有重要地位。通过精心的筛选和整理，特色数据库可以提供高质量、可信度高的信息资源，满足用户在特定领域的深入需求，推动学术研究和实践的发展。

3. 信息更新

特色数据库的持续更新是确保其时效性和权威性的关键要素。在特定领域或主题中，知识和研究成果不断涌现，为了使数据库始终保持与最新发展同步，信息的定期更新是必不可少的。

时效性的重要性在特色数据库中尤为显著。用户借助这些数据库寻找最新的研究成果、学术文章、行业报告等，因此数据库中的信息必须反映当前的状态。如果数据库的信息陈旧过时，用户将无法获取到他们所需的最新信息，这将影响数据库的可用性和吸引力。

定期查阅新资源是保持数据库内容更新的基本方法之一。数据库管理员可以定期查阅最新的学术期刊、会议论文、报告和其他相关文献，以获取最新的研究成果。这些新资源可以包括领域内的前沿知识、新兴趋势、创新成果等。通过定期获取和整理这些资源，数据库可以及时更新内容，保持与领域发展的同步。

使用自动化工具可以提高更新效率。自然语言处理技术和数据挖掘技术可以帮助快速分析和识别最新的内容。自动化工具可以筛选出与数据库主题相关的信息，然后经过人工审核和确认后进行添加。这种方法可以大大减少人工工作量，同时确保信息的准确性和合规性。

人工审核和干预仍然是保障内容质量的重要手段。自动化工具虽然能够加速信息的收集和识别，但仍然需要人工审核和判定。人工审核可以排除错误信息、不相关内容以及不准确的数据。特别是在涉及复杂或具有学术价值的内容时，人工审核的重要性更为突出。

与合作伙伴的合作和交流也是更新内容的重要途径。与学术机构、行业组织、研究团队等合作伙伴保持密切联系，可以获取到他们最新的研究成果、报告和数据。这种合作可以为数据库提供独家、权威的信息资源，提升数据库的权威性和吸引力。

特色数据库的信息更新是确保其时效性和权威性的关键步骤。定期查阅新资源、使用自动化工具、人工审核和干预，以及与合作伙伴的合作交流，都是实现更新的有效手段。通过持续的信息更新，特色数据库可以为用户提供最新的、高质量的信息资源，满足其在特定领域的深入需求，推动相关领域的学术研究和实践发展。

4.质量控制与审核

在特色数据库的内容维护过程中，质量控制和审核是保证数据库信息准确性和可信度的关键环节。特色数据库的用户往往依赖其中的信息进行学术研究、决策制定等重要活动，因此内容的质量至关重要。

设立质量控制机制对于特色数据库而言至关重要。数据库管理员应该制定明确的质量控制策略和流程，确保收集、整理和更新的内容能够通过一系列审核步骤，以减少错误和不准确信息的出现。这可以包括预先设定的审核标准、审核流程和审核人员。

审核人员的审核工作是质量控制的核心。审核人员应该具备相关领域的专业知识和背景，以便能够判断内容的准确性和学术价值。他们需要对数据库中的每个信息进行仔细的审核和验证，核对数据、引用、事实等，确保信息的真实性和可信度。

审核标准应该明确，以便审核人员可以根据这些标准对内容进行评估。审核标准可以涵盖内容的准确性、权威性、学术价值、完整性等方面。通过制定明确的标准，可以确保审核的一致性和公正性，从而提高数据库的质量。

审核流程应该合理设计，以确保内容能够经过多重审核。这可以包括初步审核、二次审核、专家审核等环节。审核流程的设置可以减少单一环节的错误和疏漏，提高内容的质量。

纠错和反馈机制也是质量控制的一部分。用户可能会发现内容中的错误或不准确信息，因此数据库应该提供反馈渠道，让用户能够报告问题。管理员应该及时响应反馈，核实问题，并进行修正。

持续监测和改进是质量控制的关键环节之一。数据库的内容在不断更新，因此质量控制的工作也应该是持续的。定期监测审核流程的效果，根据用户反馈和数据分析结果，进行必要的改进和调整，以不断提升内容的质量和可信度。

质量控制和审核是特色数据库内容维护过程中不可或缺的环节。通过设立质量控制机制、审核人员的审核工作、明确的审核标准和流程，以及持续监测和改进，可以确保数据库中的信息质量和准确性，为用户提供高质量的信息资源，推动相关领域的研究和发展。

三、用户定制化服务

1. 个性化检索方式

在特色数据库中，为了满足用户不同的信息需求，个性化检索方式是一项重要的功能。通过个性化检索，用户可以根据自身兴趣和需求，定制化地进行检索，从而获得更精准和相关的搜索结果。这一功能的实现主要涉及以下方面：

首先，高级检索选项的引入使用户能够更加灵活地设定检索条件。用户可以选择不同的筛选条件，如时间范围、地域、作者、关键词等，以便更准确地定位所需信息。例如，一个医学领域的研究者可以通过选择特定年份和关键词，迅速找到与其研究课题相关的文献。其次，关键词组合的方式允许用户根据不同的关键词组合来检索。用户可以使用逻辑运算符（如 AND、OR、NOT）将多个关键词组合起来，以获取更具针对性的结果。这种方式使用户能够更精细地定义检索范围，提高了检索结果的准确性。另外，排序方式的定制化也对用户的信息获取体验至关重要。特色数据库可以根据用户的喜好，提供不同的排序选项，如按相关性、时间、热度等进行排序。这有助于用户更快地找到最符合其需求的信息，提高了信息获取的效率。

个性化检索方式使用户能够根据自己的兴趣和需求，定制化地进行检索，获得更加精准和有针对性的搜索结果。这不仅提高了用户的搜索效率，还提升了用户的使用体验，使特色数据库更好地满足用户的信息需求。

2. 用户偏好设置

为了更好地满足用户的需求，特色数据库应当提供用户偏好设置的功能，以让用户根据个人喜好和习惯，自定义其在数据库中的浏览和检索体验。这一功能的引入旨在为用户创造更加个性化和舒适的使用环境，提高用户的满意度和使用效率。

首先，用户可以通过偏好设置选择默认显示的字段。不同的用户可能对于信息的关注点有所不同，有些人更关心作者信息，而有些人则更注重出版日期等。用户可以在偏好设置中选择自己最常用的字段，使其在浏览结果列表时能够快速地获取所需信息。这有助于节省用户的时间和精力，提高了信息检索的效率。

其次，界面主题也是用户偏好设置的一部分。不同用户对于界面的美感和易用性有不同的要求，特色数据库可以允许用户选择不同的界面主题，以适应不同用户的审美观和使用习惯。例如，提供明亮和暗黑两种主题，让用户根据自己的喜好进行选择，使使用界面更符合个人的喜好。

另外，语言偏好是用户偏好设置中的另一个重要方面。特色数据库可能涵盖多种语言的内容，而用户更倾向于使用自己熟悉的语言进行搜索和浏览。通过偏好设置，用户可以选择自己首选的语言，从而更容易理解和利用数据库中的信息资源。

用户偏好设置功能使得特色数据库更加用户友好和个性化。通过选择默认字段、界面主题和语言偏好，用户可以定制其在数据库中的浏览和检索体验，使之更符合个人的需求和喜好。这一功能不仅提高了用户的满意度，还增强了用户对数据库的黏性，促进了更频繁的使用。

2. 个性化推荐

特色数据库的个性化推荐服务是基于用户的历史搜索记录和浏览行为，旨在为用户提供更加定制化和精准的信息资源推荐。这一功能的引入可以有效地帮助用户发现新的信息资源，拓展其知识领域，提升其在特定领域的研究和学习能力。

首先，个性化主题推荐是个性化推荐服务的核心之一。通过分析用户过去的搜索和浏览记录，数据库可以识别出用户的兴趣领域，从而为用户推荐与其兴趣相关的主题。例如，如果用户经常搜索医学领域的文献，数据库可以向其推荐相关的医学研究资源，帮助用户深入了解该领域的最新进展。

其次，近期热门研究的推荐也是个性化推荐的一项重要内容。特色数据库可以根据用户的兴趣，推荐近期在该领域受到关注的研究成果。这有助于用户及时了解最新的研究动态，保持与领域发展的同步。

另外，资源推荐还可以基于用户的浏览行为和喜好，为其推荐与其兴趣相关的资源。通过分析用户的点击、下载和收藏等行为，数据库可以判断用户的偏好，向其推荐更适合的资源。这使用户能够更加便捷地获取与其需求匹配的信息，提高了信息获取的效率和质量。

特色数据库的个性化推荐服务利用用户的历史搜索记录和浏览行为，为用户提供定制化的信息资源推荐。通过个性化主题推荐、近期热门研究推荐和资源推荐等方式，用户可以更轻松地发现与其兴趣相关的资源，拓展其知识领域，提升其在特定领域的学术能力和研究水平。

3.定制化展示界面

特色数据库的定制化展示界面是为用户提供更加灵活和个性化的信息浏览体验而设计的功能。通过允许用户自定义展示方式和内容呈现，数据库可以更好地满足用户的需求和偏好，使其能够更高效地获取所需信息。

首先，用户可以选择不同的展示方式来呈现检索结果。特色数据库可以提供多种展示模式，如列表、网格、图表等，让用户根据自己的偏好选择最适合的方式来浏览信息。例如，研究者可能更喜欢以列表形式查看详细信息，而其他用户可能更偏好以图表方式呈现数据。

其次，用户可以自定义显示的字段和元数据，以便他们更全面地了解所检索的内容。特色数据库可以允许用户选择在展示界面上显示哪些字段，如标题、作者、摘要、关键词等，从而帮助用户更快速地了解每条信息的核心内容。另外，数据库还可以提供界面的颜色、字体大小、排列方式等定制选项，以满足用户对界面外观的个性化偏好。这使用户可以根据自己的审美和使用习惯，定制一个舒适和符合自己喜好的界面。

通过这种定制化展示界面，特色数据库为用户提供了更加灵活和便捷的信息浏览体验。用户可以根据自己的需求和喜好，选择合适的展示方式、显示字段和界面外观，使其在浏览信息时更加得心应手。这不仅提高了用户的满意度，还增强了用户对特色数据库的使用信心和体验感。

第四节 图书馆网络的管理

一、网络基础设施规划

网络基础设施是支撑图书馆数字化服务的重要基础，其规划和设计直接影响着数字化服务的质量和效率。

1. 网络带宽和稳定性是网络基础设施规划的关键考虑因素之一

在数字化时代，网络基础设施的规划和设计对图书馆的运作和服务质量产生了深远的影响。其中，网络带宽和稳定性作为关键考虑因素之一，在满足数字化服务的需求方面起着至关重要的作用。

首先，网络带宽是图书馆数字化服务能否顺利运行的基础。图书馆的数字化服务涵盖了大量的信息资源，如图书、期刊、报纸、音视频资料等。这些资源需要通过网络传输到用户的终端设备，供其访问和使用。如果网络带宽不足，用户在访问和下载这些资源时可能会面临速度慢、等待时间长的问题，严重影响用户体验。因此，规划足够的网络带宽是确保数字化服务高效运行的基本要求。

其次，网络的稳定性直接关系到用户在任何时间、任何地点访问数字资源的可靠性。图书馆用户可能在图书馆内、外，甚至在家中使用数字化服务，因此网络的稳定性非常关键。网络中断、连接不稳定等问题可能会导致用户无法正常访问资源，影响其学习和研究。特别是在进行在线学习、远程研究等情境下，网络稳定性的重要性更加凸显。

为了确保网络带宽和稳定性，图书馆需要进行合理的网络规划和优化。首先，需要评估图书馆的用户量和服务需求，根据预期的使用情况来确定适当的带宽。其次，可以考虑采用负载均衡、优化网络拓扑结构等技术手段，提高网络的稳定性和传输效率。此外，合理的带宽扩展计划也是必要的，以满足未来数字化服务扩展的需求。

网络带宽和稳定性作为网络基础设施规划的重要考虑因素，直接影响着图书馆数字化服务的质量和用户体验。通过合理的规划和技术手段，图书馆可以确保足够的带宽和稳定的网络连接，从而为用户提供高效、可靠的数字化服务。

2. 无线网络覆盖是现代图书馆网络规划的重要组成部分

在现代图书馆的网络规划中，无线网络覆盖已经成为一个至关重要的组成部分。随着移动设备的普及和用户对移动学习的需求增加,无线网络不仅仅是提供数字化服务的一种方式,更是用户体验的关键因素之一。

用户希望能够在图书馆内外随时随地连接到网络,以便进行在线学习、研究和信息检索。无线网络的覆盖范围直接影响着用户的便利性和使用体验。因此,图书馆的网络规划需要确保无线信号可以覆盖到整个图书馆的区域,包括阅览室、书库、学习区域、休息区等。此外,考虑到不同区域的信号强度可能存在差异,需要通过合理的布设和设备配置来保证信号的稳定性和质量。

除了覆盖范围外,图书馆还需要关注用户密集区域的网络容量。在一些热门的学习和社交区域,可能会有大量的用户同时连接网络,这对网络的负载能力提出了挑战。为了保证用户在高峰时段也能够获得稳定的网络连接,图书馆可以采用智能的网络管理技术,根据需求动态调整网络资源分配,以提高网络的容量和性能。

为了实现无缝的无线网络覆盖,图书馆可以考虑以下几点:a 信号强度和覆盖分析;进行详细的信号强度和覆盖分析,确定覆盖盲区并采取相应的措施,如增加信号增强器或重新布置设备。b 设备布置和密度;根据不同区域的使用需求和人流密度,合理布置无线设备,确保信号均匀分布,减少拥堵。c 网络认证和安全;为无线网络设置适当的认证方式和安全措施,保障用户隐私和数据安全。d 容量规划;针对高密度区域,进行网络容量规划,确保足够的带宽和资源供应,避免网络拥堵。e 定期维护和监测;对无线网络进行定期维护和监测,保证设备正常运行,信号稳定,及时发现并解决问题。

无线网络覆盖是现代图书馆网络规划的不可或缺的一部分。通过合理的规划、设备布置和技术手段,图书馆可以为用户提供稳定、高质量的无线网络连接,满足他们在移动学习和研究中的需求,提升数字化服务的质量和用户体验。

3. 网络安全是不可忽视的因素

网络安全在图书馆的网络基础设施规划中是一个至关重要的因素。随着数字资源的不断增加和数字化服务的广泛应用,图书馆的网络面临着越来越多的安全挑战和风险。网络安全不仅涉及到数字资源的保护,还关系到用户隐私的安全和网络的稳定性。因此,在规划和设计图书馆的网络基础设施时,网络安全需要被充分考虑和整合。

首先,网络基础设施规划需要确保足够的网络带宽和稳定性。图书馆的数字化服务包括大量的数据传输,如图书、期刊、多媒体资源等,用户的访问和下载需求也在不断增长。因此,足够的带宽是必要的,以支持用户的高质量访问体验。同时,网络的稳定性也是关键,用户需要能够随时随地稳定地访问数字资源,避免因网络中断而影响使用。其次,网络规划需要考虑无线网络覆盖的问题。如今,移动设备在学习和研究中的作用越来越大,用户希望能够在图书馆内外都能够无缝地连接到网络。因此,图书馆的网络规划需要确保无线网络的覆盖范围、信号强度以及网络容量,以满足用户随时连接网络的需求。而在网络规划中,网络安全也是一个不可或缺的因素。随着数字资源和在线服务的增加,图书馆的网络不仅承载了更多的信息和用户流量，也成为了潜在的网络攻击目标。为了保护数字资源的完整性、用户隐私和网络的稳定性，图书馆需要在网络规划中加入强化的安全措施。这包括设置防火墙、入侵检测系统、数据加密等，以防范各种网络威胁和攻击。

此外，网络规划还需要考虑网络的可扩展性和未来发展。随着数字化服务的不断演进，图书馆的网络需求也会不断变化。因此，网络基础设施规划需要具备一定的可扩展性，以适应未来的发展和需求变化。网络基础设施规划在数字化服务中起着关键作用。网络带宽和稳定性、无线网络覆盖、网络安全以及可扩展性等因素都需要被综合考虑，以确保图书馆能够为用户提供高质量、安全可靠的数字化服务环境。

4. 网络基础设施规划还需要考虑未来的扩展和升级

网络基础设施规划在图书馆的数字化服务中扮演着至关重要的角色，而其中一个重要的考虑因素就是未来的扩展和升级需求。随着科技的不断发展和数字化服务的不断演进，图书馆需要确保其网络基础设施能够适应这些变化，并为未来的发展做好充分的准备。

未来的数字化服务可能会引入新的技术和功能，以满足用户日益增长的需求。为了适应这些变化，网络基础设施规划需要具备良好的可扩展性。这意味着网络架构应该能够容纳新的设备、应用和服务，而不会对整体的网络性能和稳定性产生负面影响。通过合理的设计和规划，图书馆可以在未来无缝地引入新的技术，提供更丰富和多样化的数字化服务。此外，网络基础设施规划还需要考虑到升级和更新的需求。技术和设备在不断进化，旧的硬件和软件可能会变得过时，不再满足当前和未来的需求。因此，图书馆需要有计划地进行网络设备的升级和更新，以保持网络的性能和安全性。这可能涉及到硬件的更换、软件的升级以及系统的优化，确保网络始终处于最佳状态。同时，网络规划还需要考虑到未来的带宽需求。随着数字化服务的增加，用户对带宽的需求也会不断提升。因此，在网络规划中需要预留一定的带宽扩展空间，以便在未来能够满足更多用户和更大数据传输的需求。最后，网络基础设施规划还应考虑到技术标准的变化。随着技术标准的不断演变，图书馆的网络设备和服务需要与之保持一致，以确保兼容性和互操作性。因此，网络规划应该灵活，能够适应未来可能出现的新的技术标准和协议。

网络基础设施规划不仅要考虑当前的数字化服务需求，还要着眼于未来的发展。良好的可扩展性、升级和更新的计划、足够的带宽预留以及技术标准的适应性都是确保图书馆网络能够持续发展和适应变化的关键要素。通过综合考虑这些因素，图书馆可以建立一个稳定、高效、具备发展潜力的网络基础设施，为用户提供优质的数字化服务。网络安全与隐私保护强调网络安全的重要性，介绍保护用户隐私和数据的措施。

二、网络性能优化

网络性能优化是确保图书馆用户能够流畅地访问数字资源的关键步骤。通过采取一系列的方法和策略，图书馆可以提升网络的速度、稳定性和用户体验，从而更好地满足用户的需求。

1. 带宽管理和分配

在图书馆的网络性能优化方案中，带宽管理和分配起着关键作用。数字资源的传输和访问对带宽要求较高，因此合理的分配是确保用户流畅访问数字资源的基础。带宽管理需要根据用户需求和使用情况，确保每位用户都能够获得足够的带宽来支持他们的网络活动。这涉及到设定不同用户群体的优先级，以及对特定应用和服务进行流量管理，避免某些用户或活动占用过多带宽而影响其他用户的使用体验。

在带宽分配方面，预先了解用户需求是关键。一些用户可能需要大带宽支持高清视频流或大文件下载，而其他用户可能主要进行在线学术检索。因此，为不同用户群体分配不同的带宽配额是必要的，以满足他们不同的需求。此外，通过设置带宽优先级，确保关键任务和服务能够优先获得带宽资源，有助于保障重要活动的顺利进行。

带宽限制和流量管理是带宽管理的手段之一。它们可以通过监测网络流量，对网络活动进行控制和调整，从而避免网络拥堵和资源浪费。同时，定期监测带宽使用情况和网络状况，根据需求和趋势进行带宽调整，是保持网络性能的重要步骤。通过这些措施，图书馆可以实现网络带宽的合理利用，为用户提供稳定、高效的数字资源访问体验。

带宽管理和分配是优化图书馆网络性能的核心策略。通过合理的带宽限制、流量管理、优先级设置和带宽调整，图书馆可以确保用户在数字化服务中能够顺畅、高效地访问所需信息，提升用户体验。这些举措的实施将有助于构建稳定、可靠的网络环境，满足数字化时代用户的需求。

2. 内容分发网络（CDN）

内容分发网络（CDN）是图书馆网络性能优化的重要工具之一。CDN是一种先进的技术，旨在提高内容传输效率，优化用户的访问体验。在数字化服务中，特别是涉及到大量数据传输的情况下，CDN可以显著改善用户访问速度和稳定性，从而提升数字资源的可用性和用户满意度。

CDN的工作原理是通过在全球范围内的多个服务器上缓存和分发内容。当用户请求访问某个资源时，CDN会自动将资源提供给距离用户最近的服务器，从而减少数据传输的距离，降低延迟。这种分布式的架构可以有效地减轻源服务器的负载，提高内容的传输速度，并且在某个服务器不可用时可以自动切换到其他服务器，保障内容的可靠性。在图书馆的网络基础设施规划中，将数字资源部署在CDN上具有多重好处。首先，CDN可以显著减少用户访问数字资源时的等待时间，提高访问速度，使用户能够更快地获取所需信息。其次，CDN可以分散用户的访问请求，降低源服务器的负荷，保障服务器的稳定性和可用性。此外，CDN还能够通过缓存资源，减少网络流量，节省带宽成本。采用CDN技术需要一定的规划和配置。图书馆需要选择可靠的CDN服务提供商，配置合适的服务器节点，并确保数字资源能够在 CDN 上得到正确的缓存和分发。同时，图书馆还需要进行监测和管理，确保 CDN 系统的正常运行和性能优化。

内容分发网络（CDN）是提升图书馆网络性能的有效手段之一。通过将数字资源部署在 CDN 上，图书馆可以提高访问速度、降低延迟、减轻服务器负载，从而优化数字化服务的用户体验，满足用户对高效访问的需求。在网络基础设施规划中充分考虑并整合 CDN 技术，将有助于构建稳定、高效的数字资源访问环境。

3. 网络优化工具

网络优化工具在图书馆的网络性能优化中发挥着重要作用。随着数字化服务的不断发展和用户需求的增加，保障网络的稳定性、速度和安全性变得尤为关键。网络优化工具通过监测和分析网络中的各项指标，帮助管理员及时识别问题并采取相应的措施，以提升用户的访问体验和满意度。

这些网络优化工具能够实时监测网络流量、延迟、带宽利用率等关键指标。通过收集和分析这些数据，管理员可以了解网络的状况，及早发现潜在的瓶颈和性能问题。例如，如果某个服务器的带宽利用率过高，可能会影响用户的访问速度，管理员可以根据工具提供的数据进行调整，以确保带宽分配的合理性。如果某个区域的网络延迟较高，管理员可以通过工具分析找出问题所在，采取措施改善延迟，提高用户体验。

除了监测网络性能，网络优化工具还能够帮助管理员发现网络中的异常行为。例如，工具可以检测到异常流量，提示可能存在的网络攻击或恶意活动。管理员可以根据工具的警报信息，迅速采取防御措施，保护网络的稳定性和安全性。网络优化工具还可以提供实时的日志和报告，帮助管理员了解网络的历史性能和趋势，从而更好地规划和调整网络策略。

网络优化工具是图书馆网络性能优化的重要助手。通过监测和分析关键指标，这些工具帮助管理员及时识别和解决网络中的问题，保障数字化服务的顺利进行。在网络基础设施规划中，整合网络优化工具，将有助于提升图书馆的网络性能，满足用户对高速、稳定和安全访问的需求。

4. 缓存和压缩技术

在图书馆网络性能优化中，缓存和压缩技术是两项重要的策略，旨在提高用户访问数字资源的速度和效率。这些技术通过减少数据传输量、降低加载时间，以及优化资源的传输方式，为用户提供更快速、流畅的访问体验。

缓存技术充分利用了本地存储的特点，将常用的内容存储在用户设备或本地服务器上。当用户访问这些内容时，不再需要从远程服务器加载，而是直接从本地获取，从而大大减少了加载时间。例如，图书馆的首页、常用的数据库页面和热门资源可以被缓存在本地服务器上，让用户能够迅速访问。此外，Web 浏览器中的浏览器缓存也可以使用户在多次访问同一网页时，减少数据传输并加速加载速度。

压缩技术是通过减小传输数据的大小，来降低数据传输所需的时间和带宽占用。常见的压缩方法包括 Gzip 和 Deflate 等。这些技术通过对传输的数据进行压缩编码，将数据转化为更紧凑的格式，然后在用户设备上进行解压缩。这样一来，虽然传输的数据量减少了，但用户在解压缩后依然可以获得原始内容。例如，对于大型的多媒体资源，如图片、视频和音频文件，使用压缩技术可以显著减少传输时间和带宽使用。

缓存和压缩技术在网络性能优化中具有重要作用。通过缓存常用的内容和采用压缩技术，图书馆可以减少数据传输量、提高访问速度，并且节省带宽资源。这两种技术的结合可以帮助图书馆更好地满足用户对高速、高效访问的需求，从而提升数字化服务的质量和用户满意度。

三、技术支持与升级

1. 持续技术支持

持续技术支持在现代图书馆的数字化服务中起着至关重要的作用，确保用户能够充分利用网络设施，顺利访问数字资源，以及解决可能出现的技术问题。为了提供持续的技术支持，图书馆可以采取以下措施。

首先，建立一个完善的在线帮助中心，为用户提供详细的技术指南、使用手册和教程。这些资源可以覆盖各个方面，从网络连接和数据库访问到数字资源下载和用户设置，帮助用户更好地理解和使用图书馆的数字化服务。用户可以随时查阅这些资源，解决一些常见的问题，提高使用效率。其次，设计用户友好的用户手册，以简洁明了的方式呈现关键信息。用户手册可以包括图文并茂的操作步骤、常见问题解答和技术提示，使用户能够快速上手和解决常见问题。通过易于理解的手册，用户可以自助解决一些简单的技术难题，减轻技术支持团队的压力。此外，创建常见问题解答（FAQ）页面也是提供持续技术支持的有效方式。在 FAQ 页面上列出常见问题和解决方案，让用户能够迅速找到问题的答案。这有助于减少用户咨询技术支持团队的次数，提高用户满意度。在线聊天是另一个重要的技术支持渠道。通过在图书馆网站上提供在线聊天功能，用户可以与技术支持人员实时交流，获得及时的解答和帮助。这种实时互动的方式可以更迅速地解决问题，增强用户对图书馆技术支持的信任和满意度。

最后，设立专门的技术支持团队也是持续技术支持的关键。这个团队应该由专业的技术人员组成，具有广泛的技术知识和经验。他们应该能够及时响应用户的反馈和问题，提供个性化的解决方案，确保用户能够充分利用图书馆的数字化服务。

总之，持续技术支持是图书馆数字化服务的不可或缺的一部分。通过建立多样化的支持渠道、提供详尽的指南和教程、设立专业的支持团队，图书馆可以为用户提供高质量的技术支持，使他们能够充分利用数字资源，获得优质的学习和研究体验。

2. 监测和维护

首先，引入专业的监测工具。图书馆可以使用各种网络监测工具，监控网络性能和稳定性。这些工具能够实时跟踪网络流量、延迟、带宽利用率等关键指标，帮助管理员了解网络的运行情况。当网络性能出现问题或异常时，监测工具会立即发出警报，提醒管理员采取必要的措施。

其次，定期进行维护和保养。图书馆应该制定定期的维护计划，包括检查硬件设备的状态、更新软件和固件、清理网络垃圾等。这些维护措施有助于保持网络的稳定性和性能，防止潜在问题的积累和恶化。定期维护还能够提前发现并修复潜在的故障，减少服务中断的风险。此外，进行容量规划和优化也是重要的维护步骤。随着数字化服务的不断增长，网络流量和带宽需求可能会增加。因此，图书馆应该定期进行容量规划，确保网络能够满足用户日益增长的需求。如果发现网络已接近饱和状态，可以考虑进行升级或优化，以提升网络性能和用户体验。紧急情况下，图书馆应建立应急响应计划。这包括在网络故障、攻击或其他紧急情况下的应对措施。应急响应计划应该明确责任分工、紧急联系人和应对流程，以便在问题发生时能够迅速采取行动，最小化影响。最后，不断改进也是监测和维护的一部分。通过对监测数据的分析，图书馆可以识别潜在的瓶颈和问题，并制定改进计划。持续的优化和改进能够提升网络性能，使数字化服务更加稳定和可靠。

定期监测和维护网络设施是确保数字化服务正常运行的关键措施。通过引入监测工具、定期维护、容量规划和应急响应计划，图书馆可以保障网络的稳定性和性能，提供高质量的数字化服务，满足用户的需求和期望。

3. 定期升级和更新

定期升级和更新是图书馆网络基础设施规划的重要组成部分，以确保网络始终保持最新、高效和安全的状态，满足不断变化的技术和服务需求。随着科技的不断发展，图书馆应定期进行硬件和软件的升级和更新，以适应新的挑战和机遇。

在硬件方面，图书馆可以考虑升级网络设备，如路由器、交换机、服务器等。新一代的硬件设备通常具有更高的性能、更大的带宽和更强的处理能力，能够更好地支持数字化服务的需求。通过升级硬件设备，图书馆可以提升网络的速度、稳定性和响应能力，为用户提供更好的访问体验。

另外，软件的升级也至关重要。图书馆应确保网络安全软件、操作系统和应用程序始终保持最新的版本。网络安全软件的更新可以及时识别和阻止新型威胁，保护网络免受恶意攻击。操作系统和应用程序的更新可以修复已知漏洞，提升系统的稳定性和性能。

为了实施升级和更新，图书馆可以制定详细的计划和时间表。这可以包括预先测试新设备或软件的兼容性和稳定性，以避免可能的问题和故障。升级和更新时还应考虑最小化对用户的影响，例如在低流量时段进行，以避免服务中断或降级。

定期的网络设施升级和更新也需要预算和资源的支持。图书馆应合理评估升级和更新的成本，包括硬件、软件、人力和培训等方面的开支。通过合理的预算安排，图书馆可以确保网络始终保持高性能和安全性。

定期的升级和更新是图书馆网络基础设施规划的必要环节，可以提升网络性能、安全性和稳定性，为用户提供更好的数字化服务体验。通过硬件和软件的升级，图书馆可以适应不断变化的科技环境，保持在数字化时代的领先地位。

4. 用户培训

用户培训是确保图书馆网络设施和数字化服务得到充分利用的重要策略之一。通过为用户提供适当的培训，可以帮助他们更好地理解和使用图书馆的网络设施，从而提升他们的数字素养，加强信息检索能力，并最大化数字化服务的价值。

首先，网络使用指南是培训的重要组成部分。图书馆可以为用户制作详细的网络使用指南，介绍如何连接网络、访问数字资源、使用图书馆网站和应用程序等。这些指南可以包括文字说明、图文教程、视频演示等多种形式，以满足不同用户的学习偏好。

此外，针对数据库检索技巧的培训也是至关重要的。特色数据库通常拥有复杂的检索界面和功能，为用户提供高级检索选项。通过培训，用户可以学习如何使用关键词、筛选条件、高级检索等功能来获取更准确和精准的检索结果。这有助于提升用户的信息检索效率和成功率。

网络安全意识的培训同样不可或缺。用户需要了解网络安全的基本概念、风险和防范措施。图书馆可以通过举办网络安全讲座、提供网络安全宣传材料等方式，帮助用户提高警惕，避免点击恶意链接、泄露个人信息等不当行为，保护个人隐私和数据安全。

培训的形式可以多样化，包括在线培训、面对面培训、研讨会、工作坊等。图书馆还可以利用社交媒体、图书馆网站和应用程序等渠道，将培训内容传达给更广泛的用户群体。

为了提供有效的培训，图书馆需要建立明确的培训计划和时间表。培训计划可以包括定期的培训活动，如每月的网络使用指南培训、数据库检索技巧培训等。此外，图书馆还可以根据用户的反馈和需求，不断调整培训内容和形式，确保培训的实际效果。

用户培训是图书馆网络基础设施规划的关键环节，通过培训，可以提升用户的数字素养，增强他们的网络使用能力，并更好地享受数字化服务带来的便利和价值。通过提供多样化的培训内容和形式，图书馆可以更好地满足用户的学习需求，推动数字化服务的成功实施。

第六章

现代图书馆读者服务及其转型

第一节　现代图书馆服务的理念

一、个性化服务

现代图书馆注重满足不同读者的个性化需求。通过了解读者的兴趣、学术领域和需求，提供定制化的服务，如个性化推荐、主题导航等，以提升用户体验。

1. 用户兴趣分析

用户兴趣分析在现代图书馆个性化服务中扮演着至关重要的角色。通过收集和深入分析读者的阅读历史、借阅记录、搜索习惯等数据，图书馆可以深入了解每位读者的兴趣和偏好，从而为他们提供更加定制化的内容推荐和服务。

借助数字化技术，图书馆能够记录下每位读者在图书馆系统中的各种互动行为，形成了一个数字足迹。这些数据蕴含着读者的兴趣、阅读喜好和借阅偏好，通过数据分析，图书馆能够从中抽取有价值的信息，揭示出每位读者背后的兴趣模式和阅读趋向。

数据分析涉及多个层面，包括数据的收集、整合、模式挖掘和个性化推荐算法等。首先，图书馆需要收集来自不同渠道的数据，如借阅记录、检索历史等，然后对这些数据进行整合，以获取全面的读者行为信息。接着，通过数据挖掘方法，图书馆可以揭示出读者在阅读方面的兴趣模式，即他们对哪些主题、领域和类型感兴趣。这些模式的识别有助于生成个性化的推荐算法，为每位读者量身定制内容推荐，满足其独特的阅读需求。

通过兴趣分析，图书馆可以实现多重优势。首先，个性化推荐算法能够向读者提供更为准确的内容推荐，使他们更容易找到符合自己兴趣的资源。此外，定制化的服务能够提升用户体验，使读者感到被理解和关注，进而增强他们在图书馆的参与度和忠诚度。借助个性化推荐，图书馆还可以引导读者跨足不同领域，拓宽他们的阅读兴趣。

然而，在推动用户兴趣分析的同时，保护用户隐私和数据安全至关重要。图书馆需要确保数据的合法获取、安全存储和隐私保护，以免遭受信息泄露等风险。通过数据驱动的个性化服务，现代图书馆能够更好地了解读者，为他们提供更有价值、更具吸引力的数字化服务，从而提升整体阅读体验和满意度。

2. 个性化推荐

个性化推荐是现代图书馆个性化服务的重要组成部分，它借助用户兴趣分析和数据挖掘技术，为每位读者量身定制推荐的图书、文章、资源等，从而提供更加符合其兴趣和需求的内容选择。

在图书馆的数字化平台上，读者在进行阅读、搜索、借阅等操作时，都会留下数字足迹，即一系列与阅读行为相关的数据。这些数据可以包括阅读历史、借阅记录、搜索关键词等。通过对这些数据进行分析，图书馆可以深入了解每位读者的阅读偏好、兴趣领域和倾向，从而为他们提供更加个性化的内容推荐。

个性化推荐的关键在于建立有效的推荐算法。这些算法基于数据分析和模式挖掘，能够识别出读者的兴趣模式，并将其与图书馆的资源相匹配。例如，如果某位读者经常借阅关于历史文化的书籍，系统可以推荐类似主题的图书和文章给他。这种定制化的推荐不仅有助于读者发现新的信息资源，还能够提高他们的阅读满足感。

通过个性化推荐，图书馆不仅能够满足读者的阅读兴趣，还能够拓展他们的知识领域。有时，读者可能会对一些陌生的主题产生兴趣，但由于缺乏信息，可能不知道从何入手。个性化推荐可以根据其阅读历史和借阅记录，引导他们跨足到新的领域，开阔视野，丰富知识。

然而，在进行个性化推荐时，图书馆需要注意平衡推荐的精准性和多样性。精准性是确保推荐与读者的兴趣高度匹配，而多样性则是确保推荐不陷入狭隘的主题范围。为此，推荐算法需要综合考虑不同因素，如热门度、新颖性、多样性等，以实现最佳推荐效果。

个性化推荐在数字化时代为图书馆服务带来了新的可能性。通过充分利用数据分析和人工智能技术，现代图书馆可以为每位读者提供定制化的阅读体验，满足其多样化的阅读需求，进而促进阅读兴趣的培养和阅读习惯的形成。

3. 主题导航和标签

主题导航和标签分类是现代图书馆为读者提供个性化服务的重要手段之一。这些方法通过组织和分类资源，帮助读者更迅速地找到与其兴趣相关的信息，提升其浏览和检索体验。

在图书馆的数字化平台上，资源可能分散在不同的领域、主题或类型中。为了让读者更方便地获取他们所需的信息，图书馆可以设置主题导航，将相关主题的资源聚集在一起。例如，一个科学主题的导航页面可以汇集与科学相关的图书、文章、期刊等资源，使读者能够更快速地获取相关内容。这样的导航不仅有助于读者深入探索特定主题，还能够帮助他们发现新的领域。

此外，标签分类也是一种有效的资源组织方式。每个资源可以附上多个标签，用以描述其主题、类型、关键词等特点。读者可以通过点击标签，快速找到与该标签相关的其他资源。例如，一个文章可以被标记为"科技"、"创新"、"人工智能"等标签，读者点击这些标签即可找到其他具有相似特点的资源。标签分类能够横向连接不同主题的资源，为读者提供更广泛的选择。

主题导航和标签分类的优势在于它们能够减少读者在搜索和浏览过程中的时间和精力消耗。传统的搜索方式可能需要读者输入具体的关键词，然后浏览搜索结果。但对于不确定关键词的读者来说，这可能会导致信息获取的困难。主题导航和标签分类通过提供预先组织的资源，将相关内容直接呈现给读者，避免了繁琐的搜索步骤。

然而，为了确保主题导航和标签分类的有效性，图书馆需要保证分类的准确性和全面性。每个资源的分类和标签应该是明确的，以避免资源被放错类别。同时，图书馆应不断更新和扩充分类体系，以适应读者兴趣的变化和多样化。

主题导航和标签分类为现代图书馆提供了更精准、快速和便捷的资源浏览和检索方式。通过有效的资源组织和呈现，图书馆可以更好地满足读者的个性化需求，提升其阅读体验，促进知识的获取和交流。

4. 个性化服务端口

现代图书馆为了进一步满足读者的个性化需求，可以采取创新的措施，如为每位读者创建个性化的服务端口。这个服务端口是一个个人化的数字空间，记录了读者的阅读历史、兴趣偏好、书评、收藏等信息，旨在为读者提供更加智能化和定制化的服务体验。

通过个性化的服务端口，读者可以随时查看自己的阅读记录和足迹。借阅的书籍、阅读的文章以及书评等内容都会被记录下来，方便读者回顾自己的阅读历程。这不仅帮助读者更好地管理自己的阅读材料，还能够激发他们对阅读的兴趣，促进深入探索各种主题和领域。

个性化的服务端口也为图书馆提供了提供精准推荐的机会。通过分析读者的阅读记录和喜好，图书馆可以向读者推荐与其兴趣相关的图书、文章、资源等。这种定制化的推荐能够使读者更轻松地发现新的内容，拓宽自己的阅读领域，同时也促进了图书馆藏品的更好利用。

另外，个性化的服务端口还可以成为读者与图书馆互动的平台。读者可以在端口中撰写书评、评论、建议等，与其他读者交流和分享阅读体验。这不仅增加了读者的参与感和社交性，还能够促进阅读社群的形成，提升读者的阅读体验和满足感。

然而，个性化服务端口的建立需要注意保护用户隐私和数据安全。图书馆应该确保读者的个人信息不会被滥用或泄露，采取合适的隐私保护措施。同时，图书馆需要不断优化个性化算法，确保推荐的准确性和多样性，以避免信息的过度集中和重复。

个性化服务端口是现代图书馆为读者提供更优质、定制化服务的一项重要举措。通过记录和分析读者的阅读行为，为他们推荐相关内容，促进社交互动，图书馆可以提升读者的满意度和忠诚度，实现数字化服务的更深入转型。多元化服务图书馆提供多样化的服务形式，包括借阅、咨询、培训、活动等，满足读者学习、研究和文化交流的不同需求。

二、无缝整合

现代图书馆在数字化时代的转型中，不仅关注数字资源的提供，还注重将数字化和实体化服务无缝整合，以满足读者多样化的需求。这种整合不仅可以提供更丰富的服务体验，还可以实现在线与线下服务的无缝衔接，推动图书馆服务的连贯性和便捷性。

1. 无缝整合意味着读者可以在任何时间、任何地点获取信息资源

无缝整合是现代图书馆服务转型的一个关键概念，它通过将数字化和实体化服务相互融合，为读者提供更便捷、连贯的服务体验。其中，一个重要方面就是使读者能够在任何时间、任何地点获取所需的信息资源，不再受制于地点和时间的限制。这种便利性的提升对于满足读者的信息需求、提高服务质量具有重要意义。

在过去，读者只能在图书馆的实体空间内使用馆藏资源，需要前往图书馆才能借阅、阅读。然而，随着数字技术的发展，现代图书馆可以通过建立数字平台，将图书馆的资源数字化，并提供在线访问的方式。这意味着，不论是在图书馆的实体馆内，还是在家中、学校、工作场所，读者都可以通过网络访问图书馆的数字资源，如图书、期刊、文章、多媒体资源等。

这种无缝的信息获取方式，极大地提高了服务的可及性和便捷性。读者不再需要受到图书馆开放时间的限制，也不再需要前往图书馆的实体空间。无论是在凌晨还是在午夜，无论是在城市还是在乡村，读者都可以通过几次点击，在数字平台上获取他们所需的信息。这种便利性不仅适应了现代人的快节奏生活，还使得那些身处偏远地区或无法亲临图书馆的读者也能够享受到高质量的图书馆服务。

除了时间和地点的自由，无缝整合还促使图书馆实现线上和线下服务的无缝衔接。例如，读者可以在图书馆的数字平台上查询图书馆的馆藏资源，选择需要的资源后，在实体馆内直接借阅。或者，读者在实体馆内阅读了部分内容后，可以在家中继续通过数字平台阅读剩余部分。这种衔接方式让读者的阅读体验更为连贯，也更加符合他们的阅读习惯。

无缝整合的理念使现代图书馆实现了数字化和实体化服务的高效衔接，为读者提供了更灵活、便捷的信息获取方式。无论是在线还是线下，无论是在哪个时间和地点，读者都可以随时获取他们所需的信息资源，从而大大提升了图书馆服务的可及性和便利性，使图书馆成为现代社会不可或缺的知识与文化中心。

2. 无缝整合可以实现线上和线下服务的平滑衔接

无缝整合的重要性体现在它可以实现线上和线下服务的平滑衔接，为读者提供一致的服务体验。这种衔接不仅方便了读者，也提升了图书馆的服务质量和效率。举例来说，现代图书馆可以通过在线预约系统，让读者在数字平台上预约自己感兴趣的图书。一旦图书到达实体馆，读者可以前往图书馆的实体空间，通过自助借还机或图书馆工作人员的帮助，轻松取得所预约的图书。这种无缝衔接使得图书的借阅过程更加顺畅，读者不再需要排队等待，节省了宝贵的时间。

另一个例子是，读者可以在图书馆的数字平台上浏览图书馆的数字资源，如电子图书、学术期刊、数据库等。如果读者在线上找到了感兴趣的内容，想要进行深入研读，他们可以在图书馆的实体馆内找到相应的书刊，进行更加详细的阅读和研究。这种无缝衔接使得读者可以将线上获取的信息延伸到线下的实际阅读中，提升了阅读的深度和广度。

无缝衔接不仅仅体现在读者与图书馆之间，还体现在不同服务之间的衔接上。例如，读者在图书馆的数字平台上搜索了一个主题，发现了相关的电子书、期刊文章和多媒体资源。然后，他们可以将这些资源保存到自己的个人账户中，方便日后阅读。当读者在实体馆内借阅了相关的纸质图书后，他们也可以在个人账户中记录下这本书，形成一份完整的阅读记录。这种衔接让读者的阅读体验更加连贯，不再分割为线上和线下两个独立的部分。

通过无缝整合，图书馆实现了线上和线下服务的高度一体化，为读者创造了更便捷、流畅的服务体验。无论是预约取书、在线浏览、保存资源，还是将线上搜索延伸到实体阅读，读者都可以在不同环境中体验到一致的服务质量。这种平滑的衔接不仅提升了图书馆的服务水平，也更好地满足了读者多样化的需求，让他们在获取信息和知识的过程中感受到便利和愉悦。

3. 无缝整合也包括了数据和信息的一体化管理

除了实现线上和线下服务的平滑衔接，无缝整合还包括了数据和信息的一体化管理，这是现代图书馆为读者提供更便捷服务的重要手段之一。通过建立统一的管理系统，图书馆可以将数字资源与实体资源的信息整合在一起，为读者提供一个集中管理和访问资源的平台。

在这样的一体化管理系统中，读者可以通过一个统一的搜索引擎，同时搜索图书馆的纸质藏书和数字资源，从而更快速地找到所需的信息。无论是查找特定主题的书籍、学术期刊文章，还是获取多媒体资源，读者只需要在一个平台上进行操作，避免了在不同系统之间来回切换的繁琐。

此外，一体化管理系统还可以为读者提供更便捷的借阅和管理服务。读者可以在同一系统中查看自己的借阅记录、到期时间，并进行续借操作。无论是借阅纸质书籍还是电子资源，读者都可以通过一个账户轻松管理自己的阅读历程。这种一体化的管理使得读者不再需要记住多个不同系统的登录信息和操作步骤，极大地简化了阅读和借阅的流程。

同时，一体化管理系统还能够提供个性化的推荐服务。通过分析读者的阅读历史、借阅记录以及兴趣偏好，系统可以向读者推荐与其兴趣相关的内容，从而提升阅读的效果和乐趣。这种个性化推荐不仅能够满足读者的阅读需求，也能够帮助他们发现更多感兴趣的资源。

通过数据和信息的一体化管理，图书馆实现了数字资源和实体资源的无缝整合，为读者提供了更便捷、高效的服务体验。统一的管理系统不仅简化了操作流程，还提升了服务的质量和效率。读者可以更轻松地获取和管理各类资源，不再受限于不同平台的局限性，享受到更加一体化的阅读和借阅体验。这种一体化管理也体现了图书馆在数字化时代不断创新的努力，为读者提供更好的服务。

4. 实现无缝整合需要图书馆投入大量的技术和人力资源

首先，图书馆需要建立稳定的数字平台。这包括选择合适的技术架构和设备，以确保在线服务的稳定性和可靠性。图书馆需要投资在高性能的服务器、网络设备以及安全措施上，以防止服务中断和数据泄露等问题。同时，图书馆还需要考虑网络带宽的扩展，以应对用户访问高峰时段的需求。其次，需要培训图书馆工作人员。无缝整合需要图书馆员工具备操作数字化工具和平台的能力，以便为读者提供专业的帮助和指导。培训内容可以涵盖数字资源的检索技巧、数字平台的操作流程，以及如何解答读者关于在线服务的问题。通过充分培训，图书馆员工能够更好地支持读者的需求，提供更优质的服务。此外，图书馆还需要积极推广无缝整合的理念。这需要开展宣传活动，向读者介绍新的服务模式和优势。图书馆可以通过展示案例、举办培训讲座、在社交媒体上发布信息等方式，让读者充分了解并积极参与这种新的服务模式。宣传活动还可以帮助读者了解如何使用数字平台、如何进行个性化设置以及如何获得更好的阅读和借阅体验。最后，图书馆还需要不断改进和优化无缝整合的服务。这包括定期收集用户反馈，了解他们的体验和需求，从而对数字平台和服务进行调整和改进。图书馆还可以利用数据分析，监测用户的行为和偏好，以更精准地提供个性化推荐和服务。

实现无缝整合需要图书馆投入技术、人力和宣传等多方面的资源。这是为了确保数字化服务的顺畅运行、提升用户体验，并不断适应读者的需求和时代的发展。通过这种投入和努力，图书馆可以为读者提供更便捷、高效和一体化的阅读和借阅体验。

5. 无缝整合是现代图书馆服务的重要方向

无缝整合是现代图书馆服务的重要方向，是适应数字化时代需求的关键策略。随着科技的迅猛发展和信息时代的到来，传统的图书馆服务模式已经不再足够满足读者的多样化需求。因此，图书馆积极探索无缝整合，旨在将数字化和实体化服务有机地融合，以提供更加便捷、连贯的服务体验，从而实现服务的全面转型和提升。

在过去，图书馆的服务主要集中在实体图书馆内，读者需要亲自前往借阅、阅读书籍和资源。然而，随着互联网和移动设备的普及，读者的阅读习惯和需求发生了巨大变化。他们希望能够随时随地访问图书馆的资源，无论是在线阅读电子书籍，还是从远程借阅实体书籍。因此，无缝整合的概念应运而生，旨在将数字化和实体化服务紧密结合，为读者提供更为便利的服务体验。

在实现无缝整合的过程中，个性化服务成为了一个关键的方面。通过充分了解读者的兴趣、偏好和需求，图书馆可以为每位读者量身定制服务，提供个性化的资源推荐、主题导航等。这样，读者可以更轻松地获取与自己兴趣相关的内容，提升阅读的乐趣和效果。通过个性化服务，图书馆不仅可以更好地满足读者的需求，还能够与读者建立更加紧密的联系，提高服务的满意度和质量。

同时，无缝整合还涉及到将数字化和实体化服务平滑衔接的问题。图书馆可以通过在线预约取书、在线浏览数字资源等方式，实现线上和线下服务的衔接，让读者可以在不同环境中体验到一致的服务质量。这种衔接不仅能够提升用户体验，还可以促进读者更加充分地利用图书馆的资源和服务。

然而，实现无缝整合并非一蹴而就的任务，需要图书馆投入大量的技术和人力资源。首先，图书馆需要建立稳定的数字平台，确保在线服务的稳定性和安全性。其次，需要培训图书馆工作人员，使他们具备操作数字化工具的能力，为读者提供专业的帮助和指导。此外，图书馆还需要积极宣传无缝整合的理念，让读者充分了解并积极参与这种新的服务模式。

无缝整合是现代图书馆服务的重要方向，是适应数字化时代需求的关键策略。通过将数字化和实体化服务融合在一起，图书馆可以提供更加便捷、连贯的服务体验，满足读者多样化的需求，推动图书馆服务的全面转型和提升。这种整合不仅可以让图书馆保持与时俱进，还能够增强其在社会中的影响力和地位，为读者提供更为优质的服务。

三、创新服务

1. 虚拟现实技术的应用为图书馆服务带来了全新的可能性

虚拟现实技术的引入为现代图书馆的服务模式带来了前所未有的变革和丰富性。这种创新性的技术应用不仅为图书馆的服务提供了全新的可能性，也深刻地改变了读者与图书馆互动的方式和体验。

通过虚拟现实技术，图书馆可以打破时间和空间的限制，将读者带入一个完全虚拟的图书馆空间。这意味着，无论读者身在何处，都可以通过虚拟现实设备进入图书馆，与书籍、资源和其他读者进行互动。这种虚拟的图书馆空间可以模拟实体图书馆的布局和环境，让读者在虚拟环境中感受到与实际访问图书馆类似的体验。

在虚拟图书馆中，读者可以通过沉浸式的方式浏览书籍、杂志、报纸等资源，就像在实际图书馆中一样。他们可以漫游虚拟的书架，阅读书籍的摘要、目录等信息，甚至可以在虚拟空间中进行翻阅和阅读。此外，图书馆可以利用虚拟现实技术创建虚拟展览，让读者在虚拟空间中参观展览、观赏艺术品，拓展了读者的文化体验。

与此同时，虚拟现实技术也为读者之间的互动提供了新的途径。在虚拟图书馆中，读者可以通过虚拟身份与其他读者进行互动、交流。他们可以在虚拟空间中参加读书俱乐部、讨论会，甚至可以进行虚拟的阅读分享和讨论。这种虚拟的社交互动能够让读者与其他志同道合的人共享阅读体验，拓展了阅读的社交性和互动性。

此外，虚拟现实技术还能够将图书馆的服务扩展到线上世界，让读者在家中也能够享受到图书馆的资源和活动。无论是在家中的沙发上，还是在异国他乡的旅途中，读者都可以通过虚拟现实设备访问虚拟图书馆，获取所需的信息和内容。这种便利性不仅满足了现代人在快节奏生活中的需求，还为图书馆的服务拓展了新的渠道和方式。

虚拟现实技术的应用为图书馆服务带来了全新的可能性，将实体图书馆与虚拟空间融合在一起，为读者创造了丰富、沉浸式的阅读和互动体验。这种创新性的服务模式不仅满足了读者的多样化需求，也将图书馆推向了数字化时代的前沿，为其在社会中的地位和影响力注入了新的活力。

2. 人工智能技术的应用使图书馆的服务更加智能化和个性化

人工智能技术的应用在现代图书馆服务中扮演着愈发重要的角色，它为图书馆带来了智能化和个性化的服务体验，不仅让读者获益匪浅，也推动了图书馆的服务模式转型和提升。

首先，人工智能技术可以通过分析读者的阅读历史、借阅记录、搜索习惯等大数据，深入了解每位读者的兴趣和偏好。基于这些数据，图书馆可以利用机器学习算法和推荐系统，为读者提供个性化的书籍和资源推荐。这种推荐不仅可以帮助读者发现新的信息，也能够提供更符合他们兴趣的内容，从而提升阅读的满足感和效果。通过人工智能技术，图书馆能够将大量的资源进行智能分类和推荐，让每位读者都能够找到最适合自己的阅读材料。

其次，人工智能技术还可以用于自动化图书馆的运营，提高服务效率和便利性。例如，图书馆可以引入自动借还书系统，读者可以通过自助终端进行图书的借阅和归还，无须等待人工办理。这不仅减少了人力资源的投入，还为读者提供了更加便捷的借阅体验。此外，智能客服机器人也可以在图书馆的网站或 APP 上提供即时的答疑和帮助，解决读者的问题和需求，24/7 全天候为读者提供支持。

人工智能技术的应用不仅提升了图书馆服务的智能化和个性化，也带来了更多的创新服务。例如，图书馆可以利用自然语言处理技术开发阅读分析工具，帮助读者更深入地理解和分析书籍内容。另外，虚拟阅读伴侣也是一种新的创新，通过人工智能技术模拟与读者的对话，引导他们更系统地阅读和学习。

然而，人工智能技术的应用也面临一些挑战和考量。隐私保护是其中之一，图书馆需要确保读者的个人信息和阅读数据得到妥善保护，避免隐私泄露问题。此外，技术的可靠性和透明度也需要保证，确保人工智能系统的决策过程可以被解释和理解。

人工智能技术的应用为图书馆服务带来了智能化和个性化的改进，提高了服务效率和便利性。通过深入分析读者需求，自动化运营以及创新性的服务模式，图书馆能够更好地满足读者的多样化需求，推动了现代图书馆服务的全面转型和提升。

3. 数字化资源的创新利用也是现代图书馆服务的重要方面

首先，图书馆可以通过数字化技术将实体资源进行数字化处理，从而建立数字图书馆，为读者提供在线阅读、下载等服务。这种数字化转型使得读者不再受限于实体馆内的开放时间和地点，可以随时随地通过图书馆的数字平台获取所需资源。数字化图书馆不仅包含了图书和期刊，还可以涵盖多种形式的文献，如报纸、杂志、学位论文等。读者可以在电子设备上进行在线阅读，也可以下载到个人设备进行离线阅读，极大地提升了阅读的便捷性和灵活性。

其次，数字化资源的创新利用也使得图书馆能够在虚拟空间开展丰富多彩的活动。通过在线展览，图书馆可以将珍贵的实体文献、文物和艺术品以数字形式呈现给读者，无论身处何地，都能够欣赏到这些宝贵的文化遗产。此外，图书馆还可以举办在线讲座、培训、研讨会等活动，通过视频直播和互动交流，将知识和信息传递给更多的人群。这种虚拟活动不仅拓展了图书馆的影响力，也为读者提供了更多参与的机会。

此外，数字化资源的利用也为图书馆创新了一系列的服务模式。例如，图书馆可以通过数字平台开展在线读书俱乐部，邀请读者共同阅读和讨论特定的书籍，促进阅读社群的形成。另外，数字化资源也可以用于开展数字人文项目，利用文本分析、数据挖掘等技术，深入研究文化、历史和社会等领域。这种数字人文的研究方法为图书馆服务注入了新的活力和创新性。

然而，数字化资源的创新利用也面临一些挑战。首先，数字化资源的质量和可靠性需要得到保证，避免出现虚假或低质量的内容。其次，数字化资源的版权和许可问题也需要谨慎处理，确保服务的合法性和合规性。此外，数字化资源的技术要求也需要适应不同的读者群体，包括老年人和技术不熟悉的人群。

数字化资源的创新利用丰富了现代图书馆的服务内容和形式，通过数字化图书馆、在线展览、虚拟活动等方式，为读者提供更便捷、多样化的服务体验。这种数字化转型不仅满足了读者的多样化需求，也为图书馆的服务模式带来了新的创新和发展机遇。

4. 移动技术的应用也大大丰富了图书馆的服务形式

移动技术的应用在现代图书馆服务中扮演着重要角色，极大地丰富了图书馆的服务形式，为读者提供了更加便捷、灵活的访问方式和服务体验。

随着移动设备的普及，图书馆可以通过开发移动应用程序来满足读者的需求。这些移动应用程序可以在智能手机和平板电脑上安装，让读者随时随地都能访问图书馆的资源和服务。通过移动应用，读者可以进行在线借阅、预约、续借等操作，无须前往实体图书馆，大大提升了服务的便捷性。读者可以在工作、学习或休闲的时候，通过移动应用来管理自己的借阅记录，方便地掌握自己的阅读进度和借阅情况。

除了在线服务，移动应用还可以通过 GPS 定位功能，为读者提供附近图书馆的信息。这种定位服务可以指导读者前往离他们最近的图书馆，让他们在附近就能找到需要的资源和服务。这对于不熟悉当地的读者尤其有用，他们可以轻松找到最近的图书馆，享受到图书馆的资源和服务。同时，移动应用还可以提供图书馆的开放时间、活动信息、展览信息等，让读者及时了解图书馆的动态和内容。值得注意的是，移动应用的开发需要考虑用户体验和界面设计。移动设备的屏幕相对较小，需要简洁、清晰的界面来适应不同的操作。此外，移动应用的安全性也是重要的考虑因素，保护用户的个人信息和借阅记录免受威胁。

通过移动技术的应用，现代图书馆实现了与读者的实时互动，为他们提供了更加便捷、灵活的服务方式。移动应用不仅使得图书馆的资源和服务可以随时随地访问，也加强了图书馆与读者之间的联系和互动。这种创新的服务形式，让图书馆的服务更贴近读者的生活，满足了他们多样化的需求。通过移动技术的应用，图书馆向着更加智能化、便捷化的服务模式迈进，不断提升服务的质量和效率。

图书馆服务的对象及其需求

图书馆服务的对象涵盖了各个年龄层次和需求群体。从学生、教师到研究者、社区居民，不同人群对图书馆的需求各异。

一、学生

学生是图书馆的重要用户群体，他们需要获取学术资料、参与学习活动、接受信息素养培训等，图书馆应满足他们学习和知识获取的需求。

首先，在学术资料方面，图书馆可以通过数字化技术建立丰富的数字图书馆，收录各类学术资源，如电子图书、期刊、论文等。学生可以通过图书馆的在线平台随时访问这些资源，从而获取与课程和研究相关的资料。图书馆还可以与出版商合作，订阅权威学术期刊和数据库，为学生提供最新的研究成果和学术信息。此外，图书馆可以通过与学校合作，将教材和课程参考资料纳入图书馆的资源范围，方便学生获取所需材料。

其次，图书馆可以举办各类学术活动，为学生提供学习和交流的机会。例如，举办学术讲座、研讨会，邀请专家学者来图书馆分享最新的研究成果和学术观点，帮助学生拓展知识领域。此外，图书馆还可以组织读书会、讨论会，促进学生对于不同主题的深入探讨和思考。这些活动不仅丰富了学生的学术体验，也加强了图书馆作为学术社区的功能。

信息素养培训也是现代图书馆为学生提供的重要服务之一。图书馆可以开展信息素养培训课程，教授学生如何有效地搜索、评估和利用信息资源。这些课程可以涵盖信息检索技巧、学术写作规范、引用规则等内容，帮助学生提升信息素养水平，更好地完成学术研究和论文写作。

此外，图书馆还可以为学生提供个性化服务，根据他们的兴趣和需求，为他们定制推荐资源和服务。通过分析学生的借阅记录和阅读历史，图书馆可以了解学生的学术兴趣和偏好，为他们推荐相关的图书、文章和研究资源。这种个性化服务能够更好地满足学生的知识需求，提升他们的学术体验。

现代图书馆在满足学生学习和知识获取需求方面扮演着重要角色。通过丰富的学术资源、多样化的活动和个性化的服务，图书馆为学生提供了全面的学术支持，帮助他们更好地完成学业、拓展知识领域，提升信息素养水平。图书馆不仅是知识的仓库，更是学术交流和学习的重要场所，为学生提供了一个充满学术活力的学习环境。

二、教师和研究者

首先，图书馆为教师和研究者提供丰富的学术文献资源。图书馆可以订阅各类权威的学术期刊、数据库和在线图书，为教师和研究者提供最新的研究成果和学术信息。通过数字化技术，图书馆可以将这些资源整合到一个统一的平台上，方便教师和研究者进行检索和阅读。此外，图书馆还可以与出版商合作，为教师和研究者提供访问付费资源的机会，支持他们的学术研究。

其次，图书馆还可以提供研究工具和技术支持，帮助教师和研究者开展科研工作。图书馆可以为他们提供数据库检索技巧培训，教授如何高效地搜索和筛选文献资源。此外，图书馆还可以为他们提供引文管理工具，帮助管理和组织文献引用，提升论文写作的效率。图书馆还可以为教师和研究者提供数据分析工具和方法，支持他们进行数据挖掘和分析，从而推动科研成果的发展。

合作机会对于教师和研究者的学术发展至关重要。图书馆可以举办学术研讨会、讲座和学术交流活动，为教师和研究者提供交流和合作的平台。此外，图书馆还可以为教师和研究者提供合作伙伴的推荐和联系，促进跨学科的合作研究。通过这些活动和机会，图书馆不仅满足了教师和研究者的合作需求，还推动了学术界的交流和创新。

最后，图书馆可以提供个性化的支持和服务，根据教师和研究者的学术兴趣和需求，为他们定制资源推荐和服务方案。通过分析他们的研究方向和领域，图书馆可以向他们推荐相关的学术资源、期刊和会议，提升他们的研究效率和影响力。

三、图书馆在满足教师和研究者的学术需求方面，扮演着不可或缺的角色

图书馆作为社区的文化中心，为社区居民提供了丰富的娱乐、休闲和文化信息资源，成为社区文化生活的重要组成部分。社区居民具有多样化的需求，图书馆应该开展多样化的文化活动，以满足他们的各种需求和兴趣。

首先，图书馆可以举办各类文化活动，如读书俱乐部、讲座、音乐会、艺术展览等。这些活动不仅能够满足社区居民对文化艺术的兴趣，还能够促进社区文化的交流和融合。通过与艺术家、作家、学者等合作，图书馆可以为社区居民提供高质量的文化活动，丰富他们的文化生活。其次，图书馆还可以建立社区数字文化平台，提供在线阅读、音乐、电影等数字资源，让社区居民可以随时随地享受文化娱乐。通过数字化技术，图书馆可以将丰富的文化资源整合到一个平台上，方便社区居民浏览和访问。此外，图书馆还可以与社区合作，记录社区的历史和文化，打造独特的社区文化数字展示。此外，图书馆还可以定期举办社区活动，

如庆祝节日、举办社区市集、开展手工艺课程等，增强社区居民的参与感和归属感。通过与社区居民互动，图书馆可以了解他们的需求和兴趣，有针对性地开展活动，增进社区的凝聚力和活力。对于社区居民，图书馆不仅是获取信息的场所，更是一个汇聚文化的场所。图书馆的丰富资源和多样化的活动不仅满足了居民的娱乐和休闲需求，还丰富了社区的文化内涵，促进了社区的社会互动和文化传承。通过为社区居民提供丰富的文化体验，图书馆为社区创造了一个充满活力和创意的文化环境，让社区居民在这里共同享受文化的乐趣，共同创造美好的社区生活。

第三节　图书馆服务共享

一、合作联盟

合作联盟是现代图书馆服务的一项重要策略，通过与其他图书馆建立合作关系，可以实现资源共享、经验交流和技术合作，从而提供更广泛、更丰富的服务，拓展用户群体，提升整体服务质量。

图书馆合作联盟的核心目标是实现资源共享。不同图书馆可能拥有不同领域的藏书，合作联盟可以将这些资源整合起来，形成更为丰富和多样化的图书馆藏书。通过共享资源，读者可以从不同图书馆借阅所需的书籍、期刊和其他资料，无须跨足多个图书馆，大大提高了获取信息的便捷性和效率。此外，合作联盟还可以将数字化资源进行共享，如电子书、数据库等，让读者可以在线访问各个合作图书馆的数字资源，进一步丰富了服务内容。

除了资源共享，合作联盟还可以促进经验交流和合作。不同图书馆在服务模式、技术应用、用户培训等方面可能存在丰富的经验，通过合作联盟，图书馆可以分享彼此的最佳实践，借鉴先进的经验，提升自身服务水平。此外，合作联盟还可以共同开展培训、研讨会等活动，提升图书馆工作人员的专业素质和技能，共同推动图书馆服务的创新和提升。

技术合作也是合作联盟的重要内容。图书馆可以共同研发图书馆管理系统、数字化平台等技术，减少重复投入，提高效率。同时，技术合作还可以涵盖网络基础设施的建设和维护，共同应对网络安全挑战，提升数字化服务的稳定性和安全性。

通过合作联盟，图书馆可以形成一个庞大的网络，将各方的优势资源整合起来，为用户提供更广泛、更便捷的服务。合作联盟不仅可以提升图书馆的影响力和服务范围，还能够促进图书馆间的友好合作，共同为读者创造更好的阅读和学习环境。在合作联盟的推动下，现代图书馆服务将更加多元、创新，为用户提供更具吸引力和价值的服务体验。

二、开放式创新

开放式创新是图书馆服务的一种重要策略，通过与社区、学校、企业等不同领域的合作伙伴合作，共同开展创新项目，推动图书馆服务的创新和提升。这种合作模式可以带来多方面的好处，从丰富服务内容到提高服务质量，进一步推动图书馆成为社区中的知识中心和创新驱动力。

首先，与社区合作可以更好地满足社区居民的需求。社区居民的需求多样化，图书馆可以通过与社区合作，了解居民的需求和偏好，开展相应的服务项目。例如，举办社区读书会、文化活动、座谈会等，根据社区反馈不断调整和优化服务内容，使服务更贴近社区居民的实际需求。

其次，与学校合作可以促进教育资源的共享和交流。图书馆可以与学校合作，为学生和教师提供学术资源、培训和指导，支持学校的教学和研究工作。双方可以共同举办讲座、研讨会、培训活动等，促进知识的传播和共享，提高教育质量。

与企业合作可以推动技术创新和数字化服务的发展。图书馆可以与科技企业合作，共同研发数字化平台、应用程序等，提供更智能化、便捷化的服务。企业的技术支持和资源投入可以加速图书馆数字化服务的升级和创新，为用户提供更优质的服务体验。

开放式创新还可以促进知识共享和合作。不同领域的合作伙伴可以共享各自的资源和知识，形成互补和合作的关系。例如，图书馆可以借助社区的人才和资源，开展社区教育、文化传承等项目；与学校合作可以促进教育和研究的互补发展；与企业合作可以推动技术应用和商业模式的创新。

最后，开放式创新还可以提升图书馆的社会影响力和地位。通过与多方合作伙伴合作，图书馆可以更广泛地参与社会发展，满足不同层次的需求，推动创新和进步。合作伙伴的支持和合作也可以增强图书馆在社区中的可见度，提高公众对图书馆的认知和认可。

开放式创新是现代图书馆服务的一种重要策略，通过与社区、学校、企业等合作伙伴合作，实现资源共享、知识传播和创新推动，进一步提升图书馆服务的质量和影响力，为用户创造更具价值的服务体验。

三、数字资源共享

数字资源共享是图书馆服务的一项重要举措，通过将数字化的图书、期刊、文献、多媒体资料等开放共享，可以促进知识的传播和共享，推动学术研究和社会发展。这种开放的共享模式不仅能够让更多的人免费获取和利用资源，还能够促进合作与创新，拓展知识的边界，推动社会的进步。

首先，数字资源共享能够促进知识的广泛传播。通过将数字资源开放共享，图书馆可以突破时间和地域的限制，让更多的人在全球范围内访问和利用这些资源。无论是学术研究者、教师、学生，还是普通公众，都可以充分利用这些资源进行学习、研究和创新。其次，数字资源共享可以促进学术合作与交流。开放共享的资源可以为不同领域的研究者提供更多的素材和数据支持，促进学术研究的深入发展。研究者可以借助这些资源进行交流、合作和跨领域创新，推动学术界的交叉融合和创新发展。此外，数字资源共享也可以促进教育的发展。教师和学生可以充分利用开放共享的资源进行教学和学习活动，丰富课堂教学内容，提高教学质量。这种开放的资源共享模式可以让教育更具包容性和多样性，满足不同学习者的需求。数字资源共享还可以促进社会的创新和发展。通过开放共享的资源，创业者、企业家等可以获取更多的信息和数据，从而推动创新和创业活动。这种知识和信息的共享可以帮助解决社会问题，促进经济的增长和社会的进步。然而，数字资源共享也面临一些挑战和问题，如版权保护、数据隐私等。图书馆需要制定合理的共享政策和措施，保障资源的合法性和安全性，同时平衡共享和保护的关系。

数字资源共享是图书馆服务的一项重要举措，通过开放共享数字资源，可以促进知识的传播和共享，推动学术研究、教育和社会创新的发展，为社会创造更大的价值和影响力。

四、文化交流

图书馆作为社区的文化中心，扮演着促进文化交流和融合的重要角色。通过举办各种文化活动、展览、讲座等方式，图书馆可以为社区居民提供一个丰富多彩的文化平台，激发他们的文化兴趣，促进不同文化之间的交流与融合。

文化活动是图书馆与社区居民互动的重要途径之一。图书馆可以定期举办文学讲座、音乐演出、戏剧表演、艺术展览等各种活动，为居民提供欣赏和参与的机会。这些活动不仅能够满足居民的文化需求，还能够促进居民之间的交流和互动，营造出丰富的社区文化氛围。展览是另一个重要的文化交流方式。图书馆可以举办各种主题的展览，展示艺术作品、历史文物、科技创新等内容，让居民在欣赏中了解更多的知识和文化。展览不仅可以丰富居民的视野，还可以为他们提供与文化艺术亲密接触的机会，促进不同领域文化之间的交流与碰撞。此外，图书馆还可以开展文化讲座和工作坊，为居民提供深入了解特定文化主题的机会。例如，讲座可以探讨文学、历史、艺术等不同领域的话题，工作坊可以让居民亲自参与文化创作和实践，从而加深对文化的理解和体验。通过这些文化交流活动，图书馆不仅能够满足社区居民的文化需求，还能够促进不同文化之间的交流与融合。社区居民可以在图书馆这个共享的文化空间中，了解和尊重其他文化，拓展自己的文化视野，从而促进社区的文化多样性和共融。

通过举办文化活动、展览、讲座等方式，图书馆可以为社区居民创造一个丰富多彩的文化交流平台，促进不同文化之间的交流和融合，提升社区居民的文化素养和生活品质。

第七章

图书馆信息服务及其建设

第一节　信息服务概述

图书馆作为信息资源的重要承载者和传播者，在满足用户信息需求、促进知识传播和提升信息素养等方面发挥着关键作用。信息服务是图书馆的核心职能之一，旨在为用户提供全面、及时、高质量的信息资源和服务。

1. 信息服务的范围广泛，旨在满足不同用户的多样化需求

其中，图书馆馆藏的书籍、期刊、报纸等实体资源是信息服务的重要组成部分。这些实体资源不仅是图书馆的核心馆藏，也是用户获取知识、深化学习和进行研究的重要工具。用户可以通过借阅、阅览等方式获取这些实体资源。借阅服务使用户能够将书籍、期刊等资源带回家或学习环境中进行深入阅读，以满足他们的学术和兴趣需求。同时，阅览服务也允许用户在图书馆内阅读资源，提供了一个安静、专注的学习环境。

实体资源的丰富性使图书馆能够满足各种学科领域和兴趣领域的用户需求。无论是学生、教师还是研究者，他们都可以在图书馆的实体馆藏中找到所需的资料，支持他们的学习和研究工作。此外，实体资源也具有历史性和文化性，部分藏品可能是稀有的珍本或古籍，为用户提供了深入了解历史和文化的机会。图书馆通过不断更新实体馆藏，确保馆内的资源与时俱进。同时，图书馆还通过采购和订阅来满足用户对新知识和新信息的需求。这种丰富多样的实体资源，使图书馆成为了学习、探索和知识积累的重要场所，为用户提供了全面、深入的信息服务。

2. 数字化资源成为信息服务的重要形式

数字化资源在现代图书馆的信息服务中扮演着重要角色，为用户提供了全新的信息获取途径和体验。通过数字化技术，图书馆将实体资源数字化，并在网络平台上建立了数字图书馆，为用户提供了在线阅读、下载等操作的便捷方式。

数字化资源的丰富性是其引人瞩目之处。用户可以在数字图书馆中访问电子书籍、学术期刊、报纸、杂志等多种类型的资源，这些资源涵盖了广泛的学科领域和主题。电子书籍的在线阅读和下载使用户能够在任何时间、任何地点获取所需的知识，极大地提升了信息获取的便利性。此外，图书馆还可以通过数字化技术将稀缺、珍贵的实体资源进行数字化，以保护和传承文化遗产。

数字化资源的开放共享也为用户提供了更广泛的获取途径。一些数字资源可能对外开放，用户无须身处图书馆，只需通过网络平台就能免费获取和利用这些资源。这种开放性不仅促进了知识的传播和共享，还拓展了图书馆服务的边界，使更多的人能够受益。

数字化资源的在线阅读和下载功能为用户带来了极大的便利。用户可以随时随地在各种设备上访问这些资源，不再受限于图书馆的开放时间和地点。这种便捷性尤其适合现代快节奏的生活方式，使用户能够更加灵活地安排学习、研究和阅读时间。数字化资源作为信息服务的重要形式，丰富了图书馆的馆藏，提供了便捷的获取途径，促进了知识的传播和共享，为用户提供了更多元化、灵活化的信息服务体验。

3. 信息服务还包括网络检索与引导

图书馆提供在线检索系统，为用户提供了一个便捷的途径来搜索图书馆馆藏中的各种资源。用户可以通过输入关键词、主题、作者等信息，快速地检索到与其信息需求相关的资源。这种在线检索系统可以涵盖图书、期刊、报纸、多媒体资料等各种类型的资源，为用户提供了广泛的信息选择。

此外，图书馆还在其网站上提供了主题导航、资源推荐等功能，以引导用户更快地找到所需内容。主题导航将相关资源聚集在一起，用户可以通过浏览特定主题页面，了解该主题下的所有相关资源。资源推荐则基于用户的兴趣和需求，向其推荐可能感兴趣的内容，提供个性化的服务体验。这些功能的存在使得用户可以更加直观地了解图书馆馆藏的内容，快速找到适合自己的资源。

网络检索与引导的优势在于其高效性和便捷性。用户不再需要手动翻阅大量书籍或期刊，而是可以通过在线检索系统几秒钟内找到所需信息。同时，主题导航和资源推荐等功能也降低了信息获取的门槛，使用户能够更轻松地找到他们感兴趣的内容。

4. 参考咨询服务是图书馆信息服务的另一方面

参考咨询服务是图书馆信息服务的重要组成部分，它为用户提供了专业的帮助和指导，以确保他们获取准确、全面的信息，满足其知识和学术需求。

图书馆通常设立参考咨询台，用户可以直接前往咨询台咨询图书馆员关于信息检索、资源推荐、学术文献获取等方面的问题。图书馆员经过专业培训，熟悉图书馆的资源和服务，能够根据用户的需求提供定制化的帮助。他们可以引导用户使用在线检索系统，教授搜索技巧和方法，帮助用户准确地找到所需信息。同时，他们还可以根据用户的研究课题，推荐合适的学术文献和资源，提供研究支持。

除了实体咨询台，图书馆还提供在线咨询服务，用户可以通过图书馆的网站或社交媒体平台向图书馆员提问。在线咨询的便捷性使得用户不必前往图书馆，也能够获得专业的帮助。图书馆员通过在线聊天、电子邮件等方式与用户互动，解答他们的问题，提供信息检索的建议，解决他们在信息获取过程中遇到的困难。

参考咨询服务的核心在于其专业性和个性化。图书馆员作为信息专家，能够根据用户的具体需求提供针对性的指导和建议，帮助他们解决信息检索和利用过程中的问题。这种服务不仅仅是单纯地提供答案，更是培养用户的信息素养和研究能力，使他们能够更独立地获取和利用信息。参考咨询服务是图书馆信息服务的重要补充，通过图书馆员的专业知识和个性化的指导，为用户提供了全面的信息支持，提高了他们的信息获取效率和质量。这种服务不仅满足了用户的知识需求，也推动了信息素养的提升。

培训指导也是信息服务的重要环节。图书馆通过举办培训课程、研讨会等方式，帮助用户提升信息素养和使用技能。这些培训内容涵盖数据库检索技巧、信息评估、学术写作等，旨在帮助用户更有效地利用信息资源。

信息服务是图书馆为用户提供信息资源、帮助和指导的重要途径。通过多样化的形式和手段，图书馆旨在满足用户多样化的信息需求，促进知识的传播和信息素养的提升。

第二节 现代图书馆的信息服务手段与服务质量

1. 多样化的信息服务手段

现代图书馆作为信息资源的主要提供者和传播者，通过采用多样化的信息服务手段，不断满足用户的多样化需求，推动信息资源的共享和传播。在这个数字化时代，先进的技术手段为图书馆提供了丰富的方式来传递信息和服务用户。

首先，数字化资源的兴起是现代图书馆信息服务多样化的重要基础。通过数字化技术，图书馆可以将实体资源转化为电子形式，建立数字图书馆，为用户提供在线阅读、下载等操作。在线数据库汇集了来自世界各地的学术论文、期刊、报纸等信息，用户可以通过远程访问获取这些资源，避免了时空的限制，同时也为远程用户提供了高质量的信息支持。

其次，网络检索和引导工具为用户提供了便捷的信息检索方式。现代图书馆建立了强大的在线检索系统，用户可以通过关键词、主题等方式快速定位所需信息，无须费时翻阅大量书籍。此外，图书馆网站上的主题导航、资源推荐等功能也引导用户更快地找到他们感兴趣的内容。这种方式不仅节省了用户的时间，也提高了信息的利用效率。社交媒体和移动应用的兴起为图书馆信息服务带来了更广泛的渠道。图书馆可以借助社交媒体平台如微博、微信、Facebook 等与用户进行互动，发布图书推荐、活动信息等，增强了与用户的交流和互动。同时，移动应用让用户可以随时随地访问图书馆的资源和服务，进行在线借阅、预约、续借等操作。通过这些移动工具，用户可以更加方便地获取信息，提高了信息服务的便捷性。与此同时，图书馆也不断尝试创新的服务方式，如虚拟现实技术、人工智能等。虚拟现实技术可以创建虚拟图书馆空间，让用户在虚拟环境中浏览书籍、参观展览等，提供沉浸式的体验。人工智能技术可以根据用户的阅读历史和兴趣，推荐合适的资源，实现个性化的服务。

现代图书馆利用先进的技术手段，通过数字化资源、网络检索、社交媒体、移动应用等多样化的方式，为用户提供全面、及时、高质量的信息服务。这些多样化的手段不仅满足了用户的不同需求，也推动了图书馆的信息服务不断创新和发展。

2. 智能化的信息服务

随着人工智能技术的快速发展，图书馆的信息服务正逐步实现智能化，为用户提供更智能、高效的体验。这种智能化的信息服务不仅满足了用户的需求，还为图书馆员提供了更多机会去创造更有价值的服务。

首先，自动化的信息检索系统是智能化信息服务的重要组成部分。这些系统能够根据用户的查询习惯、阅读历史和兴趣，分析大量的数据并推荐相关资源。通过机器学习和数据分析，系统能够不断优化推荐算法，使得用户能够更快速地找到他们所需的信息。这种个性化的推荐不仅提高了用户满意度，还增强了信息服务的效率。

其次，智能客服机器人的应用也为图书馆的信息服务带来了新的变革。这些机器人能够根据用户的提问，通过自然语言处理技术进行理解并提供相应的回答。用户可以通过在线聊天与机器人互动，获取即时的帮助和解答。这种智能客服不仅可以解决用户常见问题，还能够提供 24/7 的服务，不受时间和地点的限制，大大提升了用户的体验。

智能化信息服务不仅使用户体验更智能，也为图书馆员提供了更多机会去提供高质量的个性化服务。由于自动化的信息检索系统和智能客服机器人的存在，图书馆员可以将更多的精力放在与用户的深入交流中。他们可以为用户提供更专业、更个性化的咨询和指导，帮助用户更好地利用图书馆的资源。同时，这些智能化工具还可以为图书馆员提供有关用户需求和偏好的数据，帮助他们更好地了解用户，并制定更有针对性的服务策略。

智能化的信息服务正逐步改变着图书馆的服务模式和用户体验。自动化的信息检索系统和智能客服机器人的应用，使用户能够更方便地获取信息，同时也为图书馆员提供了更多创造性的机会。随着人工智能技术的不断进步，智能化信息服务将继续为图书馆提供更加智能、高效、个性化的服务，推动图书馆信息服务的不断创新和提升。

3. 个性化的服务体验

现代图书馆正在积极探索和实践个性化的信息服务体验，以满足用户多样化的需求和提升他们的满意度。这种个性化服务体验通过深入分析用户的阅读历史、检索记录、借阅偏好以及行为模式等数据，从而了解用户的兴趣、偏好和需求，为他们量身定制资源推荐和服务建议。

个性化的信息服务体验首先体现在资源推荐方面。图书馆可以利用用户的阅读记录和借阅历史，通过数据分析和机器学习算法，为用户推荐与其兴趣相关的书籍、期刊、文章等。这样，用户能够更容易发现与自己兴趣相关的内容，不再需要花费大量时间搜索和筛选。这种个性化的资源推荐不仅提高了用户的满意度，还能够促进用户更深入地探索新的领域。

其次，个性化的服务建议也是提升用户体验的重要手段。通过分析用户的检索记录和阅读偏好，图书馆可以为用户提供更准确的搜索策略和资源导航。例如，在用户进行检索时，图书馆可以根据用户的搜索关键词和领域，提供相关主题导航和推荐链接，帮助用户更快速地找到所需信息。这种个性化的服务建议不仅提高了用户的检索效率，也能够帮助他们更好地利用图书馆的资源。

个性化的信息服务体验还可以通过交互性的方式实现。图书馆可以借助互动式平台，与用户进行深入的交流和沟通。例如，图书馆可以开展在线问卷调查，了解用户对服务的意见和建议；也可以通过社交媒体、在线聊天等方式，与用户直接互动，解答疑问、提供帮助。这种交互性的个性化服务不仅增强了用户与图书馆之间的互动，也使得图书馆更能够根据用户的反馈进行改进和优化。

然而，实现个性化的信息服务体验也面临一些挑战。首先是数据隐私和安全问题。图书馆在分析用户数据时，必须确保用户的隐私和数据安全，遵守相关的法律法规。其次是数据分析和算法的精准性。个性化服务依赖于准确的数据分析和智能算法，图书馆需要不断优化和改进这些技术，以确保推荐和建议的准确性和有效性。

个性化的信息服务体验是现代图书馆的重要发展方向。通过深入分析用户数据、利用先进的技术手段，图书馆可以为用户提供更符合其兴趣和需求的资源和服务。这种个性化服务不仅提高了用户的满意度，也增强了用户与图书馆之间的互动和联系，推动了图书馆信息服务的创新和提升。

4. 提升的服务质量和效率

现代图书馆在信息服务方面不仅注重提供多样化的内容，还致力于提升服务的质量和效率，以满足用户多样化的需求并提供更优质的体验。为了实现这一目标，图书馆采取了一系列措施，从专业培训到技术应用，从用户反馈到服务评估，全方位地推动服务的提升。

首先，图书馆员的专业素质是提升服务质量的关键因素。图书馆员作为信息专业人员，需要不断保持其信息专业知识的更新和提升。他们通过持续的专业培训、学术研讨会等方式，了解最新的图书馆科技、信息资源和服务理念，以便更好地为用户提供准确的咨询和帮助。这种持续学习的精神使图书馆员能够与时俱进，满足用户日益增长的知识需求。

其次，数字化工具的运用极大地提升了信息服务的效率。图书馆通过建设先进的信息检索系统和数字化平台，使用户能够更迅速地搜索、获取所需的信息资源。在线数据库、电子图书、学术期刊等数字化资源的利用，使得用户能够在任何时间、任何地点获取信息，不再受限于传统的实体资源。这种数字化工具的应用不仅提高了用户的满意度，还大大提升了信息服务的效率和便捷性。

图书馆还高度重视用户反馈和服务评估，以不断改进服务质量。通过用户反馈和建议，图书馆能够更准确地了解用户的需求和期望，及时做出改进和调整。此外，图书馆建立了完善的服务评估体系，对信息服务的各个环节进行监测和评估。通过定期的调查、统计分析等方式，图书馆能够更好地了解服务的强项和薄弱点，从而有针对性地进行优化和提升。

信息服务的提升还需要与用户的参与和互动密切相关。现代图书馆鼓励用户积极参与服务的评价和改进，通过用户反馈、调查问卷、焦点小组等方式，了解用户的使用体验和意见建议。图书馆借助社交媒体、在线交流平台等，与用户进行互动，更好地了解他们的需求，并及时回应问题和提供帮助。这种用户参与不仅增加了用户与图书馆之间的互动，也使得图书馆更具针对性地提升服务质量，满足用户的期望。

现代图书馆在信息服务方面通过专业培训、数字化工具应用、用户反馈和服务评估等手段，不断提升服务的质量和效率。这种努力不仅使用户能够更好地满足信息需求，也使图书馆能够持续提供高质量、个性化的信息服务体验，推动图书馆信息服务的创新和进步。

第八章

我国公共图书馆服务体系建设的成果分析

第一节　公共图书馆服务体系构建的成果

一、基础设施建设完善

在我国，公共图书馆基础设施建设的完善是近几十年来不断推进的一项重要工作，旨在为广大社会群众提供更优质、便捷的图书馆服务。这项工作的推进是在政府的支持下，各级图书馆积极参与，通过持续投入资金和资源，逐步实现了公共图书馆的基础设施建设完善。

首先，我国公共图书馆数量的迅速增加是基础设施建设的重要体现。从大城市到小乡村，图书馆遍布全国各地，为广大居民提供了便利的学习和阅读场所。这些图书馆的分布不仅覆盖了城市居民，也关注了偏远地区和农村居民的需求，促进了公共图书馆服务的普惠性。

其次，公共图书馆的面积逐步扩大，为用户提供更为宽敞舒适的阅读环境。传统的图书馆已经不再局限于仅供书籍阅览的场所，而是建设了更多的休闲阅读区、多媒体区、数字资源区等，满足用户不同的学习和娱乐需求。这些多功能的阅读空间提供了更丰富的服务体验，也吸引了更多年轻人和家庭前来利用。

此外，图书馆设施设备的升级也为用户提供了更好的服务体验。现代化的图书馆不仅配备了丰富的纸质书籍、期刊，还引入了电子资源、多媒体设备等，拓展了用户获取信息的渠道。计算机、打印机、复印机等设备的配置也方便了用户的信息获取和学习需求。

各级政府在公共图书馆基础设施建设中的投资力度不断加大，也使得图书馆的建设更加专业化和规范化。从图书馆的建筑设计到内部布局，都充分考虑了用户的使用需求和服务体验。此外，政府还鼓励图书馆采用节能环保的建设理念，以减少对环境的影响。

在公共图书馆基础设施建设方面，我国取得了显著的成果，使得图书馆在不同地区、不同层次都得到了积极发展。基础设施的完善不仅提升了公共图书馆的服务能力，也为人们提供了更多元化、便捷化的知识获取途径。这为我国公共图书馆体系的进一步发展和提升奠定了坚实的基础。

二、服务内容丰富多样

公共图书馆的服务内容在基础设施建设的完善下得到了广泛的扩展和丰富，不再局限于传统的书籍借阅，而是积极拓展多样化的服务形式，以满足不同用户的信息需求和文化追求。

首先，数字化资源的引入为公共图书馆的服务内容带来了巨大的变革。图书馆通过数字化技术将实体资源转化为电子资源，建立了数字图书馆，用户可以在网上访问丰富的电子书籍、学术期刊、报纸、杂志等。这种数字资源的引入不仅使得图书馆的馆藏更加丰富，也使得用户可以更便捷地获取所需信息，无论是学术研究还是日常阅读。

其次，公共图书馆也积极举办各类文化活动，为社区居民提供了娱乐、休闲和文化交流的机会。这些活动包括文化讲座、艺术展览、读书俱乐部、绘画工作坊等，丰富了社区居民的文化生活，也提高了图书馆的社会影响力。文化活动不仅使得图书馆成为知识的殿堂，更是社区文化的重要组成部分。

此外，公共图书馆还通过引入多媒体设备，为用户提供更多元化的服务内容。音视频室、多媒体区等设施让用户可以观看电影、听音乐、学习外语等，丰富了用户的文化娱乐体验。同时，图书馆也借助虚拟现实技术等，为用户提供更具沉浸式的阅读和体验方式。

公共图书馆的丰富多样的服务内容不仅满足了用户的知识需求，也促进了社区文化的繁荣。图书馆不再是单一的信息储存场所，而是成为了集知识、文化、娱乐于一体的综合性社区文化中心。这种服务内容的丰富与多样化，进一步提升了公共图书馆在社会中的地位和作用，使其成为社区居民学习、娱乐和交流的重要场所。

三、信息技术的应用

信息技术的迅猛发展为公共图书馆的信息服务带来了革命性的变化，使其能够更好地满足用户的需求，提升服务的质量和效率。在这个数字化时代，公共图书馆积极应用数字化技术和网络技术，构建了现代化的信息服务平台，为用户提供了更便捷、多样化的服务方式。

首先，公共图书馆建立了网站和移动应用，将信息服务带入了用户的手机和电脑。用户可以通过这些平台进行在线检索、借阅、预约等操作，实现了无缝的数字化服务体验。这使得用户不再受限于图书馆的实际地点和开馆时间，可以随时随地获取所需的信息资源，极大地提高了信息获取的便利性。

其次，数字化资源的建设和开放共享使得公共图书馆的信息服务更加丰富和多样化。图书馆通过数字化技术将实体资源数字化，建立了电子书库、学术数据库等，用户可以在线阅读、下载电子书籍、期刊文章、多媒体资料等。这不仅扩展了图书馆的馆藏范围，也满足了不同用户多样化的信息需求。

此外，图书馆还利用社交媒体等新媒体平台，与用户进行更紧密的互动。图书馆的社交媒体账号可以发布图书推荐、活动信息等，吸引用户的注意力，促进用户参与。同时，图书馆也通过社交媒体与用户进行互动，解答疑问、提供帮助，增强了用户与图书馆之间的联系。

信息技术的应用不仅使公共图书馆的信息服务更加便捷和多样化，也提升了服务的质量和效率。通过数字化技术，图书馆可以更精准地进行信息检索和资源管理，帮助用户更快地找到所需的信息。同时，自动化的借还书系统、在线预约系统等也节省了用户和图书馆员的时间和精力。

信息技术的应用使公共图书馆从传统的纸质资源馆变为数字化信息服务中心，为用户提供了更便捷、丰富的信息服务体验。这种数字化转型不仅提高了服务的效率，也让用户能够更好地享受到图书馆的资源和服务。

四、个性化服务提升用户体验

个性化服务已经成为公共图书馆提升用户体验的重要手段。在信息爆炸的时代，用户面临着海量的信息资源，因此如何在这些信息中找到真正符合自己兴趣和需求的内容成为了一个挑战。而个性化服务的引入，为用户提供了更加精准、定制化的信息服务，从而在众多信息中筛选出最有价值的内容，极大地提升了用户体验。

公共图书馆通过分析用户的阅读历史、借阅记录、搜索习惯等数据，能够深入了解用户的个性化需求。这些数据反映了用户的兴趣、偏好和需求，为图书馆提供了宝贵的信息，使得图书馆能够更好地为用户提供服务。基于这些数据，图书馆可以为每个用户量身定制资源推荐。比如，根据用户的借阅历史，图书馆可以推荐类似主题或风格的书籍；根据用户的兴趣，图书馆可以推荐相关的学术期刊文章或电子书。个性化服务还体现在参考咨询方面。图书馆的专业人员可以根据用户的需求，为他们提供更加针对性的参考咨询。例如，当用户需要特定领域的信息时，图书馆员可以根据用户的研究方向，为他们推荐相关的学术数据库和期刊资源；当用户需要解决特定问题时，图书馆员可以提供针对性的文献检索建议，帮助用户快速找到解决方案。此外，个性化服务还可以体现在服务方式上。图书馆可以根据用户的喜好和习惯，提供不同的服务方式。比如，有些用户更喜欢在线阅读电子书，而另一些用户可能更倾向于借阅实体书。图书馆可以根据用户的选择，为他们提供相应的服务，满足不同用户的需求。

通过个性化服务，公共图书馆实现了从"一刀切"的通用服务向个体化、精细化的服务转变。用户不再需要在庞大的信息海洋中疲于搜索，而是能够得到专属的、有针对性的服务，这无疑大大提升了用户的满意度和体验。个性化服务不仅让用户感受到被重视和关心，也增强了用户与图书馆的互动和联系，进一步促进了公共图书馆在社区中的影响力和地位。

第二节　影响公共图书馆服务体系构建状况的因素

一、政策支持和投入

政府的政策支持和资金投入在构建我国公共图书馆服务体系的发展过程中起到了至关重要的作用。公共图书馆作为国家文化建设和知识传播的重要载体，其发展和壮大离不开政府的积极关注和大力支持。

首先，政府的政策支持为公共图书馆的发展提供了有力保障。我国政府制定了一系列相关法律法规，明确了公共图书馆的法定地位和职责。《中华人民共和国图书法》等法律法规明确了公共图书馆的职责是满足公民的文化、教育、科研等知识需求，促进全民阅读。政府的政策指导为公共图书馆提供了法律保障和发展方向，确保了其在社会文化建设中的重要地位。

其次，政府的资金投入为公共图书馆的建设提供了强有力的支持。在过去的几十年里，我国政府不断增加对公共图书馆的资金投入，用于图书馆的新建、扩建、设施升级和数字化建设等方面。各级政府都将公共图书馆的建设列入了文化事业的重要内容，加大了资金的投入力度。这些资金的投入为图书馆提供了现代化的场所和设施，提高了图书馆的服务质量和水平。

另外，政府的政策支持和投入还推动了公共图书馆服务的创新与发展。政府对数字化图书馆、文化活动、文化创意产业等方面的支持，促进了公共图书馆服务内容的丰富多样化。政府的资金投入也为图书馆引进新技术、开展创新项目提供了保障，使图书馆能够不断适应信息时代的需求，推动服务模式的创新和升级。

然而，需要指出的是，政府的政策支持和资金投入在不同地区和不同层级之间还存在着差异。一些地区的公共图书馆得到了更多的政策和资金支持，而另一些地区则可能面临相对较少的资源。这导致了公共图书馆服务的不平衡发展，有的地方服务质量较高，而有的地方则面临着资金紧缺和服务滞后的问题。

政府的政策支持和投入是构建我国公共图书馆服务体系的重要因素。政府的政策引导为公共图书馆提供了法律保障和发展方向，政府的资金投入为图书馆的建设和发展提供了强有力的支持。然而，还需要加强政策的均衡性，确保公共图书馆在全国范围内得到平等的支持和发展。同时，政府的支持也需要与社会、企业、个人等多方面力量的合作，共同促进我国公共图书馆服务体系的全面建设和提升。

二、社会经济发展水平

社会经济发展水平是构建我国公共图书馆服务体系的重要因素之一，其与图书馆服务的发展密切相关。经济水平的提高不仅为政府和社会提供了更多资源用于图书馆建设和服务提升，也促使了社区居民对知识、文化和信息的需求日益增长，从而推动了公共图书馆服务体系的建设。

随着经济的快速发展，人们的生活水平提升，对于文化、教育和知识的追求也逐渐增强。人们对于知识获取的需求不再局限于传统的教育机构，而是更加强调终身学习和个人成长。这使得公共图书馆不仅要满足人们的阅读需求，还要提供更多元化的文化活动、学习资源和社交平台，以适应不同年龄、背景和兴趣的人群。

在经济发展水平提高的背景下，政府和社会愈发重视图书馆建设。政府将图书馆视为文化事业的重要组成部分，加大了对公共图书馆的资金投入和政策支持。不仅仅是建设图书馆的场所，还包括数字化技术的引入、文化活动的举办、资源的扩充等方面的支持。政府的资金投入和政策支持为公共图书馆的服务质量和水平提供了强有力的保障。

此外，社会经济发展水平的提高也催生了更多的社会捐赠和企业赞助。社会各界开始重视公共图书馆的作用，纷纷捐赠资金、书籍和设备，为图书馆的建设提供了额外的资源。一些大型企业也愿意与图书馆合作，共同推动文化和教育的发展。这种社会资本的参与进一步加强了图书馆服务体系的建设，使其更加多元化和丰富。

然而，也需要意识到社会经济发展水平的不平衡性对公共图书馆服务体系的影响。在一些经济相对欠发达的地区，图书馆可能面临资金紧缺、设施不足等问题，导致服务质量和水平较低。因此，需要加强政策的导向，通过资源调配和扶持措施，促进全国范围内公共图书馆服务体系的均衡发展，确保每个地区都能够享受到优质的图书馆服务。

社会经济发展水平与我国公共图书馆服务体系的构建紧密相关。经济水平的提高不仅为图书馆提供了更多资源和支持，也推动了人们对知识和文化的追求。政府和社会的关注使得图书馆建设和服务水平得以提升，同时也需要关注地区之间的不平衡发展，确保公共图书馆服务体系能够在全国范围内得到充分的发展和提升。

三、技术发展

技术发展是我国公共图书馆服务体系构建的重要因素之一，它为图书馆提供了强大的支持和创新的可能性。信息技术的迅猛发展使得图书馆能够借助数字化、网络化和智能化手段，实现更高效、便捷、个性化的信息服务，为用户提供更丰富的资源和更优质的体验。

数字化技术是公共图书馆服务体系建设的重要推动力。通过数字化技术，图书馆可以将实体资源数字化，建立数字图书馆，为用户提供在线阅读、下载等服务。电子书籍、学术期刊、多媒体资料等数字化资源的引入，不仅丰富了馆藏内容，还提升了用户获取信息的便捷性。数字化资源的开放共享，使得不同地区的用户都能够充分享受到丰富的信息资源，促进了知识的传播和共享。

网络技术的应用也为图书馆服务的扩展和升级提供了重要手段。公共图书馆建立了网站、移动应用等在线平台，使得用户能够随时随地访问图书馆的资源和服务。在线检索、预约、借阅等操作的实现，不仅提高了用户的使用便捷性，也使得图书馆服务更具时效性。此外，图书馆通过社交媒体、在线互动等方式，与用户建立更紧密的联系，获取反馈和意见，进一步提升了服务质量。

人工智能的应用使得公共图书馆服务更加智能化和个性化。自动化的信息检索系统可以根据用户的兴趣和查询习惯，为用户推荐合适的资源。智能客服机器人能够回答用户的常见问题，提供即时的帮助和指导。通过分析用户的阅读历史、借阅记录等数据，图书馆能够了解用户的兴趣和需求，从而为他们提供个性化的资源推荐和服务建议。这种智能化的服务不仅提高了用户的满意度，也提升了图书馆的运营效率。

技术发展还为公共图书馆的文化活动和社区服务提供了创新的机会。图书馆可以利用虚拟现实技术开展虚拟展览、沉浸式阅读活动等，丰富用户的文化体验。数字化资源的开发还为图书馆举办在线讲座、培训等提供了平台，为社区居民提供更多学习和娱乐的机会。

然而，技术发展也带来了一些挑战和问题。数字化资源的管理和维护需要投入大量的人力和技术资源，信息安全和隐私保护也成为了一个重要议题。人工智能的应用虽然提高了服务效率，但也需要保障算法的公正性和透明性。此外，技术的不断更新和变革也要求图书馆持续学习和创新，以保持服务的领先地位。

技术发展为我国公共图书馆服务体系的构建提供了巨大的动力和机遇。数字化技术、网络技术和人工智能的应用，使得图书馆能够实现更多样化、智能化和个性化的信息服务，为用户提供更好的体验。然而，技术发展也需要与挑战和问题同时应对，以确保服务的安全、公正和可持续性。公共图书馆将在技术发展的引领下不断创新，为社会提供更优质的文化和知识服务。

四、社会需求变化

随着社会的不断变化和进步，公共图书馆的服务内容也在不断地调整和创新，以更好地满足用户的多元化和个性化需求。这种变化是对图书馆作为社会文化和知识传播中心的适应，也是对其服务理念和模式的更新和升级。

首先，人们的阅读需求不再局限于传统的纸质书籍，数字化和多媒体技术的兴起让人们对多样化的阅读方式产生了兴趣。公共图书馆在这一变化中通过引入电子书籍、在线学习资源、多媒体资料等形式来满足用户的需求。电子书籍的普及使得用户能够随时随地进行阅读，而在线学习资源和多媒体资料的丰富则提供了更多元化的知识获取途径。图书馆通过数字化技术的引入，为用户提供了更丰富的阅读体验和学习机会。

其次，社会对个性化服务的需求不断增加，这也推动公共图书馆不断拓展其服务形式和范围。每个人的兴趣、需求和阅读习惯都有所不同，为了更好地满足用户的个性化需求，图书馆引入了个性化推荐、定制化服务等新模式。通过分析用户的阅读历史、借阅记录等数据，图书馆能够了解用户的偏好，从而为他们量身定制资源推荐和服务建议。这种个性化服务不仅提高了用户的满意度，也能够更好地满足用户的信息需求。

此外，社会对文化交流和社区活动的需求也在不断增加，公共图书馆作为文化和社区中心，也在积极拓展相关服务。图书馆不再只是提供图书借阅服务，还开展了丰富多样的文化活动、讲座、展览等，为社区居民提供了娱乐、休闲和文化交流的机会。这种文化活动不仅丰富了社区居民的精神文化生活，也促进了社区的凝聚和交流。

社会对教育资源和培训机会的需求也在不断增长，这促使公共图书馆不仅提供阅读和娱乐服务，还致力于成为教育和学习的场所。图书馆举办各类培训、讲座，提供学习资源和学习指导，为用户提供了终身学习的机会。特别是在数字化时代，图书馆可以通过在线学习平台、网络课程等方式为用户提供更多的学习资源和知识获取途径。

然而，随着社会需求的变化，公共图书馆也面临着一些挑战。如何在满足多元化需求的同时，保持服务的深度和质量，是一个需要不断探索和创新的问题。另外，技术发展和信息爆炸也带来了信息质量和真实性的问题，图书馆需要加强信息素养教育，帮助用户更好地辨别和利用信息。

公共图书馆在不断变化的社会中，通过拓展服务内容和形式，不断创新服务模式，以更好地满足用户的多元化和个性化需求。这种变化不仅是对图书馆自身服务的升级，更是对社会文化发展的积极响应。随着社会的发展和变革，公共图书馆将继续致力于为社区居民提供丰富多彩的文化和知识服务，成为社会进步和文化繁荣的重要支撑。

第三节　制约我国公共图书馆服务体系构建的瓶颈

一、资金问题

资金问题一直是公共图书馆服务体系构建过程中的一大制约因素。虽然在近年来，我国政府对公共图书馆的投入有所增加，但仍然难以满足图书馆快速扩展和提升服务水平的迫切需求。资金短缺问题不仅影响了图书馆基础设施的建设，也限制了图书馆提供多样化、高质量服务的能力。

首先，公共图书馆的规模和服务水平的提升需要大量的资金投入。随着社会的不断发展，图书馆在场馆建设、设施设备更新、数字化资源采购等方面的需求也在不断增加。然而，这些项目的投资通常较大，需要政府提供充足的资金支持。然而，实际上，一些地区的图书馆在资金上仍然面临严重的不足，导致无法进行必要的设施建设和设备更新。其次，人才培养和队伍建设也需要资金投入。现代图书馆需要具备高素质、专业化的员工队伍，以确保高质量的服务。然而，为了吸引和培养优秀的图书馆员，需要投入资金进行培训、进修和专业发展。此外，技术人员和数字化服务人才的引进也需要资金支持，以保证图书馆在信息技术领域的竞争力和创新能力。

此外，数字化资源的采购和维护也需要大量的资金投入。数字化技术的应用使图书馆能够为用户提供更多样化、个性化的服务。然而，数字化资源的购买、维护和更新需要相应的资金支持。从电子书籍到在线数据库，从数字化展览到多媒体资料，这些数字化资源的采购和管理都需要投入不小的成本。

资金短缺问题不仅影响了图书馆的正常运营和服务质量，也限制了图书馆发挥更大的社会作用。为了解决资金问题，一方面，政府可以进一步加大对公共图书馆的财政支持，提高资金投入的比例，确保图书馆的基本运营和服务需求。另一方面，图书馆可以积极探索多元化的资金筹措途径，如引入社会捐赠、开展文化活动筹款等，以减轻资金压力，更好地支持图书馆的发展。

资金短缺问题对于公共图书馆服务体系的构建造成了一定的制约。解决资金问题，不仅需要政府的支持和投入，也需要图书馆自身的努力和创新，以保障图书馆能够为社会提供更多元、更高质量的文化和知识服务。

二、人才短缺和培训问题

人才短缺和培训问题是我国公共图书馆服务体系构建过程中的两大挑战。公共图书馆作为提供知识和文化服务的机构，需要具备高素质的图书馆员队伍，以确保服务质量和用户满意度。然而，人才的短缺和技能的不足成为制约图书馆发展的重要因素。

首先，图书馆员队伍的专业素质和数量不足。公共图书馆需要拥有熟悉图书馆学知识和信息服务技能的专业人员，以满足用户多样化的信息需求。然而，目前我国公共图书馆在一些地区普遍存在图书馆员数量不足的情况。即便有足够的图书馆员，也可能因为专业知识和服务经验的不足，无法为用户提供高质量的服务。特别是在较为偏远或经济相对欠发达的地区，人才的吸引和留住都是问题。

其次，随着信息技术的发展，图书馆员需要具备数字化服务和技术应用的能力。然而，数字化技术和信息科技的快速发展，使得许多图书馆员在数字资源管理、数据分析、人工智能应用等方面存在不足。这导致一些图书馆的数字化服务水平受限，无法充分发挥信息技术在服务中的优势。虽然一些图书馆正在努力提升技术能力，但培训机会有限，很难满足所有图书馆员的需求。

为了解决人才短缺和培训问题，公共图书馆可以采取一系列措施：

加强图书馆员队伍的培养。政府可以加大对图书馆人才的培训投入，提供更多的培训课程和学习机会。图书馆学院、研究机构等可以开展针对图书馆员的专业培训，提升他们的服务能力和专业素质。引入多元化的人才。图书馆可以拓展人才引进的渠道，引入不同领域的专业人才，如信息技术、社会学、教育学等，为图书馆注入新鲜的思维和创新的能量。建立合作机制。图书馆可以与高校、研究机构、科研单位等合作，共享资源和人才培养经验。这样可以通过合作开展培训项目，提供更多的培训机会和资源支持。建立内部培训体系。图书馆可以建立内部培训体系，开展定期的培训活动，包括专业知识、技术应用、服务理念等方面的培训，以提升图书馆员的整体素质。创新培训方式。图书馆可以借助现代技术，开展在线培训、网络研讨会等形式，为图书馆员提供更便捷的培训方式，提高培训的效果和覆盖范围。

人才短缺和培训问题是我国公共图书馆服务体系建设过程中需要面对的挑战。通过加强培训、引进多元化人才、建立合作机制等措施，可以逐步解决这些问题，提升公共图书馆的服务质量和能力，更好地满足社会的知识和文化需求。

三、服务内容创新不足

尽管我国公共图书馆的服务内容在近年来有了明显的发展和扩展，但仍然存在着服务内容创新不足的问题。这一问题主要表现在一些地区的图书馆在服务领域和形式上较为保守，过于依赖传统的书籍借阅服务，缺乏多样化和前瞻性的文化活动和服务项目。这种情况在一些小型、偏远地区的公共图书馆中尤为明显。

首先，一些公共图书馆的服务内容仍然主要以传统的图书借阅为主，缺乏多元化和个性化的服务。虽然图书借阅是公共图书馆最基本的服务之一，但随着信息时代的发展，用户对于知识获取和文化体验的需求也在不断变化。公共图书馆应当更加积极地扩展服务领域，引入更多的数字化资源、多媒体内容、线上学习平台等，以满足用户的多元化需求。

其次，一些地区的公共图书馆在文化活动和服务项目方面缺乏前瞻性和创新性。传统的阅读活动、讲座、展览等虽然有一定的吸引力，但缺乏新颖的创意和深度的思考。在当今社会，人们对于文化体验和社交互动的期待也在不断升级，公共图书馆应当更加积极地开展各种创新的文化活动，如艺术展演、创客工坊、社区讨论会等，以丰富用户的文化生活。

此外，公共图书馆应当更加关注青少年和儿童的需求，开展有针对性的服务项目。现代社会中，青少年的知识和兴趣广泛多样，他们对于科技、创意、社交等方面的需求也较为迫切。公共图书馆应当积极引入创新性的青少年活动，如编程课程、科技竞赛、创意工坊等，以吸引年轻一代的参与，培养他们的创造力和综合素质。

为了解决服务内容创新不足的问题，公共图书馆可以采取以下措施：

制定创新发展战略。公共图书馆应当制定明确的创新发展战略，将创新融入到服务理念和规划中，确保服务内容不断与时俱进。加强人才培训。培养具备创新能力的图书馆员队伍，使其能够熟悉新领域、新技术，为服务内容创新提供支持。引入外部资源。与学校、文化机构、社会组织等合作，引入更多的外部资源和合作伙伴，共同推动文化活动和创新项目的开展。关注用户需求。定期进行用户需求调查，了解用户的兴趣和期待，根据实际需求调整和创新服务内容。提升创新意识。建立鼓励创新的氛围和机制，激励图书馆员提出新的服务理念和项目，并给予支持和奖励。

公共图书馆应当加强创新，不断丰富和创新服务内容，以适应用户多元化的需求，提升其在社区文化建设中的重要作用。通过创新，公共图书馆可以更好地满足社会的知识和文化需求，为社区居民提供丰富多样的文化体验和学习机会。

四、信息不对称问题

在我国的公共图书馆体系中，信息不对称问题是一个值得关注的现象。这种问题主要体现在城市和乡村之间、不同地区之间的公共图书馆服务水平存在明显的差异。城市图书馆通常拥有更丰富的图书馆藏、多样化的服务项目以及先进的信息技术设施，而乡村地区的图书馆往往面临资源匮乏、技术滞后以及服务不足的挑战。

首先，城市图书馆由于地理位置和经济条件等因素的优势，通常能够获得更多的政府投入和社会资源，这使得它们能够建设更大、更现代化的图书馆建筑，拥有更丰富的图书、期刊、多媒体资源等实体文献，以及更多种类的数字化资源。这种资源的丰富性使得城市图书馆能够为用户提供更全面、多样化的信息服务。其次，城市图书馆在信息技术应用方面更具优势。城市地区的图书馆通常能够更早地引入新技术、新平台，如自动化借还系统、在线检索系统、移动应用等，这使得用户能够更便捷地获取信息、借阅书籍等。而乡村地区的图书馆由于资源有限，往往难以及时跟进新技术的发展，从而导致信息技术的滞后。此外，服务项目的多样性也存在差异。城市图书馆通常能够开展更多种类的文化活动、讲座、培训等，为用户提供更多元的学习和娱乐机会。然而，在乡村地区，由于场地、设施等方面的限制，服务项目相对较少，用户的文化需求得不到充分满足。这种信息不对称问题的存在，不仅影响了公共图书馆的整体服务水平，也加剧了城乡之间的文化差异。城市地区的居民由于可以更便捷地获取知识和文化资源，其信息素养和综合素质相对较高，而乡村地区的居民则面临信息获取难、文化交流有限等问题。

为解决信息不对称问题，应采取以下措施：

政策倾斜和资源配置。政府可以采取政策倾斜，加大对乡村地区图书馆的经费投入，保障其基础设施建设和资源采购，缩小城乡之间的服务差距。技术培训与支持。为乡村地区的图书馆员提供信息技术培训和支持，使其能够适应新技术的应用，提升信息服务水平。合作与共享。城市和乡村地区的图书馆可以加强合作，共享资源、经验和技术，以提升乡村地区的服务水平。创新模式探索。乡村地区的图书馆可以探索创新的服务模式，如移动图书馆、线上培训等，以适应资源有限的情况下，为用户提供更多元的服务。

解决信息不对称问题需要政府、图书馆界和社会各方共同努力，以确保每个地区的居民都能够享受到公共图书馆提供的优质服务。这不仅是文化建设的需要，也是促进社会公平发展的重要举措。

五、社会认知和参与度不足

在我国的公共图书馆建设中，社会认知度和参与度的不足问题是一个制约因素。尽管公共图书馆在社会中扮演着重要的角色，但在一些地区，公众对于公共图书馆的重要性和服务价值的认知程度相对较低。这种现象可能导致公共图书馆的影响力受限，服务的覆盖面和深度无法达到最大化，进而影响到其在社会中的地位和作用。

首先，社会认知度不足可能源于公共图书馆的宣传和推广不足。在信息爆炸的时代，人们的注意力往往被各种信息所占据，公共图书馆的信息很难突破噪音，传达出其真正的价值。而一些地区的图书馆宣传活动相对有限，导致公众难以了解到图书馆所提供的丰富资源和多样化服务。其次，社会参与度不足可能与社区文化和教育水平有关。一些地区的社区文化较为保守，对于图书馆等文化机构的参与度不高，认为图书馆仅仅是书籍的存放地，而不是知识的传播和文化的交流场所。教育水平较低的地区可能缺乏对知识和阅读的重视，从而也影响了对公共图书馆的认知和参与。此外，快节奏的生活方式也可能导致公共图书馆的服务相对被忽视。在城市中，人们的生活压力较大，时间有限，很多人往往将有限的时间用于工作和家庭，而忽略了图书馆这一资源。在乡村地区，农村居民的生活节奏相对较慢，但由于信息交流不畅，他们对于图书馆的了解和参与度也相对较低。

为解决社会认知度和参与度不足问题，可以采取以下措施：

加强宣传和推广。公共图书馆应加大宣传力度，利用多种媒体渠道传递图书馆的服务价值和丰富资源，增强公众对图书馆的认知。

开展多样化的活动。图书馆可以通过开展丰富多样的文化活动、讲座、展览等形式，吸引公众的参与，让他们更好地了解和体验图书馆的服务。

加强与学校、社区的合作。与学校、社区的合作能够将图书馆的服务延伸到更广泛的受众中，培养年轻一代的阅读习惯和信息素养。

提升服务质量。通过提供优质的服务和个性化的推荐，吸引更多用户走进图书馆，体验其中的知识和文化氛围。

制定相关政策。政府可以制定相关政策，鼓励公共图书馆参与社区建设，提供更具吸引力的服务，从而提高公众的认知和参与度。

通过宣传推广、多样化活动、合作共建等方式，可以逐步提高社会认知度和参与度，使公共图书馆更好地发挥其在知识传播、文化交流等方面的作用，为社会的发展和进步做出贡献。

第九章

我国公共图书馆服务体系建设的创新路径

第一节　公共图书馆服务体系创新的动力、原则和方法

公共图书馆服务体系的创新是适应社会发展变化、满足用户多元化需求的重要途径。在这一创新过程中，存在着多方面的动力、原则和方法。

一、动力

1. 社会需求驱动

公共图书馆作为服务机构，需要根据社会需求的变化不断调整和创新服务内容，以满足公众的知识、文化和娱乐需求。

公共图书馆作为社会教育和文化传播的重要场所，其服务内容和形式必须与社会的发展和需求相适应。社会需求是公共图书馆服务体系创新的重要动力，通过根据不同层面和群体的需求，图书馆可以更好地满足公众的知识获取、文化体验和娱乐需求。

教育需求的变化：随着社会教育观念的不断演变，人们对于学习的需求也发生了变化。公共图书馆不再只是提供书籍借阅，还应当通过各种形式的学习资源和活动，满足公众的终身学习需求。图书馆可以开展各类培训、讲座、工作坊等，涵盖不同领域的知识和技能，提升公众的综合素质。信息获取的多样性：随着信息技术的发展，人们可以通过互联网随时获取各类信息，但信息的真实性和准确性也成为了一个挑战。在这种背景下，公共图书馆应当加强信息素养教育，帮助公众筛选、评估和利用信息，提供权威、可信的信息资源，满足公众对于准确知识的需求。多样化的文化体验：随着生活水平的提高，人们对于文化体验和娱乐的需求也变得更加多样化。公共图书馆可以举办各种文化活动、艺术展览、音乐会等，为公众提供丰富多彩的文化娱乐选择，促进社区文化的繁荣。跨代需求的关注：社会中涵盖了不同年龄层次的人群，从儿童到老年人都有各自的需求。公共图书馆应根据不同年龄段人群的兴趣和需求，提供适合的资源和服务。例如，开设儿童阅读角、青少年学习活动、老年人社交活动等，满足各个年龄层次的需求。社会问题关注：社会问题和热点也是公众关注的焦点，公共图书馆可以通过举办讲座、专题展览等形式，促进公众对于社会问题的了解和参与，提供多角度、客观的信息，帮助公众更好地思考和解决问题。

公共图书馆的服务内容应该紧密关注社会需求的变化，及时调整和创新服务形式，以满足公众的多样化需求。通过与社会互动、了解公众的期望和反馈，图书馆可以更好地发挥其

作为文化中心的作用，为社区居民提供丰富多样的知识、文化和娱乐体验。同时，通过满足社会需求，公共图书馆也能够增强其社会影响力和服务价值，成为社会发展的重要支撑。

2. 技术发展引领

新兴技术的快速发展正引领着公共图书馆的创新，使其能够更好地满足社会需求、提升服务水平，进而构建更为现代化、智能化的服务体系。这些技术的引入不仅为图书馆的信息服务提供了新的可能性，也为用户带来了更丰富的体验，进一步加强了图书馆作为社会教育和文化传播中心的地位。

人工智能（AI）：人工智能技术的应用为图书馆提供了智能化的信息服务。图书馆可以利用 AI 技术分析用户的阅读历史和兴趣，为其推荐个性化的书籍、资源和活动，提升用户体验。此外，智能客服机器人能够 24/7 回答用户的问题，解决常见疑惑，为用户提供即时帮助。大数据分析：大数据技术使得图书馆能够深入了解用户的阅读行为、兴趣偏好等信息。通过分析这些数据，图书馆可以更精准地了解用户需求，优化资源配置，提供更符合用户期望的服务。同时，大数据分析也可以帮助图书馆发现潜在的热门资源和主题，指导购买和推荐决策。虚拟现实（VR）和增强现实（AR）：虚拟现实技术为图书馆带来了全新的交互和体验方式。图书馆可以创建虚拟图书馆空间，让用户可以在虚拟环境中浏览书籍、参观展览，与其他读者交流，创造更加沉浸式的阅读体验。增强现实技术也可以将数字化内容融入到实体环境中，丰富用户在图书馆内的互动体验。移动应用和智能设备：移动应用的兴起让用户可以随时随地访问图书馆的资源和服务。用户可以通过移动应用进行在线借阅、预约、续借等操作，甚至通过智能设备如手机、平板电脑进行电子书的阅读。这种便捷的访问方式提高了图书馆的服务覆盖面，满足了用户在不同场景下的需求。开放数据和数字资源共享：新技术的发展也促进了图书馆资源的数字化和共享。开放数据和数字资源共享让图书馆能够更广泛地与其他机构、个人合作，共同推进信息服务的创新和提升。公共图书馆可以将数字化资源开放共享，为更多人提供免费访问和利用的机会，促进知识的传播和共享。

新兴技术的应用不仅为公共图书馆服务带来了更多便利和可能性，也为图书馆员的角色和能力提出了新的要求。图书馆员需要适应技术的发展，掌握数字化工具的使用，提升信息素养，以更好地为用户提供专业、个性化的服务。而这种技术的应用也将进一步提高公共图书馆在社会中的影响力和地位，成为社会发展的有力推动者。通过技术发展的引领，公共图书馆将迎来更加辉煌的未来。

3. 政策支持推动

政府的政策支持是构建公共图书馆服务体系创新的重要动力，不仅为图书馆的发展提供了必要的资源保障，也在法律、规范和政策层面引导图书馆朝着更现代、更适应社会需求的方向前进。

首先，政府的财政投入是公共图书馆服务体系创新的重要保障。政府在图书馆的设施建设、资源采购、技术更新等方面提供资金支持，为图书馆提供了更好的发展基础。政府还通过设立专项资金、提供补贴等方式，鼓励图书馆开展文化活动、推进数字化转型等，促使图书馆更加注重服务创新。

其次，政府的政策指导和法规支持为图书馆创新提供了框架和方向。政府出台关于图书馆建设、服务规范等方面的法律法规，规定了图书馆的服务范围、质量标准、信息共享等，使图书馆的服务能够更加规范、有序。政府的政策指导还能够引导图书馆在服务内容、创新模式等方面进行积极探索和尝试，从而推动服务的不断升级。

政府的政策支持还体现在知识产权和版权方面。政府在知识产权保护和版权管理方面出台政策，鼓励图书馆合法获取和使用数字化资源，推动数字资源共享和开放，使得图书馆能够更好地为用户提供丰富的资源和信息。

此外，政府还通过开展培训和研讨会等活动，提升图书馆员的专业能力和素质。政府的支持使得图书馆员能够不断学习新知识、掌握新技能，从而更好地适应时代发展，为用户提供更优质、个性化的服务。

最后，政府在社会宣传和推广方面也扮演着重要角色。政府可以通过各种媒体渠道宣传公共图书馆的价值和作用，提升社会对图书馆的认知度和参与度。政府的宣传和推广活动能够促使更多人了解图书馆的服务内容和创新举措，从而增强公众对图书馆的信任和支持。

政府的政策支持在公共图书馆服务体系创新中起到了至关重要的作用。政府的财政投入、政策指导、法规支持、知识产权保护等方面的举措，为图书馆创新提供了坚实的基础和动力。政府和图书馆的紧密合作将进一步推动公共图书馆服务体系向着更加现代、多样化、用户导向的方向发展。通过政策支持，公共图书馆将能够更好地满足社会需求，提升服务质量，促进社会文化的繁荣发展。

二、原则

1. 用户导向

在构建公共图书馆服务体系的创新路径中，以用户需求为中心是至关重要的原则。用户导向的理念强调将用户置于服务的核心位置，从用户的角度出发，深入了解用户的需求、期望和体验，以此为基础进行创新，提供更加贴近用户需求的服务。

首先，用户导向要求图书馆与用户建立紧密的联系。图书馆需要与用户保持沟通，了解用户的阅读兴趣、知识需求、文化欣赏等方面的信息。通过开展调查、问卷调研、座谈会等形式，图书馆可以深入了解用户的期望和意见，从而为用户提供更符合他们需求的服务。其次，用户导向要求图书馆为用户定制个性化的服务。通过分析用户的借阅记录、阅读偏好等数据，图书馆可以为用户推荐适合他们的图书、期刊、电子资源等，提供个性化的阅读建议。这种个性化服务能够让用户感受到图书馆的关怀和关注，增强用户的满意度和忠诚度。用户导向还意味着图书馆需要不断优化服务流程，提高用户体验。从用户进馆、借阅、阅读、咨询等环节出发，图书馆可以优化布局、提供便捷的借阅流程、提供舒适的阅读环境等，让用户在图书馆的每一个环节都感受到便利和舒适。创新还需要在数字化技术方面进行探索。随着信息技术的发展，图书馆可以利用数据分析、人工智能等技术手段，更好地了解用户的需求和偏好。通过用户行为数据分析，图书馆可以预测用户可能感兴趣的资源，提前进行采购和准备，实现更高效的服务。除了针对现有用户的需求，图书馆还应该主动拓展新用户群体，吸引更多人参与。通过开展各类主题活动、儿童阅读推广、社区文化交流等，图书馆可以吸引更多不同背景的人融入到图书馆的服务中，实现服务的多样化和包容性。

在整个创新过程中，图书馆应保持灵活性和开放性。不断进行反馈和评估，听取用户的意见和建议，根据反馈进行调整和改进。同时，图书馆还应当与用户建立紧密的互动，通过线上社交媒体、线下活动等方式，与用户进行更多的交流和互动，建立更加良好的互动关系。

以用户需求为中心的用户导向理念是公共图书馆服务体系创新的重要动力。通过深入了解用户需求、提供个性化的服务、优化用户体验、利用信息技术等手段，图书馆可以更好地满足用户的需求，提升服务质量，推动服务体系的创新发展。用户导向的创新路径将使公共图书馆在满足社会需求、促进文化传承和推动社会进步方面发挥更加积极的作用。

2. 多元化和包容性

多元化和包容性是公共图书馆服务体系创新的重要方向之一。在构建服务内容时，应充分考虑社会多样性，不仅仅局限于传统的书籍借阅，而是要涵盖各种形式的资源和活动，以满足不同用户的需求和兴趣，实现更加全面的服务。

首先，在多元化方面，公共图书馆应当充分利用数字化技术和网络平台，开展在线阅读、电子图书借阅、学术期刊访问等服务。通过数字化资源的开发和共享，图书馆可以为用户提供丰富的电子书籍、期刊、多媒体资料等，让用户可以随时随地获取所需信息。此外，图书馆还可以开展虚拟展览、在线讲座、网络培训等活动，扩展服务的形式，让用户在家中也能够参与到丰富多样的文化和知识活动中。

包容性方面则强调图书馆要服务社会的各个层面和群体。不同年龄、性别、文化背景的用户都应该能够在图书馆中找到适合自己的资源和活动。例如，儿童图书馆可以设计富有趣味性和教育性的儿童读物、亲子活动，为家庭提供文化共享的机会。同时，也应为老年人提供适合他们需求的阅读和社交活动，让他们在图书馆中找到归属感和快乐。

图书馆还应该关注特殊群体的需求，如残障人士、外来移民、少数民族等。为残障人士提供无障碍的阅读环境、辅助设备等，让他们也能够充分享受图书馆的资源和服务。对于外来移民和少数民族，可以开展跨文化交流活动、语言学习课程等，促进不同文化之间的理解和融合。

在多元化和包容性的基础上，公共图书馆还应积极发挥社区文化中心的作用。通过举办各种主题的文化活动、艺术展览、演讲讲座等，图书馆可以成为社区文化生活的重要组成部分。这不仅能够满足用户的文化需求，还能够促进社区居民的互动和交流，增强社区凝聚力。

为了实现多元化和包容性的服务，图书馆需要不断调研和分析用户需求，了解社会的多样性。同时，还需要与其他机构、社区合作，共同丰富服务内容，形成资源共享的网络。通过持续创新和开放的态度，公共图书馆可以更好地满足社会多样化的需求，实现服务的广度和深度的提升。多元化和包容性的服务内容将使公共图书馆成为一个真正能够服务所有人的知识、文化和社交的场所，为社会带来更多的价值。

3. 持续改进

持续改进是公共图书馆服务体系创新的重要原则之一。随着社会的不断变化和用户需求的不断演变，图书馆需要始终保持敏锐的洞察力，不断地调整、优化和创新自己的服务内容和形式，以确保能够持续地满足用户的需求，提供高质量的服务。

首先，持续改进需要图书馆建立健全的反馈和评估机制。图书馆应当与用户保持密切的沟通，倾听他们的意见和建议，了解他们的期望和需求。通过用户调研、问卷调查等方式，图书馆可以收集到关于服务的反馈信息，从而针对性地进行改进。此外，图书馆还可以建立用户满意度评估体系，定期评估服务的质量和效果，从而找到改进的方向和重点。其次，持续改进需要图书馆保持开放的创新文化。图书馆应鼓励员工提出创新的想法和建议，激发员工的创造力和创新能力。图书馆可以设立创新奖励机制，鼓励员工积极参与创新活动，推动服务的不断提升。同时，图书馆还可以与其他机构、学校、企业合作，共同开展创新项目，汇集各方的智慧和资源，推动服务的创新和发展。第三，持续改进需要图书馆关注新兴技术的应用。随着科技的不断发展，新的技术手段不断涌现，为图书馆的创新提供了丰富的可能性。例如，人工智能可以用于个性化服务推荐和智能化咨询，虚拟现实可以打造沉浸式的阅读和学习体验。图书馆应当积极跟踪和应用这些技术，将其融入到服务中，提高服务的效率和质量。

最后，持续改进需要图书馆保持学习的心态。图书馆员应不断学习和更新自己的知识和技能，以适应时代的发展和用户需求的变化。图书馆可以开展培训和学习活动，提供员工专业知识和服务技能的提升机会。同时，图书馆还可以与其他图书馆、专业机构合作，共同学习和交流，汲取他人的经验和教训，推动服务的不断提高。

在持续改进的过程中，图书馆需要保持创新的勇气和决心。虽然改进可能会面临一些困难和阻力，但只有不断地追求创新，才能够保持图书馆的活力和竞争力，为用户提供更好的服务体验。持续改进的理念贯穿于图书馆的各个环节和方面，将使图书馆成为一个始终能够满足社会多元化需求的知识和文化中心。

三、方法

1. 数字化转型

数字化转型是公共图书馆创新的重要路径之一，它通过应用信息技术，将图书馆的资源、服务和管理过程数字化，以实现更高效、便捷、智能的服务模式。数字化转型不仅可以提升图书馆的服务质量和用户体验，还能够适应当今数字化时代的发展趋势，更好地满足用户的需求。

首先，数字化转型可以提升服务效率。传统的图书借阅、归还等流程需要大量人工操作，容易出现繁琐和错误。通过引入自动化的借还书系统，用户可以自助完成借阅和还书的过程，减少人工干预，提高服务效率。此外，数字化转型还可以将图书馆的馆藏资源数字化，建立数字图书馆，用户可以通过网络平台进行在线阅读、下载等操作，不受时间和空间限制，进一步提升了服务的便捷性。其次，数字化转型可以实现个性化服务。图书馆可以通过分析用户的阅读历史、借阅记录等数据，了解用户的兴趣和偏好，从而为他们提供个性化的资源推荐和服务建议。智能化的推荐系统和人工智能技术可以根据用户的需求自动匹配合适的资源，提高用户满意度。同时，数字化转型还可以实现智能化的参考咨询服务，用户可以通过在线咨询平台获取专业的指导和帮助，提高了服务的质量和效率。再次，数字化转型可以拓展服务形式。随着移动技术的发展，移动应用成为了用户获取信息和服务的重要途径。图书馆可以开发移动应用，让用户可以随时随地访问图书馆的资源和服务，进行在线借阅、预约、续借等操作。此外，数字化转型还可以通过社交媒体、微信公众号等平台与用户进行互动，及时发布图书馆的活动信息和服务通知，加强与用户的沟通和交流。

最后，数字化转型可以提升图书馆的管理效能。通过引入图书馆管理系统，可以实现对图书馆资源、馆藏情况、借还记录等信息的集中管理和查询。这不仅可以减少人工管理的工作量，还可以更准确地了解馆内情况，做出更合理的决策。此外，数字化转型还可以改进图书馆的采购和选购流程，根据用户需求和阅读趋势，更精准地选择购买图书，提高馆藏的质量和价值。

数字化转型是公共图书馆创新的重要路径，它可以通过信息技术的应用，实现资源的数字化、服务的个性化和管理的智能化，提升服务效率和质量，适应数字化时代的发展趋势，为用户提供更好的阅读、学习和文化体验。在数字化转型的过程中，图书馆需要充分考虑用户需求、技术支持和管理流程，确保转型能够取得可持续的成果，为公众提供更加便捷、高效的服务。

2. 多元化的活动和项目

多元化的活动和项目是公共图书馆创新的重要方向之一，通过丰富多样的文化活动、讲座、展览、工作坊等，图书馆可以吸引更多的用户参与，拓展服务领域，使图书馆成为社区文化的中心和交流的平台。

首先，丰富的文化活动可以满足社区居民的娱乐和休闲需求。图书馆可以组织音乐会、艺术展览、戏剧表演等多种文化活动，为居民提供丰富多彩的文化体验。这些活动不仅可以丰富居民的文化生活，还可以促进社区居民的交流和互动，增强社区凝聚力和文化认同感。

其次，讲座和演讲活动可以提升社区居民的知识素养。图书馆可以邀请各领域的专家学者，举办讲座、座谈会、沙龙等，探讨热门话题、学术前沿等内容。这些活动不仅可以帮助居民了解最新的知识和发展趋势，还可以促进思想交流和知识分享，提高社区居民的综合素质。

此外，展览活动可以展示社区居民的创作才华和文化特色。图书馆可以举办绘画展、摄影展、手工艺品展等，为社区居民提供展示自己才华的平台。这不仅可以激发居民的创造力，还可以促进文化交流和艺术欣赏，丰富社区的文化内涵。

工作坊和培训活动可以提升社区居民的实际技能。图书馆可以组织各种实用的工作坊和培训课程，如手工制作、烹饪技巧、科技应用等，帮助居民提升实际技能。这些活动不仅可以满足居民的学习需求，还可以促进社区居民的自我发展和就业能力提升。

值得强调的是，多元化的活动和项目需要充分考虑社区居民的需求和兴趣。图书馆可以通过调查问卷、用户反馈等方式了解居民的需求，有针对性地开展活动。此外，图书馆还可以与社区居民合作，共同策划和组织活动，增加活动的多样性和参与度。

多元化的活动和项目是公共图书馆创新的重要方向，它不仅可以丰富服务内容，满足社区居民的多样化需求，还可以促进社区文化的传承和发展。通过举办文化活动、讲座、展览、工作坊等，图书馆可以成为社区的文化中心和知识交流的平台，为社区居民提供更加丰富多彩的文化体验和学习机会。

3. 个性化服务

个性化服务是公共图书馆创新的重要方向之一，通过基于用户的阅读历史、兴趣和需求，为每位用户量身定制资源推荐、咨询服务等，使用户感受到个体化的关怀和关注。这种服务模式不仅能够提升用户体验，还能够更好地满足用户的信息需求，推动公共图书馆向更智能化、用户导向的方向发展。

首先，个性化服务的核心在于了解用户。公共图书馆可以通过用户注册信息、借阅记录、阅读历史等数据，了解用户的阅读兴趣、偏好和需求。通过分析这些数据，图书馆可以建立用户画像，更好地了解每个用户的信息需求。

基于用户画像，图书馆可以提供个性化的资源推荐。当用户登录图书馆的平台时，系统可以根据用户的画像推荐与其兴趣相关的书籍、文章、期刊等资源。这种推荐不仅可以帮助用户发现更多符合其兴趣的内容，也能够引导用户阅读更多领域的内容，丰富阅读体验。

除了资源推荐，个性化的咨询服务也是重要的一部分。图书馆可以设置在线咨询平台或者客服机器人，根据用户提出的问题和需求，为他们提供专业的咨询和帮助。这种服务模式能够让用户获得更准确、针对性的解答，提高了服务的效率和质量。在实施个性化服务时，隐私保护是一个重要的考虑因素。图书馆需要保证用户的个人信息不被滥用，确保用户数据的安全和隐私。同时，用户也需要有选择权，可以自主决定是否愿意分享个人数据，以及如何使用这些数据来提供个性化服务。

个性化服务的实施还需要充分的技术支持。图书馆需要建立起先进的数据分析系统和推荐算法，以确保推荐的准确性和有效性。同时，图书馆员也需要接受相应的培训，掌握个性化服务的实施方法和技巧，以提供高质量的个性化咨询和服务。

　　个性化服务是公共图书馆创新的重要方向，通过了解用户需求、提供个性化资源推荐和咨询服务，图书馆可以更好地满足用户的信息需求，提升用户体验，推动图书馆的智能化和用户导向发展。这种服务模式不仅可以吸引更多用户的参与，还能够促进社区文化的传承和发展，使公共图书馆成为社区知识和文化的重要支持和推动者。

第二节　公共图书馆服务创新的内容

一、数字化资源共享

数字化资源共享是公共图书馆服务体系建设的重要方向之一，通过建设数字图书馆，将实体资源数字化，为用户提供丰富多样的在线资源，实现在线阅读、下载等操作。这种创新举措不仅能够满足用户多样化的信息需求，还能够提升图书馆的服务质量和影响力，推动知识的传播和共享。

首先，建设数字图书馆是数字化时代的需求。随着信息技术的快速发展，数字化资源的引入已经成为不可逆转的趋势。传统的实体资源虽然有其独特的价值，但数字化资源具有更高的便捷性和可访问性。用户可以通过网络平台随时随地访问所需的资源，无须受到时间和地域的限制，这为用户的学习、研究和娱乐提供了更大的便利。

其次，数字化资源共享丰富了图书馆的馆藏内容。传统图书馆的资源受到空间限制，无法容纳大量的实体书籍和期刊。而数字图书馆则可以容纳更多的资源，包括电子书籍、学术期刊、报纸、音频、视频等多种形式的资料。这种丰富多样的资源可以满足不同用户的知识需求，拓展了图书馆的服务范围。

此外，数字化资源共享促进了知识的传播和共享。传统实体资源受到了限制，只能通过实物借阅来传播知识，而数字资源可以通过互联网迅速传播到全球范围内。图书馆可以将数字资源开放共享，让更多机构和个人可以免费访问和利用，促进知识的传播和共享，推动社会的进步和创新。

建设数字图书馆还需要充分考虑用户体验和便捷性。图书馆需要提供用户友好的在线平台，使用户能够轻松地进行检索、阅读、下载等操作。同时，数字化资源的质量也需要得到保证，确保资源的准确性和可信度。

数字化资源共享的实施还需要解决一些挑战。首先是版权问题，部分数字资源受到版权保护，图书馆需要与出版商和版权持有者合作，确保资源的合法使用。其次是技术支持和维护，建设数字图书馆需要投入一定的技术和人力资源，确保平台的稳定性和安全性。另外，数字资源的长期保存也是一个问题，图书馆需要采取措施，确保资源能够长期保存和访问。

数字化资源共享是公共图书馆服务体系建设的重要组成部分，通过建设数字图书馆，为用户提供丰富多样的在线资源，实现在线阅读、下载等操作，促进知识的传播和共享，推动图书馆向数字化、智能化的方向发展。这种创新举措不仅能够满足用户的多样化需求，还能够提升图书馆的服务水平和影响力，推动社会的进步和发展。

二、虚拟图书馆

虚拟图书馆是近年来公共图书馆服务体系创新的一项引人注目的探索。通过运用虚拟现实技术，虚拟图书馆创造了一种全新的图书馆体验，使用户能够在虚拟的环境中浏览书籍、参观展览、进行互动交流，实现线上阅读体验。这种创新的服务模式不仅满足了用户对便捷、多样化服务的需求，还为图书馆带来了全新的发展机遇。

虚拟图书馆的建设依赖于虚拟现实技术，这是一种能够在计算机生成的虚拟环境中模拟真实世界的技术。通过佩戴虚拟现实设备，用户可以进入一个与现实世界不同的虚拟环境，与虚拟空间中的物体和场景进行互动。在虚拟图书馆中，用户可以在虚拟的图书馆空间中自由移动，浏览虚拟书架上的书籍，选择阅读感兴趣的内容。用户还可以参观虚拟展览，参加虚拟活动，与其他用户进行虚拟互动，实现线上社交和知识交流。

虚拟图书馆的优势在于打破了时间和空间的限制，用户可以随时随地进入虚拟环境，进行阅读和学习。不再受到图书馆开放时间和地理位置的束缚，用户能够根据自己的时间安排，自由选择阅读内容。虚拟图书馆还提供了丰富多样的互动体验，用户可以与其他用户进行交流，参与虚拟活动，共享阅读体验，增强了社交和参与感。

此外，虚拟图书馆还具有创新的展示和体验方式。通过虚拟现实技术，图书馆可以创造各种虚拟场景，模拟不同的阅读环境，如安静的阅读室、舒适的沙发角落等，使用户在虚拟空间中获得更加真实的阅读感受。虚拟图书馆还可以通过虚拟展览和虚拟活动，将知识和文化内容以更富趣味性和互动性的方式呈现给用户，提升用户的参与度和体验感。

然而，虚拟图书馆也面临一些挑战和问题。首先是技术成本和设备要求，虚拟现实技术的应用需要相应的硬件设备和软件支持，这需要投入一定的资金和资源。其次是用户接受度和习惯的培养，虚拟图书馆的体验方式与传统图书馆有较大差异，用户需要一定的时间来适应和接受这种新的服务模式。此外，虚拟图书馆的内容质量和多样性也需要保证，确保用户能够获取到有价值的信息和体验。

虚拟图书馆是公共图书馆服务体系创新的一项重要探索，通过虚拟现实技术，创造了一种全新的图书馆体验，为用户提供便捷、多样化的阅读和学习服务。虽然面临一些挑战，但随着技术的进一步发展和用户的逐渐接受，虚拟图书馆有望成为未来公共图书馆服务的重要补充和拓展。

三、智能化服务

智能化服务是当今公共图书馆服务体系创新的重要方向之一，通过运用人工智能技术，为用户提供智能化的信息检索、资源推荐、咨询服务等，从而提高服务的效率、精准度和个性化程度。这种服务模式不仅适应了用户对快速便捷服务的需求，还为图书馆提供了更加智能和高效的服务方式。人工智能（Artificial Intelligence，简称 AI）作为一种模拟人类智能的技术，已经在各个领域取得了巨大的进展。在公共图书馆领域，人工智能技术的应用主要体现在以下几个方面：

1. 智能信息检索：传统的信息检索方式需要用户输入关键词，而人工智能技术可以通过自然语言处理和机器学习，理解用户的查询意图，提供更准确的搜索结果。智能搜索引擎可以分析用户的搜索历史、兴趣和偏好，为其推荐最相关的资源，提高信息检索的效率和准确度。

2. 资源推荐：基于用户的阅读历史、兴趣和偏好，人工智能可以为用户量身定制资源推荐，推送与其兴趣相关的书籍、期刊、文章等。这种个性化的推荐不仅提高用户的满意度，也有助于拓展用户的阅读领域。

3. 自动问答系统：图书馆可以引入智能客服机器人，通过自然语言处理技术，回答用户的常见问题，提供即时的帮助。用户无须等待，随时可以获取到解答，提高了服务的效率。

4. 虚拟助手：图书馆可以开发智能虚拟助手，用户可以通过语音或文字与虚拟助手进行交流，获取信息、借阅图书、查询资料等。虚拟助手不仅提供了更便捷的交流方式，还可以实时解答用户的疑问。

5. 智能学习辅助：图书馆可以为学生和研究者提供智能化的学习辅助工具，如智能写作助手、文献管理工具等。这些工具可以帮助用户更高效地进行学术研究和写作。

智能化服务的优势在于提高了服务效率和个性化程度。传统的图书馆服务往往需要用户花费时间和精力进行信息检索和资源筛选，而智能化服务可以在短时间内为用户提供准确的信息和资源，减轻了用户的负担。同时，智能化服务还能够根据用户的需求和偏好，为其提供更加个性化的推荐和解决方案，增强了用户的满意度和参与度。

然而，智能化服务也面临一些挑战和考验。首先是技术的应用和推广，人工智能技术的应用需要专业的技术支持和培训，图书馆需要投入一定的资源来推动智能化服务的落地。其次是隐私和安全问题，用户的个人数据和阅读习惯可能被用于数据分析，保护用户隐私成为一个重要的考虑因素。此外，智能化服务的质量和精准度也需要不断的优化和改进，确保用户获得准确和有价值的信息。

智能化服务是公共图书馆服务体系创新的重要方向之一。通过运用人工智能技术，图书馆可以提供智能信息检索、资源推荐、咨询服务等，提高服务效率和个性化程度，满足用户的需求，推动图书馆服务向更加智能化和高效化的方向发展。随着技术的进一步发展和应用经验的积累，智能化服务有望成为公共图书馆服务体系的重要组成部分。

四、社区文化活动

社区文化活动作为公共图书馆服务体系中的重要内容，具有丰富多彩的形式和内涵，不仅能满足社区居民的娱乐、休闲和文化交流需求，还能够促进社区的凝聚力、文化传承和多元化交流。这种活动的开展不仅是图书馆服务的延伸，更是社区文化生活的重要一环，下文将对其进行详细叙述。

文化活动的多样性：公共图书馆作为社区的文化中心，不仅仅是书籍的存放之地，更是一个汇聚了多元文化的场所。丰富多样的文化活动为社区居民提供了广阔的文化交流平台，包括音乐会、艺术展览、舞蹈表演、戏剧演出、手工艺制作等，涵盖了艺术、手工、表演等多个领域，满足了不同层次和兴趣的人群的需求。

知识分享的平台：文化活动不仅仅是单向的演出或展示，更是知识分享的平台。通过讲座、研讨会等形式，专家学者可以分享自己的知识和见解，让社区居民受益。这种活动可以涵盖科学、人文、社会等多个领域，促进了社区居民的知识更新和学习。

文化传承与创新：文化活动不仅有助于传承传统文化，还能够激发创新思维。展览、演出等形式可以将传统文化元素融入当代，让居民在欣赏的同时感受到传统文化的魅力。同时，也能够为当地文化创意产业的发展提供支持和推动。

社区凝聚力的促进：文化活动为社区居民提供了共同的兴趣和话题，促进了社区凝聚力的提升。通过参与文化活动，居民们可以结识新朋友，建立友好关系，形成良好的社交网络。这种社交互动不仅仅是活动的附带效果，更是活动的重要目标之一。

跨代交流与家庭亲子教育：文化活动也提供了不同年龄层次之间的交流平台。老年人可以通过分享自己的经验，为年轻一代传递智慧和知识；年轻人则能够为老年人带来新的思维和活力。同时，许多文化活动也适合家庭亲子参与，促进了家庭成员之间的交流和教育。

促进多元文化交流：在如今全球化的背景下，社区居民来自不同的文化背景。文化活动为不同文化之间的交流提供了机会，促进了多元文化的融合和交流。这有助于拓展居民的视野，增强文化包容性。

社区参与的推动：文化活动需要社区居民的积极参与和支持。通过组织和参与文化活动，居民们能够更好地融入社区，感受到社区的温暖和关爱。这种参与感也将进一步促进居民对于公共图书馆和社区的认同感和归属感。

激发个人潜能：文化活动也为居民提供了展示自己才华和激发个人潜能的机会。无论是艺术表演、创作展示还是手工制作，居民们可以通过参与活动展示自己的特长和创意，获得自信和满足感。

公共图书馆作为社区的文化中心，在开展丰富多彩的文化活动方面具有重要的作用。这些活动不仅丰富了居民的精神生活，也促进了社区的共建共享，推动了社区文化的繁荣和多元化交流。通过文化活动，公共图书馆不仅是知识的仓库，更是社区文化的灯塔，为居民带来了无限的欢乐和启发。

五、数字阅读推广

数字阅读的推广在当今信息社会中具有重要意义，它不仅有助于提升公众的数字素养，还能够促进知识传播、文化传承和阅读习惯的培养。公共图书馆作为信息服务的重要提供者，在数字阅读推广方面发挥着重要的作用。

随着信息技术的迅速发展，数字阅读已经成为人们获取信息、知识和文化的重要途径之一。它突破了时空限制，使得阅读不再受制于纸质书籍的数量和尺寸，而是可以随时随地进行。数字阅读也为特殊群体提供了更便捷的阅读方式，如视障人士可以通过屏幕阅读器获取信息。

培养数字素养：数字阅读不仅要求读者具备基本的阅读能力，还需要具备一定的数字素养。推动数字阅读可以促进公众对于数字工具和技术的了解和掌握，提升其在线阅读、电子书借阅的技能。通过数字阅读，读者可以学习如何使用电子阅读设备、在线阅读平台，了解数字版权等相关知识，从而更好地适应数字化时代的阅读环境。扩大阅读范围：数字阅读为公众提供了更多的阅读资源。通过数字化技术，公共图书馆可以将大量的书籍、期刊、报纸等资源数字化，并通过在线平台进行共享和借阅。这使得读者可以轻松地获取丰富多样的阅读材料，不再受制于实体图书馆的馆藏数量和开放时间。引导多样化阅读体验：数字阅读不仅限于文字，还包括音频、视频等多媒体形式的阅读内容。公共图书馆可以通过数字平台提供丰富多样的阅读体验，如在线听书、看漫画、观看讲座视频等，满足不同读者的兴趣和需求。推动阅读习惯的培养：数字阅读的便捷性和多样性有助于培养读者的阅读习惯。通过引导读者在碎片化时间进行在线阅读，公共图书馆可以帮助读者养成持续阅读的习惯。同时，数字阅读也能够吸引更多的年轻人参与阅读，推动阅读文化的传承。跨地域合作与资源共享：数字阅读不受地域限制，公共图书馆可以通过数字化资源共享平台，与其他图书馆合作，共享数字化资源，拓展阅读资源的范围，让读者受益于更广泛的阅读内容。数字阅读素养的培训：公共图书馆应该积极开展数字阅读素养的培训活动。这包括如何使用电子阅读设备、如何在在线平台上查找和借阅电子书籍等方面的培训。通过举办工作坊、讲座等活动，提高读者的数字阅读技能和信心。数字版权保护：数字阅读也带来了版权保护的问题。公共图书馆需要与出版社、版权机构等合作，确保数字资源的合法获取和使用。同时，为读者提供有关数字版权的指导，引导他们遵守相关法律法规，维护数字阅读生态的健康发展。

第三节 持续、开放、人性化地发展公共图书馆的服务体系

一、持续发展

持续发展是公共图书馆建设的重要原则，它体现了图书馆作为信息传播和文化传承机构的使命和责任。随着社会的不断变化和技术的不断进步，公共图书馆需要保持灵活性和适应性，不断进行创新和改进，以保持其服务的活力和吸引力。

跟随社会变化：社会在不断变化，人们的需求和习惯也在发生变化。公共图书馆需要密切关注社会趋势和用户需求的变化，及时调整和优化服务内容和形式。例如，随着社会老龄化趋势的加强，公共图书馆可以开展更多适合老年人的阅读和文化活动，满足他们的需求。

紧跟技术发展：技术的快速发展对公共图书馆提出了新的挑战和机遇。图书馆应当充分利用信息技术，将数字化、智能化、虚拟现实等新兴技术融入到服务中。例如，可以引入虚拟现实技术，创造虚拟图书馆空间，为读者提供与实际阅读环境不同的体验。

创新服务模式：公共图书馆可以探索新的服务模式，如联合办馆、流动图书馆等。联合办馆可以与其他文化机构、社区组织合作，共享资源和场地，提供更多元化的文化服务。流动图书馆可以将阅读资源带入偏远地区、社区和学校，满足人们的阅读需求。

丰富服务内容：公共图书馆不仅仅是书籍的存放地，还可以成为丰富多彩的文化交流场所。开展各种形式的文化活动、讲座、展览等，吸引社区居民积极参与，丰富他们的精神生活。

推动数字化转型：数字化是现代社会的发展趋势，公共图书馆应当积极推动数字化转型。建设数字图书馆，提供电子书籍、在线期刊、多媒体资料等数字化资源，使读者可以随时随地获取所需信息。同时，数字化转型也能够提高图书馆的管理效率，提供更便捷的借阅和查询服务。

关注用户体验：用户体验是公共图书馆持续发展的核心。图书馆应当注重用户反馈，了解他们的需求和意见，根据用户的反馈不断优化服务内容和质量。通过提供更好的用户体验，图书馆可以增加用户的满意度和忠诚度。

不断学习和创新：公共图书馆的工作人员需要保持学习和创新的精神，不断更新知识和技能。他们应当关注图书馆科技发展的前沿，了解新的服务模式和技术应用，不断尝试新的方法和理念，以推动图书馆的创新发展。

与社区紧密互动：公共图书馆作为社区文化的重要组成部分，需要与社区居民保持紧密的互动。图书馆可以设立建议箱、举办用户座谈会等形式，听取社区居民的意见和建议，根据他们的需求进行调整和改进。

跨界合作：公共图书馆可以与其他文化机构、教育机构、企业等合作，共同推动创新发展。例如，与学校合作开展阅读推广活动，与企业合作举办职业技能培训等，使图书馆的服务更贴近社会实际需求。

持续发展是公共图书馆服务体系建设的重要保障。公共图书馆需要保持灵活性和适应性，不断进行创新和改进，以满足社会的变化需求，提升服务的质量和效益。通过持续发展，公共图书馆可以更好地履行其信息传播、文化传承和社区服务的使命，为社会的发展和进步作出积极贡献。

二、开放共享

公共图书馆应当将数字化资源进行开放共享，使更多的人可以免费获取和利用，促进知识的传播和共享。

三、人性化服务

人性化服务是公共图书馆建设中至关重要的一环，它强调以用户为中心，关注用户的需求、期望和体验，为用户提供贴心、个性化的服务，从而增强用户的满意度和忠诚度。

深入了解用户需求：人性化服务的第一步是深入了解用户的需求。图书馆应通过调研、问卷调查、用户反馈等方式，了解用户的阅读兴趣、喜好、习惯以及对服务的期望。只有充分了解用户，才能更好地为他们提供有针对性的服务。

个性化资源推荐：基于对用户的了解，图书馆可以提供个性化的资源推荐。通过分析用户的阅读历史、检索记录等数据，图书馆可以向用户推荐与其兴趣相符的书籍、期刊、文章等。这样的个性化推荐能够帮助用户更快地找到感兴趣的内容。

定制化服务方案：对于一些特定群体的用户，如儿童、老年人、残障人士等，图书馆可以提供定制化的服务方案。例如，为儿童读者开设亲子阅读活动，为老年人提供上门借阅服务，为残障人士提供无障碍阅读环境。

关怀式沟通：人性化服务强调与用户的关怀式沟通。图书馆可以通过各种渠道，如电话、短信、社交媒体等，与用户保持联系，了解他们的需求和意见，及时回应他们的问题和反馈。这样的沟通能够让用户感受到被关注和重视。

舒适的阅读环境：图书馆应提供舒适的阅读环境，为用户创造安静、宜人的空间。舒适的座位、光线和氛围都能够增加用户的阅读体验，使他们能够更好地专注阅读。

个性化服务窗口：在图书馆内设置个性化服务窗口，专门为用户提供个性化的咨询和服务。图书馆员可以根据用户的需求，提供专业的帮助和指导，解答他们的问题。

用户培训和指导：为了提升用户的信息素养，图书馆可以开展用户培训和指导活动。这些活动可以教用户如何使用图书馆的资源，如何进行检索，如何利用数字化工具等，使用户更好地掌握信息获取的技能。

持续改进和反馈机制：人性化服务是一个持续改进的过程。图书馆应设立反馈机制，鼓励用户提出建议和意见。图书馆要积极采纳用户的反馈，不断优化服务内容和质量，以更好地满足用户的需求。

培养用户参与感：人性化服务还要培养用户的参与感。图书馆可以邀请用户参与活动的策划和组织，听取他们的意见和建议，使用户感受到自己是服务的主体，而不仅仅是被服务的对象。

社区互动和合作：与社区的紧密互动和合作也是人性化服务的体现。图书馆可以举办社区活动、合作展览等，吸引社区居民参与，为他们提供更多的文化交流和社交机会。

通过实施人性化服务，公共图书馆可以更好地满足用户的需求，提升用户的满意度和忠诚度。人性化服务不仅使用户感受到被关心和重视，也有助于将图书馆建设成为社区的文化中心和知识创新的驱动力量。这种关注用户需求、关爱用户体验的理念将持续推动公共图书馆服务体系的创新和发展。

四、合作共赢

合作共赢是公共图书馆服务体系建设中至关重要的一个方面，它强调通过与其他机构、社区、学校等展开合作，实现资源互补、优势互补，共同开展创新项目，从而提供更丰富多样的服务，推动整个社区的发展和进步。合作共赢不仅有助于拓展图书馆的服务范围和影响力，也能够为参与合作的各方带来更多的利益和机会。

建立多方合作网络：为了实现合作共赢，图书馆可以与多个机构建立合作伙伴关系，包括其他图书馆、学校、社区中心、文化机构、企业等。通过建立合作网络，图书馆能够充分利用各方的资源和优势，提供更丰富多样的服务。资源共享与互补：合作共赢的一个核心理念是资源共享与互补。不同机构和组织拥有不同类型的资源，通过合作，可以将这些资源整合起来，为用户提供更全面、多样化的服务。例如，图书馆可以与学校合作，为学生提供阅读推荐和培训服务，而学校则可以借助图书馆的资源丰富教学内容。开展联合项目：合作共赢的方式之一是开展联合项目。图书馆可以与其他机构共同策划并实施项目，如举办文化活动、讲座、展览、工作坊等。这些项目不仅能够满足用户的多样化需求，也能够为合作伙伴提供展示和宣传的机会。跨界合作创新：合作共赢还可以促进跨界合作创新。不同领域的机构合作，能够融合不同的思维和经验，创造出更具创新性的服务和项目。例如，图书馆可以与科技公司合作，开发数字化服务平台，为用户提供更便捷的在线阅读体验。提升资源共享效率：合作共赢不仅仅是资源的整合，还涉及到资源的共享。通过建立共享机制，各方能够更高效地获取和利用资源。图书馆可以与其他图书馆建立跨地域的合作，共享馆藏资源，使用户能够访问更广泛的图书和资料。提高服务质量：合作伙伴间的互动和交流能够促使服务质量的提升。不同机构之间的合作可以促使各方在服务内容、服务方式、服务体验等方面进行更深入的交流和学习，从而不断提升服务质量。促进社区发展：合作共赢不仅有利于图书馆的发展，也有助于整个社区的发展。图书馆作为社区文化中心，与其他机构合作开展丰富多样的文化活动，能够提升社区居民的文化素质和生活品质，促进社区的发展。实现共同目标：合作共赢的最终目标是实现共同的社会价值和目标。图书馆与其他机构的合作应当以满足用户需求、推动社区文化建设、促进知识传播等为目标，通过共同努力，实现更大的社会影响力和社会效益。

通过积极探索合作共赢的模式，公共图书馆可以充分发挥自身的优势，吸纳各方的力量，为用户提供更多元、更贴近的服务，同时也能够在合作中实现自身的持续发展和壮大。通过这种合作共赢的模式，公共图书馆将不断扩展其服务领域，深化社区参与，成为社会文化建设的重要支持力量。

五、社会参与

社会参与是公共图书馆服务体系建设中的关键要素之一，它强调与社会各界积极互动，倾听用户的声音和需求，以用户为中心，不断改进和优化服务，从而实现服务的精细化和个性化。社会参与不仅能够提升图书馆的服务质量，还能够增强图书馆与社区之间的联系，构建更紧密的社会共同体。

首先，开展用户需求调研；社会参与的第一步是了解用户的需求。图书馆可以定期开展用户需求调研，通过问卷调查、访谈、座谈会等方式，了解用户对于图书馆服务的期望、建议和意见。这样可以帮助图书馆更准确地把握用户需求，调整和优化服务内容和形式。

其次，建立反馈机制；图书馆应当建立便捷的用户反馈机制，鼓励用户提供对于图书馆服务的反馈意见。这可以通过建立意见箱、在线反馈渠道、社交媒体互动等方式实现。收集用户的反馈意见有助于图书馆发现问题、解决问题，不断提升服务质量。

再者，举办用户参与活动；图书馆可以举办用户参与活动，邀请用户参与决策和规划。例如，举办用户座谈会，听取用户对于图书馆服务的建议和意见；组织用户评选活动，由用户评选出最受欢迎的图书、资源、活动等。这种方式能够让用户感受到自己的意见和参与被重视，增强他们的参与感。

还要开展社区合作项目；图书馆可以与社区内的学校、企业、文化机构等开展合作项目，共同提供丰富多样的服务。通过合作，可以更好地满足社区居民的需求，同时也能够吸引更多社区居民参与图书馆的活动和项目。

开展倡导志愿者参与；倡导志愿者参与是社会参与的一种方式。图书馆可以鼓励社区居民参与志愿者活动，帮助图书馆举办文化活动、推广阅读、维护图书馆秩序等。志愿者的参与不仅能够减轻图书馆的工作负担，还能够促进社区居民与图书馆的互动。图书馆可以通过举办社区咨询会、培训讲座等方式，向社区居民介绍图书馆的服务内容和使用方法，解答他们的疑问。这样可以提高社区居民对于图书馆的认知和参与度，促进他们更多地利用图书馆资源和服务。社会参与并不是一次性的过程，而是一个持续的循环。图书馆应当定期进行服务评估，对社会参与的效果进行评估，查看是否有待改进之处。根据评估结果，图书馆应当及时调整和改进社会参与的方式和内容。

通过积极开展社会参与，图书馆能够更好地了解用户需求，倾听用户声音，让用户参与到图书馆服务的规划和决策中来。这不仅有助于提升服务的质量和效果，也能够建立更紧密的社区联系，使图书馆真正成为社区文化的中心和服务的核心。社会参与的精神将在公共图书馆持续发展的过程中发挥着重要作用，推动图书馆不断创新，服务更多的人群，实现更广泛的社会影响。

结束语

在当代社会，公共图书馆作为知识的守护者和传播者，其服务体系建设和创新发展具有重要意义。本书从不同角度深入研究了公共图书馆服务体系的建设、创新与管理，旨在帮助图书馆从业者更好地应对挑战，提升服务水平，为读者和社会创造更大的价值。

本书着眼于实际，以实战为导向，从图书馆经费的科学运用到专业队伍的高效管理，从馆藏文献资源的精心管理到数字化建设的前沿实践，每一个章节都聚焦于实际问题，提供了丰富的案例和策略，旨在帮助读者深刻理解和掌握各项知识点。在现代社会，图书馆管理创新势在必行。本书紧密跟踪管理创新的最新思路和环境，强调创新与可持续发展之间的紧密关系。通过探讨分布式管理、数字化建设等创新模式，我们希望为各位管理者指引前进的方向，助力图书馆在变革中不断壮大。图书馆作为社会文化建设的重要阵地，其服务体系建设和创新具有重要意义。本书通过深入研究我国公共图书馆服务体系建设的成果、瓶颈和创新路径，旨在为公共图书馆在新的体制框架下找到更好的发展方向，为普惠均等服务提供有力支持。

最后，本书旨在帮助各位从事图书馆服务管理工作的职场人士，以及对图书馆服务管理感兴趣的广大读者。希望通过本书的阅读，您能够获得实际操作所需的技能，不仅提升个人职业能力，还能够为图书馆事业的繁荣发展贡献一份力量。公共图书馆在信息时代背景下，将不断探索创新，为社会的知识传承和文化传播作出更大贡献。